KB138753

모든 것은 선을 만든다

모든 것은 선을 만든다

THE LIFE OF LINES

차례

서문

2014년 1월 1일. 무정한 세월에 기분이 우울해진 나는 새해 첫날의 연례행사를 치르듯 스스로 힘을 내 보려고 공책에 글을 썼다.

'오늘부터 나는 《모든 것은 선을 만든다》를 다시 쓰기 시작할 테다.'

그러고 나서 뒷산에 올라 이 책을 어떻게 쓸지 생각했다. 그러나 그때뿐이었다. 세상살이가 다 그렇듯이 밀려드는 학과 일에 급급하다 보니 내 글을 쓸 기회는 좀처럼 주어지지 않았다. 나는 수년 안에 이 책을 완성할 작정이었고, 적당한 때 한 번에 엮어 낼 요량으로 이런저런 글을 차곡차곡 쓰고 있었다. 하지만 그런 때는 좀처럼 오지 않았다. 며칠, 몇 주, 몇 달이 흘렀으나 새해의 다짐 이후 책 작업은 조금도 진전이 없었다.

내가 선$_{line}$을 주제로 한 첫 책을 출간한 지 어언 7년이 지났다. 《라인스 Lines》가 나온 해가 2007년이다. 하지만 《라인스》 원고에 잉크가 채 마르기도 전에 일종의 속편을 써야 할 수도 있음을 나는 이미 알았다. 그것이 정확히 어떤 내용일지는 몰라도 '라인스 2'라는 파일명으로 내 머릿속에 저장해 두었다. 확실한 하나는 이 책이 선과 날씨를 다루게 되리라는 것뿐이었다. 왜냐하면 기이하게도 선을 생각하면 반드시 날씨에 대한 착상이 떠오르고 그 반대도 마찬가지라는 사실을 깨달았기 때문이다. 왜 그럴까? 궁금했다. 이는 내가 갈피를 전혀 잡지 못하고 있음을 방증하는 것인지도 모른다. 인류학자가 선을 연구할 수 있다는 생각을 선뜻 받아들이지 않는 냉철한 독자라면, 대기로 날아오르는 따위의 이야기는 명백한 이탈이라고 결론 내릴 것이다. 무슨 권리로 인류학자가 기상 과학의 당연한 소관이거나 어쩌면 미학의 관심 분야일 수 있는 영역을 침범하려 하는가? 그래서 인류학자는 무슨 일을 하려 하는가? 이 의문은 나부터 괴롭혔지만, 나는 선학線學, linealogy과 기상학이 하나로 묶인 분야에 관한 구상을 떨칠 수 없었다.

2007년에 나는 인류학자이자 전 건축학자인 트레버 머챈드가 런던의 동양 아프리카 연구소SOAS: School of Oriental and African Studies에서 개최한 고무적인 연속 강좌에 강연자로 참여하게 되었고 이 강좌를 특집호로 다룬 학술지에 논문을 게재할 기회를 얻었다.* 이를 계기로 내 생각을 글로 옮길 수 있었다. 또 2005년부터 2008년까지

---

* 트레버 머챈드(Trevor Marchand)는 2005년부터 영국의 경제 사회 연구 협의회(ESRC)에서 연구비를 지원받아 이스트 런던의 목공들과 함께 공예 지식과 도제 방식 등에 관한 연구를 진행했다. 이 프로젝트에서 고무받은 그는 2007년에 팀 잉골드가 중심이 된 '지식의 전송(The transmission of knowledge)' 연속 강좌를 동양 아프리카 연구소에서 개최했다. 이 강좌는 2010년 《왕립 인류학 학회 저널(Journal of the Royal Anthropological Institute)》 16권의 '지식 만들기(Making knowledge)' 특집호에서 자세히 다루어졌다.

영국의 경제 사회 연구 협의회ESRC: Economic and Social Research Council에서 교수 연구 기금을 받았고, 덕분에 책을 집필할 시간을 벌었다. 그때 작성한 <날씨-세계를 통한 발자국Footprints through the weather-world>*이라는 논문에 쓰인 소재가 잘게 쪼개지고 재배치되고 확장되어 이 책의 특히 제1부와 제2부를 구성하게 되었다. 그런데 그 후의 진전을 통해 선과 날씨의 문제는 더욱 광범위한 조사 연구의 일부여야 한다는 사실을 깨달았다.

나는 2013년에 리버흄 재단Leverhulme Trust으로부터 '매듭의 본질 the nature of knots'이라는 주제의 연구 프로그램을 제안받으면서 한 걸음 더 나아갈 수 있었다. 선에 관심이 있던 나는 이 기회를 놓칠 수 없어서 세인트앤드루스 대학 및 유니버시티 칼리지 런던의 동료들과 함께 '매듭을 엮는 문화Knotting Culture'라는 제목의 프로그램을 설계했다. 결국 이 제안은 무산되었지만, 리버흄 재단에 고마움을 느낀다. 간섭성의 한 원리로 매듭을 사고할 수 있게 되었기 때문이다. 그것이 이 책 제1부의 기초를 이룬다. 나는 애버딘 대학에서 2008년부터 2011년까지 사회과학대 학장으로서 고된 3년을 보낸 후 2011년부터 2013년까지 2년간 리버흄 재단이 수여하는 주요 연구 기금 덕분에 숨통이 트여 내 생각을 발전시킬 수 있었다. 나는 원래 기금 연구 기간에 '사물에 생명을 불어넣다Bringing Things to Life'라는 제목으로 두꺼운 책을 발간하려다 두 권의 얇은 책으로 나눠 냈다. 한 권은 2012년에 완성해서 그 이듬해에 출간한《만들기Making》이고, 또 한 권은 지

---

* 이 논문의 서지 사항은 다음과 같다. Tim Ingold, 2010, "Footprints through the weather-world: walking, breathing, knowing," *Journal of the Royal Anthropological Institute*, Volume 16, Issue s1, p. S121-S139.

금 여러분이 들고 있는 바로 이 책이다.

두 번째 걸음의 진전은 이 책에서 특히 제3부에서 결실을 본 것인데, 걷기와 관련된 일련의 우연한 상황의 결과다. 우연하게도 나는 2012년 8월 애버딘 대학에서 주최한 '걷기, 쓰기, 생각의 페스티벌' 행사 가운데, 작가 앤드루 그레이그의 낭독회에 청중으로 참가하게 되었다. 청중 중에는 선덜랜드 대학에서 온 화가이자 작가이며 큐레이터인 마이크 콜리어가 있었다. 마이크는 그 이듬해 선덜랜드에서 걷기를 주제로 한 훌륭한 전시회 및 그와 연계된 콘퍼런스를 주최했는데, 둘 다 타이틀이 '계속 걷다Walk On'였다. 나는 영광스럽게도 콘퍼런스 발표자로 초청받아 기존의 논문을 재작업해서 발표문을 작성했다. 그 글이 <미로와 미궁: 걷기 그리고 주의의 교육>이며 그로부터 이 책의 몇몇 장이 만들어졌다. 또 결정적으로 2012년 9월 걷기에 관한 또 다른 콘퍼런스에 참석했는데, 이 콘퍼런스는 '샛길 페스티벌'을 마무리 짓기 위해 2012년 9월에 개최되었다. 샛길 페스티벌은 강인한 정신력의 소유자들이 벨기에의 잘 알려지지 않은 오솔길과 산길을 따라 한 달 동안 전국을 횡단하는 행사였다. 나는 그들과 함께하지는 않았지만, 콘퍼런스에서 처음 만난 교육 철학자 얀 마스켈라인의 이야기는 참으로 감탄스러웠다. 그가 제언한 걷기와 교육에 관한 구상은 적어도 내 귀에는 너무나 혁명적이었고, 내 후속 사고를 진전시키는 데 지대한 영향을 주었다. 이 책에서 특히 그랬다.

그리고 지난 2013년과 2014년에 이 책을 집필하는 데 촉진제가 된 두 가지 일이 있었다. 하나는 샌디에이고 주립 대학의 수학자이자 과학 교육자인 리카르도 네미로프스키가 우리의 환영 속에 애버딘 대학 인류학과의 방문 연구원으로 온 일이다. 리카르도와 나는 학과의 다른 동료들, 박사 과정 학생들, 박사 후 연구원들이 대거 참여하는 독서회를 운영했다. 이 모임에서 나는 많은 것을 배웠는데 그중에서도 그의 재능은 가장 본받을 만했다. 리카르도는 나도 이해하기 어려울 정도로 매우 난삽한 철학적 텍스트를 알기 쉽게 설명해 주었다. 그의 이 선물 같은 재능은 완벽했을뿐더러 그와 내가 함께 씨름한 수많은 문제를 해결할 방도를 찾게 해 주었다.

다른 하나는 내가 2014년 봄에 바이마르 바우하우스 대학의 국제 문화 기술 및 미디어 철학 연구소IKKM: Internationales Kolleg für Kulturtechnikforschung und Medienphilosophie에 연구원으로 방문한 일이다. 사실은 애버딘에서 해야 할 다른 업무로 인해 연구소가 자리한 멋진 뒤르크하임 전당에 별도로 3주 이상 머무를 수 없었다. 그런데도 나는 이 책의 집필을 IKKM 연구 기금 과제로 삼았고, 그곳에 처음 머무르는 동안 작업 전반에 관한 첫 개요를 썼으며, 그 글을 강의 중에 발표했다. 발표 다음 날인 5월 22일 오전에 바이마르 시내에 있는 작은 연립 주택(한때 요한 볼프강 폰 괴테의 비서가 살던 오래된 건물)에서 아침 식사를 하는 중 불현듯 이 책의 얼개가 떠올랐다. 이 책은 긴 분량의 몇몇 장이 아닌 짧은 분량의 여러 장으로 구성되고, 매듭 및 매듭 엮기에서 시작해서 이 프로젝트 전체의 출발점인 선과 날씨 간의 관계를 거쳐 교육과 미궁 속 걷기로 나아갈 것이다. 몇 분 만에 나는 얼개를 대강 공책에 옮겨 적고 서른 개의 장에 가제를 달았다. 이 얼개는 최종본에 거의 그대로 남았다.

2014년 여름 무렵 내 앞에는 책 절반 정도 분량의 다 쓰거나 쓰다만 글 더미, 공책에 기록한 작업 계획, 작업 개요, 그 외 잡다한 것들이 놓여 있었다. 아내와 나는 지난 30년간 자주 머무르던 북부 카렐리아의 작고 낡은 농가를 3주간 예약해 두었다. 2010년에 나는 그 농가에 머무르면서 에세이 모음집인 《살아 있다는 것Being Alive》을 거의 끝냈고, 2012년에는 《만들기》를 역시 그곳에서 끝냈다. 그 장소에는 뭔가가 있다. 마법이 다시 통한 걸까? 정말로 그랬다. 마법에 필요한 것은 사랑하는 동반자, 신선한 공기, 소박한 탁자와 나무 벤치, 방해받지 않는 시간이면 충분했다. 사시나무가 서로 바람을 주고받는 소리, 새들의 노랫소리, 갖가지 벌레가 바쁘게 일하는 소리는 훼방꾼이 아닌 마법의 도구였다. 2010년에 그랬고 2012년에 다시 또 그런 것처럼, 나는 마무리만 남은 원고를 들고 애버딘으로 돌아왔다. 마무리 작업은 도서관에서만 할 수 있는 일이었다. 물론 개인적으로 그리고 학술적으로 갚을 빚은 더 늘어나 있었다.

이미 언급한 사람들 외에도 일일이 열거할 수 없을 정도로 많은 사람이 나를 지지해 주고 내게 영감을 주었다. 참으로 감사하다. 지면을 빌려 그중 몇몇 사람을 정해진 순서 없이 소개하겠다. IKKM의 공동 소장인 로렌츠 엥겔과 베른하르트 지게르트는 나를 따뜻하게 환대해 주었다. 케네스 올위그는 공간, 대기지大氣誌, 극장에 관한 이야기를 들려주었다. 라르스 스퓌브룩은 내게 사물의 공감에 대한 뛰어난 통찰력을 가르쳐 주었고, 토마스 슈바르츠 벤처는 라몬 률의 작품을 소개해 주었다. 주자네 퀴흘러는 매듭에 관한 글을 썼으며, 아구스틴 푸엔테스는 인류학과 신학의 대화를 과감히 시도했다. 미켈 빌러는 대기와 관련한 독일어 문헌에 대한 나의 부족한 이해를 지적해 주었다(볼 면목이 없다). 젠 클라크는 내게 객체 지향 존재론이라는 낯선 세계를 탐험하라고 권유했다. 엘리슈카 스터턴이 아니었다면 나는 색의 문제를 파고들지 못했을 것이다(그때까지 나는 다루기 매우 까다롭다는 이유로 색의 문제를 회피해 왔다). 크리스티안 시모네티와 마이크 아누사스는 표면과 기타 등등에 관한 엄청난 발상을 보여 주었다. 필리프 데스콜라는 나와 정반대 방향으로 나아가고 있다(철학에서 벗어나 민족지학으로 향해 가는 그와 민족지학을 벗어나 철학으로 향해 가는 나는 흥미진진하게 전개되는 그 중간 지점에서 만난다). 맥신 시츠-존스톤 덕분에 나는 움직임의 중요성을 간과하지 않을 수 있었다. 엘리자베스 할람은 만들기와 성장하기의 의미를 곱씹는 데 도움을 주었다. 마지막으로, 그렇지만 너무나 중요한 사람들이 있다. 내가 아직 언급하지 않은 KFI 팀의 모든 이다.

KFI Knowing from the Inside, 내부로부터 알기[*]는 2013년부터 2018년까지 5년간 유럽 연구 위원회European Research Council의 아낌없는 지원을 받아 지금까지 내가 이끌고 있는 프로젝트의 약칭이다. 우리는 인류학, 예술, 건축학, 디자인의 경계를 뛰어넘어 예술, 인문학, 사회 과학에서 우리에게 익숙한 방식이 아닌 좀 더 개방적이고 사변적이고 실험적인 새로운 방식을 찾기 위해 노력해 왔다. 이 책이 내 손을 떠나 세상에 나왔으니 이제 이 프로젝트가 다음의 도전 과제가 되겠다!

나 자신에 대한 변경할 수 없는 세 가지 사실로 서문을 마무리 짓고 싶다. 첫째, 나는 인간/남성이다. 둘째, 나는 '그'나 '그녀' 또는 '그나 그녀'에 대한 젠더 중립적 대안으로서 '그들'[**]을 삼인칭 단수로 사용

---

[*] https://knowingfromtheinside.org/를 방문하면 잉골드의 저서 《조응(Correspondences)》(2017)을 포함한 KFI 총서를 열람할 수 있다.
[**] 여기서 '그들(they)'은 자신을 남성이나 여성으로 성 정체화하지 않는 이들을 가리키는 삼인칭 단수 대명사를 의미한다.

한다는 문법적 혐오와 타협할 생각이 전혀 없다. 이는 대개 입만 산 관료의 말처럼 [중립적인 형식만 취하는 것처럼] 들리기 때문이다. 이러한 이유로 이 책에서 맥락상 별도의 이유가 없다면, 삼인칭 대명사는 남성형으로 거의 일관되게 사용한다. 그러나 이에 대한 내 주장은 전혀 중요하지 않으며, 독자 여러분이 원한다면 남성형을 여성형으로 바꿔 읽어도 무방하다. 나에 대한 세 번째 사실은 손자 재커리 토머스 잉골드와 손녀 레이철 스테퍼니 라파엘리-잉골드의 자랑스러운 할아버지라는 점이다. 손주들에게 이 책을 바친다.

팀 잉골드
2015년 1월, 애버딘에서

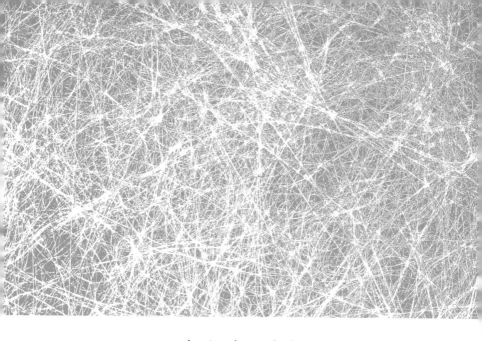

제1부 매듭 엮기

Part I Knotting

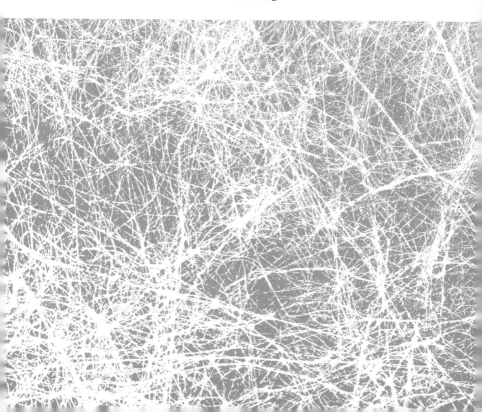

1. 선과 덩이

우리 생명체는 정처 없이 떠돈다. 역사의 물결에 내던져진 우리는 뭐라도 붙잡아야 한다. 이 접촉의 마찰력이 저 물살을 어떻게든 거스르기를 바라면서. 그러지 않으면 물살은 우리를 망각의 저편으로 쓸어버릴 것이다. 붙잡기는 젖먹이가 제일 먼저 하는 일이다. 신생아 손과 손가락의 힘은 얼마나 놀라운가. 그것들은 붙잡을 수 있게 설계되었다. 덕분에 아기는 처음엔 엄마를, 다음엔 자기를 돌보는 주변 사람을, 그러다 나중에는 돌아다닐 수 있게 하거나 몸을 똑바로 세울 수 있게 하는 것을 붙잡는다. 그러나 어른도 아이를 붙잡는다. 물론 어른은 아이가 길을 잃지 않도록 붙잡지만, 서로의 안전을 위해서나 사랑과 정情을 표현하기 위해서도 붙잡는다. 또 보기에 조금이라도 안정감을 주는 것이라면 뭐든 붙잡는다. 과연 사회성의 본질은 붙잡기(좀더 건조하게 표현하면, 서로 잡기)에 있다고 할 만한 근거가 충분하지 않은가? 사회성이란 당연히 인간에 국한되지 않으며 붙잡고 붙잡히는 모든 군상과 온갖 것을 훑으며 확장한다. 그런데 사람들이나 사물들이 서로를 붙잡으면 무슨 일이 벌어질까? 바로 선들의 뒤얽힘이다. 이 선들은 분명 서로를 잡아뗄 장력이 실제로 서로를 단단히 붙들게 만드는 방식으로 묶인다. 거기서 선이 하나라도 생겨나지 않으면, 그리고 그 선이 다른 선과 얽히지 않으면, 그 무엇도 잡아맬 수 없다. 모든 것이 다른 모든 것과 얽힐 때, 그 결과는 내가 **그물망**meshwork이라고 부르는 것이 된다.[1] 그물망을 기술한다는 것은 모든 살아 있는 존재가 하나의 선, 혹은 더 나은 표현으로 한 다발의 선이라는 전제에서 출발한다는 의미이다. 이 책은 사회학적이고 생태학적인 시야와 열의가 담긴, 선으로서의 삶the life of lines에 관한 한 연구이다.

이 책은 사회학이나 생태학에서 통상적으로 쓰는 어떤 방식도 따르지 않는다. 보통은 사람이나 유기체를 이런저런 종류의 덩이로 생각하는 것이 일반적이다. 덩이는 겉과 속이 있으며 표면에서 갈라진다. 또한 팽창하고 수축하고 잠식하고 잠식당할 수 있다. 덩이는 공간을 차지하거나, 일부 철학자들의 정제된 언어로 표현하자면 영토화territorialisation의 원리를 구현하기도 한다. 그것들은 서로 부딪히고 함께 뭉치며, 물 표면에 쏟아진 기름방울처럼 더 큰 덩이에 녹아들기까지 한다. 덩이가 할 수 없는 것은 서로 붙잡기다. 붙잡으려면 적어도 포옹의 친밀성 속에서 각자의 개별성을 잃지 않아야 하는데, 덩이는 그럴 수 없다. 덩이가 내부에서 뒤섞일 때 그 표면은 언제나 새로운 외부가 형성되는 가운데 용해되기 때문이다. 지금 나는 선으로서의 삶에 관한 글을 쓰면서 이 세계에 덩이는 없다고 주장하려는 것이 아니다. 내 글의 논지는 정확히 말하면 덩이들의 세계에 사회적 삶이 존재하지 않는다는 것이다. 왜냐하면 사회적**이지 않은** 삶(선들의 뒤얽힘을 수반하지 않는 삶)이란 존재하지 않으므로 덩이의 세계에는 어떤 종류의 삶도 존재할 수 없기 때문이다. 사실 생물-형태는 다 그런 것은 아닐지라도 대개는 덩이와 선의 특정한 조합으로 가장 간결하게 묘사될 수 있고, 생물을 번성하게 하는 것은 덩이와 선의 각 특성의 조합이라고 할 수 있다. 덩이는 부피, 질량, 밀도가 있다. 덩이는 그렇게 우리에게 물질을 부여한다. 하지만 선에는 그런 것이 없다. 덩이에 없으면서 선에 있는 것은 비틀림, 구부림, 활발함이다. 선은 우리에게 삶을 준다. 선이 생겨나 덩이의 독점에서 벗어났을 때 생명이 시작됐다. 덩이가 영토화의 원리를 입증한다면, 선은 탈영토화deterritorialisation라는 그 반대의 원리를 실증한다(<그림 1-1>).

가장 원시적인 단계에 있는 박테리아는 원핵 세포와 펄럭이는 가는 편모를 가지고 있다(<그림 1-2>). 세포는 덩이이며 편모는 선이다. 하나는 에너지를 공급하고 다른 하나는 운동성을 제공한다. 함께 모인 둘은 세계의 통치를 공모해 왔다. 지금도 이 둘은 무한정 공모 중이다. 그래서 우리가 찾으려 하면 덩이와 선은 어디에나 있다. 땅속뿌리의 덩굴손을 따라 성장하는 덩이줄기를 생각해 보라. 자루 속 감자는 덩이일 뿐이다. 그러나 땅속에서 자라는 모든 감자는 실 같은 뿌리에 붙어서 형성된 탄수화물의 저장고이며, 그 속에서 새로운 모종이 싹을 틔울 수 있다. 올챙이는 구형의 알 덩어리에서 벗어나 꿈틀거리는 순간부터 선형의 꼬리를 자랑스레 흔들어 댄다. 누에, 즉 짧은 생애 동안 뽕잎을 게걸스럽게 먹어 치우면서 몸집을 일만 배까지 키우는 덩이 같은 생명체는 최상의 단섬유를 선으로 토해 내 제 몸 바깥을 에워싸는 누에고치를 만들어 낸다. 그래서 고치란 무엇인가? 바로 애벌

〈그림 1-1〉 덩이와 선
하나로 융합된 두 개의 덩이(위), 겹쳐지고 합쳐지는 두 개의 선(가운데), 선을 배출하는 덩이(아래).

레 덩이가 선을 따라 날아갈 수 있게 날개 달린 생명체로 변신하는 장소다. 유능한 줄 세공사인 거미는 또 어떠한가? 덩이 같은 몸의 거미는 자기가 뱉은 실의 끝에 매달려 있거나 거미줄 한가운데에 숨어 있다. 알은 덩이의 일종이고, 물고기는 알에서 부화해 물속으로 줄을 지어 헤엄쳐 가면서 덩이에서 선으로 바뀐다. 어린 새가 둥지를 떠나 하늘로 날아갈 때도 마찬가지이다. 또 탯줄로 자궁 내부에 부착된 포유

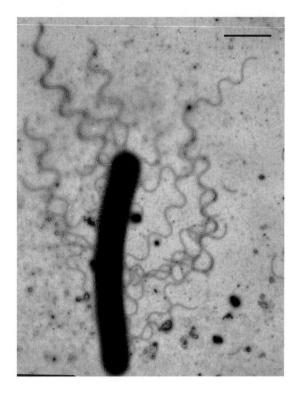

〈그림 1-2〉 장염 비브리오 박테리아의 투과 전자 현미경 사진

막대 모양의 세포체는 폭이 0.5~0.75미크론이고, 전체 길이는 평균 약 5미크론이다. 편모의 지름은 약 20나노미터이다. 사진의 오른쪽 위에 있는 크기 표시줄은 1.5미크론을 나타낸다. 이미지 제공은 린다 매카터 및 아이오와 대학.

류 유아의 태아 덩이는 태어날 때 자궁에서 떨어지지만, 이번에는 손과 발을 동원해 어미 품에 매달려 결국 어미 몸 외부에 다시 부착된다.

그리고 사람들은? 아직 성인의 상징적 관습에 얽매이지 않는 아이들은 인간의 형상을 덩이와 선으로 곧잘 묘사한다. 덩이는 형상에 질량과 부피를 부여하고, 선은 운동과 연결을 부여한다. 또는 앙리 마티스*의 기념비적인 작품 <춤>(<그림 1-3>)을 살펴보자. 마티스는 인간 형태를 너무나 덩이처럼 표현했다. 그림 속 형상은 풍만하고 둥글며 윤곽이 뚜렷하다. 그런데 그림이 마법을 부리듯, 그림 속 인간의 모습을 한 덩이들은 활기에 넘친다. 이는 그림이 팔과 다리가 주요하게 그리는 선들의 앙상블처럼 보일 수 있기 때문이다. 무엇보다 중요한 점은 이 선이 손과 손을 매듭처럼 잇대어서 영구적으로 막 닫히려는 회로를 형성한다는 것이다. 이 회로는 그림 속 앞 두 인물의 손들이 연결되는 순간 닫히겠지만, 끝끝내 닫히지 않는다. 맞댄 손바닥과 갈고리처럼 구부린 손가락이 잇대는 손들의 연결 자체가 여기서는 일체감을 상징하지 않는다. 일체감은 다른 수단으로 획득된다. 손이 일체감의 바로 그 수단**이다.** 즉 손은 사회성의 도구이며, 문자 그대로 깍지 낄 수 있는 능력 덕분에 정확히 그러한 방식으로 기능할 수 있다. 서로의 구부림에 꼼짝없이 걸려든 댄서들은 당김이 강할수록 서로를 더 조이게 된다. 마티스는 덩이 같은 이 외형을 통해 인간 형태의 물질성을 우리에게 선사한다. 그렇지만 그 선형적 얽힘 속에서 사회적 삶의 진수 또한 보여 준다. 그렇다면 사회는 어떻게 묘사되어야 할까?

사회를 표현하는 방법의 하나는 이 작은 집단이 그것을 구성하는 개인의 합보다 크거나 작다고 말하는 것이다. 크다고 말할 수 있는 것은 개인들의 연합에서만 가능한, 무엇보다 특정한 **단결심**과 같은 창발적인 특성 때문이다. 작다고 말할 수 있는 것은 개인들이 연합을 위

---

* 앙리 마티스(Henri Matisse, 1869~1954)는 피카소와 함께 20세기 프랑스 미술을 대표하는 화가이다. 단순하고 혁신적인 색 사용과 형상을 단순화한 평면적인 회화 양식을 개척했다. 후기 인상주의와 현대 미술의 기반을 마련했다고 평가받는다. 대표작으로 〈삶의 기쁨〉(1906), 〈춤〉(1909~1910) 등이 있다.

해 무언가를 별도로 준비하지 않기 때문이다. 연합은 자발적이고 우발적이다. 그래서 댄서 각자가 그나 그녀 자신의 이야기에 몰두하는 동안에는 [연합의] 대부분이 상실되거나 적어도 그 순간의 흥분으로 인해 일시적으로 보류된다. 사회 이론가들은 이러한 집단을 기술하기 위해 **아상블라주**assemblage라는 말을 사용하기 시작했다.[2] 개념으로서 아상블라주는 집단을 사고할 때 전형적인 양자택일로부터 쉽게 벗어날 수 있는 탈출구를 제공하는 듯하다. 집단이란 보통 개별적인 개인들의 집합체에 불과하다고 여기거나 개별의 구성 요소들이 전체 맥락내에서 자기 역할을 하는 부분들에 의해 완전히 규정되는 총체로 생각해야만 했다. 그렇지만 이 대체 가능한 양자택일만큼이나 아상블라주의 사고는 덩이의 원리에 기초한다. 아상블라주는 다섯의 작은 덩이 혹은 하나의 큰 덩이가 놓일 자리에 부분적으로 맞부딪히는 다섯 덩이를 가져다 놓지만, 이 다섯 덩이는 여전히 개체성의 무언가를 각자 고수한다.[3] 하지만 부분들이 전체로 합산되든 아니든, 이 덧셈의 논리에서 빠진 것은 사람들과 사물들이 서로를 붙잡게 만드는 긴장과 마찰력이다. 움직임이란 전혀 없다. 아상블라주에서는 마치 댄서들이 돌로 변해 버린 듯하다.

그렇다면 아상블라주 이론은 우리에게 도움 될 것이 없다. 그것은 너무 정적이고, 그것을 구성하는 실체들이 실제로 어떻게 서로 결속되는지를 답하지 못한다. 반면에 선의 원리는 우리가 사회적인 것에 다시 생명을 불어넣게 만든다. 선으로서의 삶에서 부분은 구성 요소가 아니라 움직임이다. 우리는 어쩌면 조립 부품의 언어가 아니라 다성음악의 언어에서 메타포를 끌어와야 할지 모른다. 마티스의 그림에서 춤은 음악적으로 말하면 5성의 인벤션[자유로운] 형식의 성악곡이나

〈그림 1-3〉 앙리 마티스의 〈춤(Dance)〉(1909~1910)

기악곡이라고 할 수 있다. 각 연주자가 차례로 멜로디를 택해 연주해 가면서 이미 연주하고 있는 연주자들에게 또 다른 대위 선율을 안내한다. 각 선율은 서로가 서로에게 응답하거나 조응한다. 결과는 아상블라주가 아니라 둥근 문양이다. 즉 나란히 배치된 덩이들의 콜라주가 아니라 뒤얽힌 선들의 화환이며, 따라잡고 따라잡히는 소용돌이다. 철학자 스탠리 카벨[*]이 공연히 생명을 "유기체의 소용돌이"라고 말한 것이 아니다.[4] 이것은 우리가 되돌아갈 수 있음을 보여 주는 이미지다.

---

[*] 스탠리 카벨(Stanley Cavell, 1926~2018)은 미국의 철학자이다. 영미 분석 철학 전통 아래에서 철학을 수학한 다음 철학을 미학, 문학 비평, 영화 등의 분야와 연결하는 연구를 수행해 왔다. 국내에서는 《눈에 비치는 세계》(이두희·박진희 옮김, 이모션북스, 2014)가 출간되었다.

그러나 먼저 우리는 마티스의 동포로서 마티스와 같은 시대를 산 근대 사회 인류학의 창시자 중 한 사람인 민족학자 마르셀 모스*에게서 교훈을 얻을 필요가 있다.

---

* 마르셀 모스(Marcel Mauss, 1872~1950)는 프랑스의 사회학자, 인류학자이며 사회학자 에밀 뒤르켐의 조카이다. 1893년 보르도 대학에서 철학 학위를 받은 후 프레이저와 타일러의 저작을 접하면서 인류학 연구에 입문했다. 1925년에 민족학 연구소를 설립하고, 1931년에는 프랑스의 국립 고등 교육 기관인 콜레주드프랑스의 사회학 분과장으로 선출되어 프랑스 내 인류학을 구축했다고 평가받는다. 엄격한 민족학적 방법을 발전시켜 표상과 실천, 관념과 행동 등의 개념을 정밀히 구분하고, 이를 구체적인 민족지학적 자료와 결합해 설명하려는 시도에 집중했다. 국내에서는 《증여론》(이상률 옮김, 한길사, 2002), 《몸 테크닉》(박정호 옮김, 파이돈, 2023) 등이 출간되었다.

2. 문어와 말미잘

교과서는 생태학을 유기체와 그 환경의 관계에 관한 연구로 정의한다. 문자 그대로 환경에 둘러싸여 피부 안에 봉합된 유기체는 이 정의에 따라 덩이의 모습으로 나타난다. 유기체는 그 자체로 에워싸여 세계 내의 공간을 차지한다. 영토적이다. 산호초 더미나 소위 '사회적' 곤충의 둥지나 벌집과 같이 동일 종의 유기체들이 때때로 엄청난 수의 무리를 이루기도 한다. 흔히 한통속의 '군체'로 알려진 것은 별개의 유기체들이 모인 집합체 혹은 단일한 초유기체로 이해된다. 즉 '군체'란 수많은 작은 덩이거나 하나의 큰 덩이다. 그리고 바로 이 초유기체라는 생태학적 개념에 기초해서 사회학이라는 학문 분야가 성립되었다. 주요 설계자는 영국의 허버트 스펜서[*]와 프랑스의 에밀 뒤르켐[**]이다. 스펜서는 사회적 초유기체를 작은 덩이들의 집합체로 보았다. 다시 말해 그것은 인간이든 비인간이든 자기 이익에 따라 상호 맞물린 동일종의 무수한 개체들이다. 이는 시장 운영을 모델로 한 것인데, 시장에서 중요한 것은 [물건] 소유자의 교체이지 소유자 자체가 아니다. 악수는 계약을 성사시킬 뿐 계약 자체(실생활에 대한 구속)는 아니다. 한편, 뒤르켐은 스펜서학파의 시장 모델에 관한 논쟁적 비평을 바탕으로 자신만의 사회학적 기획에 착수했다. 특히 1895년 출간된《사회학적 방법의 규칙들Les régles de la méthode sociologique》이라는 과감한 제목의 책에 담긴 새로운 학문을 위한 선언문에서 그의 기획을 엿볼 수 있다. 뒤르켐에게 사회란 하나의 큰 덩이였다.

뒤르켐은 분열하기 쉬운 개인들의 연합을 보증하는 일종의 보증서 없이는 지속적인 계약이란 있을 수 없다고 주장했다. 그리고 이 보증서는 신성불가침적이어야 한다. 다시 말해서 개별 교섭의 범위를 뛰어넘어야 한다. 이에 따라 뒤르켐학파의 초유기체는 유기체의 단순한 증식이 아니고, 오히려 유기체를 **넘어** 현실의 전혀 다른 평면에 놓였다. 뒤르켐은《사회학적 방법의 규칙들》속 유명한 한 구절에서 무수

---

* 허버트 스펜서(Herbert Spencer, 1820~1903)는 영국의 사회학자, 생물학자, 철학자이다. 사회 진화론을 대표하는 학자로 손꼽힌다. 사회학과 생물학을 융합해 인류 사회의 발전과 진화를 연구했으며, '생존 경쟁'과 '자연 선택' 개념을 활용해 사회와 문화 현상을 설명하고자 시도했다. 국내에서는《진보의 법칙과 원인》(이정훈 옮김, 지식을만드는지식, 2014)을 비롯한 다수의 번역서가 출간되었다.
** 에밀 뒤르켐(Émile Durkheim, 1858~1917)은 프랑스 사회학의 선구자 중 한 사람이다. 사회 연속성과 기능 중심으로 사회 현상을 분석하고자 시도하며, 사회학 분야에 현대의 과학적 방법을 도입했다. 특히 그의 자살 연구와 사회적 분업 개념은 현대 사회학의 기조를 제시한 주요 이론으로 평가받는다. 국내에서는《사회학적 방법의 규칙들》(윤병철·박창호 옮김, 새물결, 2019),《에밀 뒤르켐의 자살론》(황보종우 옮김, 청아출판사, 2019),《종교생활의 원초적 형태》(민혜숙·노치준 옮김, 한길사, 2020) 등이 출간되었다.

한 개별 정신, 즉 '의식consciousnesses'은 사회생활의 필요조건이지 충분조건은 아니라고 주장했다. 게다가 이러한 정신은 **특정한 방식**으로 결합해야 한다. 그렇다면 그 방식이란 무엇인가? 개개의 정신이 사회생활을 만들어 내려면 어떻게 결합해야 할까? 뒤르켐의 답변은 "개개의 정신은 다 함께 **집합함으로써, 상호 침투함으로써**, 더불어 **융합함으로써**, 심리적이라고 보자면 볼 수 있는 어디까지나 새로운 종류의 심리적 개체성을 구성하는 존재를 만들어 내야"(강조는 인용자) 한다는 것이었다. 이러한 이유로 뒤르켐은 각주에서 '집합 의식'을 '개인의식'과 구별해서 논할 필요가 있다고 덧붙인다.[5] 그러나 집합, 상호 침투, 융합은 각기 다른 사태를 뜻한다. 뒤르켐은 이 셋을 차례로 언급하면서 사실상 하나가 아닌 세 개의 답을 우리에게 제시한다. 그렇다면 어느 것이 옳은 답일까? 집합체의 의식은 무엇으로 형성되는가? 정신들의 집합인가, 상호 침투인가, 융합인가? 아니면 이 셋은 집합 의식이 생성을 완료하기까지의 세 단계를 나타내는 것인가?

집합과 융합은 지금까지 봐 왔듯이 덩이의 논리에 기반한다. 둘 다 개인의 정신은 외부에서 경계 지어진 실체로서 그 자체로 닫힐 수 있으며, 다른 개인의 정신으로부터 또 그러한 정신들이 위치한 더 넓은 세계로부터 분리된 것으로 이해될 수 있음을 전제한다. 집합에서 정신들은 각자의 외부 표면을 따라 만나며 그 모든 표면을 정신의 내용을 양쪽으로 분리하는 경계면으로 바꿔 놓는다. 융합에서 이러한 표면은 부분적으로 용해되어 새로운 질서의 실체(부분의 합보다 더 큰 전체)를 산출한다. 그러나 정신들의 만남에서 한 개인이 다른 개인과 공유할 수 있는 부분은 더 높은 수준에서 새롭게 출현한 실체에 즉시 양도되기 때문에, 개인의 의식에 남는 것은 여전히 그 의식의 소유자 외에 배타적이다. 전체는 자기를 이루는 부분들을 포괄하고 초월할 수 있지만, 그 부분들은 자기 내부에 전체의 어떤 것도 가지고 있지 않다. 그런데 상호 침투는 다르다. 뒤르켐의 논리를 엄격히 따르자면, 상호 침투는 나타나는 순간 사라진다. 그것은 집합과 융합의 새로운 균형에 의해 그 즉시 해소되는 불안정한 상태와 같다. 우리의 정신들이 만날 때, 내가 나의 의식적인 앎과 너의 의식적인 앎을 결합할 때, 상호 침투의 영역은 우리 둘 중 어느 한쪽에 속하는 것을 곧바로 멈추고 우리 둘 다 책임져야 하는 외계의 존재, 다시 말해 '사회'에 정박한다. 여기서 다시 우리가 악수로 계약을 맺는다고 가정해 보자. 맞잡은 두 손은 너와 나에 속한다. 그러나 악수는 사회에 속할 것이다. 뒤르켐학파의 관점에서 보자면 악수는 우리 둘 다 의탁하는 상위 존재 방식의 의례적인 표현이다. 그렇지만 네가 붙잡은, 네 존재의 중심부에서 네가 느끼는 손은 분명 여전히 내 손이다. 나는 신체적으로나 정신적으로 너의 손과 완전히 연결된 채로 있다. 그리고 그것은 너도 마찬가지다. 이것은 20세기 초 사회 인류학이라는 학문 분야의 초창기에 규범처럼 읽힌 가장 잘 알려진 저서 중 하나인 《증여론The Gift》의 요점이기도 하다. 이 책은 뒤르켐의 뛰어난 제자 마르셀 모스가 1923~1924년에 발표한 것인데,[6] 모스는 표면적으로는 스승인 뒤르켐에게 경의를 표하기 위해 이 책을 썼지만 실상은 뒤르켐학파의 모든 패러다임에 돌이킬 수 없는 타격을 주었다. 그러니까 모스가 이 저서에서 성공리에 논증한 것은 영원히 지속 가능한 조건으로서 상호 침투의 가능성이었다. 그는 내가 너에게 주는 선물, 그리고 너의 존재 자체에 통합된 선물이 어떻게 나와 완전히 결합한 채로 있을 수 있는지를 보여 주었다. 선물을 통해 나의 앎은 너의 앎을 뚫고 들어간다. 즉 나는 너의 사고 속에 너**와 함께** 있다. 또 네가 답례한 선물을 통해 너는 나의 사고 속에 나**와 함께** 있다. 그리고 우리가 [선물을] 주고받는 한 이 상호 침투는 계속해서 수행될 수 있다. 우리의 삶은 말 그대로 맞잡은 두 손처럼 서로를 함께 묶거나 맞당긴다.

물론 여기서 모스는 우리의 옛 선배가 이미 알고 있던 것을 재발견했을 뿐이다. '계약$_{contract}$'이라는 용어의 어원상 기원('함께'라는 뜻의 접두사 'com-'과 '밀기 혹은 당기기'라는 뜻의 라틴어 'trahere'가 합쳐짐)에서 찾아진 것은 바로 그러한 결속이 아니던가. 이것은 마티스의 댄서들이 하는 일이다. 이 댄서들은 함께 끌어당기고 빙글빙글 돌면서 서로에게 반응한다. 나는 그들의 움직임을 **조응**$_{correspondence}$의 운동으로 부를 것이다. 그리고 앞 장의 결론을 인용하면 사회적 삶은 덩이들의 부착에 있는 것이 아니라 선들의 조응에 있다. 그런데 이 주장은 전체를 부분들의 총합 초과로 이해하는 뒤르켐의 부분-전체 관계의 논리를 약화하고, 나아가 의식은 어떤 종류든 어떤 수준이든, 개인이든 집단이든 그 자체로 에워싸인 것으로 간주할 수 있다는 가정에 이의를 제기한다. 왜냐하면 정신과 생명은 열거와 산술이 가능한 폐쇄적인 실체가 아니기 때문이다. 그것들은 **계속 수행하는** 것이 가장 뚜렷한 특징인 열린 결말의 과정이다. 그리고 그것들은 계속 수행하면서 수많은 가닥의 밧줄처럼 서로를 휘감는다. 개개의 부분으로 만들어지는 전체는 모두가 분절적으로 연결된, 즉 '접합된' 총체이다. 그러나 밧줄은 늘 엮이고 언제나 과정에 있으며, 사회적 삶 그 자체처럼 끝이 없다. 밧줄의 부분들은 기본 요소가 아니라 언제까지나 연장되는 선이며, 그 조화로움은 각 가닥이 앞으로 나아가면서 다른 가닥을 휘감거나 반대로 다른 가닥에 휘감기는 방식, 즉 가닥의 꼬는 힘과

그 반대 방향의 말리는 힘이 밧줄을 하나로 묶어서 풀리지 않도록 하는 힘의 균형에 있다.[7]

이는 모스가 "총체적 사회 현상total social phenomena"이라고 부른 것에 관한 연구를 옹호하는 것까지는 어찌할 수 없었다. 그러나 그가 말한 총체성이란 개별 부분의 총합 이상의 전체가 전혀 아니다. 그것은 부가적이지 않고 대위법적이다. 마티스 그림의 둥근 문양처럼 그것은 움직임 속 총체성이다. 그리고 결코 결말을 향해 치닫지 않는 이 움직임은 자기 영속적이다. 모스는 이 총체성을 목격하려면 사물을 **있는 그대로** 봐야 한다고 분명히 말한다.

"우리는 사회에서 단지 관념이나 규범뿐만 아니라 사람들과 그들의 집단과 행동까지 파악한다. 기술자가 기계 전체와 그 시스템을 보듯이, 또 우리가 **바다에서 문어나 말미잘을 보듯이** 우리는 사람과 집단을 움직임 속에서 본다."[8]

《증여론》을 중심으로 발전한 광범위한 비평 문헌에서 이 아름다운 해양의 메타포(내가 강조한 부분)는 거의 철저히 무시되었다. 그러나 이 메타포는 모스가 말하려는 바에서 근본적이고도 중심적이다. 모스는 실생활의 인간 존재는 똑같은 순간을 단 한 번도 맞지 않으며 아무것도 반복되지 않는 유동적인 현실 속에 살고 있다고 주장했다. 이 해양 세계에서 모든 존재는 타자에게 휘감기도록 휘감을 수 있는 덩굴손을 뻗어 자기 자리를 스스로 찾아야 한다. 이렇듯 존재들은 서로를 붙잡아, 그러지 않으면 자신들을 산산이 쓸어 버릴 물살에 필사적으로 저항해야 한다. 바닷속 문어와 말미잘을 관찰해 보라. 그것들은 집합도 융합도 하지 않는다. 그렇지만 상호 침투한다. 저 수많은 덩굴손과 촉수는 서로를 휘감아 무한히 확장하는 그물망을 형성한다.

어쩌면 뒤르켐은 이를 염두에 두었을지 모른다. 그래서 부분과 전체에 관한 그 자신의 논증 방식이 상호 침투를 즉각적으로 부정하는데도 뒤르켐은 상호 침투를 언급할 수밖에 없었다. 무엇보다 스펜서의 경제 지상주의economism를 둘러싼 끝날 줄 모르는 지루한 논쟁으로 인해 아마도 뒤르켐 임의로 쓸 수 있는 담론적 자원이 오히려 그가 쓰지 않으려 하던 수사법으로 그를 몰아넣었을 것이다. 사회 전체는 개개의 부분 너머의 무엇이 아니고 오로지 각 부분의 이익에 복무한다고 주장하는 반대자들과 부딪쳤을 때 뒤르켐이 [사회 관념에 관한] 자신의 주장을 뒤엎는 것 외에 무엇을 할 수 있었겠는가. 지금까지도 마음을 내장식 대화형 모듈로 환원하는 세력이 심리학부터 경제학 분야에 이르기까지 주류로 자리 잡고 있다. 우리는 의식의 앎을 조금 더 개방적이고 총체적으로 이해하기 위해 그 반대의 경우를 부단히 주장해야 한다.

그러나 우리는 전체론holism을 최종성이나 완성과 동일시하려는 유혹을 떨쳐 내야만 한다. 정신의 만남은 밧줄 전체를 엮어 내지만, 삶이 계속되는 한 끝단은 언제나 풀려 있을 수밖에 없다. 바다 생물들과 마찬가지로 육지 사람들 사이에서도 무엇이든 잡아매거나 붙잡으려면 선이 있어야 한다. 그래서 문어 및 말미잘과 함께 우리는 생태학에 착수한다. 이 생태학은 이제 유기체와 그 환경의 관계에 관한 연구가 아니다. 또 바다 생물에 발맞추려는 인간들과 함께 우리는 초유기체에 관한 사회학적 연구에 더는 얽매이지 않는다. 오히려 생태학과 사회학의 양자는 선으로서의 삶에 관한 연구에서 합쳐진다. 문어와 말미잘이 물 위에서는 단지 덩이에 불과하나 해저에서는 꿈틀거리는 선 다발인 것처럼, 사회 현상에 관한 연구에서 (앞서 인용한 것과 같은 구절에서 모스가 결론지었듯이) "우리는 수많은 인간과 움직이는 힘들이 **그들의 환경과 정서 속에서 떠다니는** 것을 자각한다".[9] 향후 참조를 위해 이 말을 강조해 둔다. 이 말은 선과 대기의 관계를 다루는 이 책 제2부 주제의 핵심이 될 것이므로.

3. 객체 없는 세계

    그렇다면 우리는 밧줄의 구성선, 즉 사회생활의 연대에서 개별 존재가 가진 생명선들의 상호 직조(상호 침투)를 어떻게 설명해야 할까? 한 가지 가능한 답변은 매듭의 관점에서 사고해 보는 것이다. 매듭에 관해 소설가 이탈로 칼비노*는 다음과 같이 쓰고 있다.

    두 곡선 사이의 교차점은 추상적인 점이 전혀 아니고, 밧줄, 끈,

---

* 이탈로 칼비노(Italo Calvino, 1923~1985)는 이탈리아의 '국민 작가'로 불리며 SF 소설, 환상 문학, 아동 문학 등 다양한 장르의 문학 활동을 전개했다. 1923년 쿠바에서 농학자인 아버지와 식물학자인 어머니 사이에서 태어나 두 살 때 이탈리아로 이주했고, 1941년 토리노 대학 농학부에 입학했다. 1947년 졸업 후 소설을 쓰기 시작했으며, 이탈리아 전역에서 민화를 채집해 민화집(1954~1956)을 출간하기도 했다. 국내에서는 단편 소설, 장편 소설, 에세이 등을 묶은 《이탈로 칼비노 전집 세트》(민음사, 2016)가 출간되었다.

선, 실의 어느 한쪽 끝이 다른 동일 항목의 위나 아래 또는 그 주변을 잡아매거나 휘감거나 묶는 현실의 점이다. 그것은 선원에서 외과 의사까지, 구두 수선공에서 곡예사까지, 등반가에서 재봉사까지, 어부에서 포장업자까지, 푸주한에서 바구니 공예가까지, 양탄자 제조업자에서 피아노 조율사까지, 전문 캠퍼에서 의자 수리업자까지, 나무꾼에서 레이스 제작의 달인까지, 제본업자에서 라켓 제작자까지, 사형 집행인에서 목걸이 제작자에 이르기까지 고도로 숙련된 전문 기술자가 수행하는 매우 정밀한 작업의 결과이다……. [10]

칼비노가 전문 기술직 목록을 선원부터 시작하는 것은 전혀 놀랍지 않으며, 매듭 및 매듭 엮기의 언어가 해상 생활 전반에 퍼져 있는 것도 우연이 아니다. 왜냐하면 해상에서는 유동하는 매질 속에서 장소를 찾아 고정하는 것이 지상 과제이기 때문이다. 매듭은 배에 삭구素具를 달거나 닻을 내리거나 배를 정박하거나 속도를 측정하는 데 사용되며, 과거에는 바람을 방출하는 주술 도구로 선원들에게 팔려 나갔다. 또한 매듭은 망이나 바구니와 같은 직물 구조의 기본 요소이기도 하다(<그림 3-1>). 고트프리트 젬퍼*는 19세기 중반에 작성한 건축술

---

* 고트프리트 젬퍼(Gottfried Semper, 1803~1879)는 19세기 독일의 건축가이다. 유복한 상인 집안의 아들로 태어나 괴팅겐 대학에서 역사 기록학과 수학을 전공하는 한편, 그리스 예술에 깊은 관심을 가졌다. 졸업 후 파리에서 약 3년간 고전주의 건축을 배웠고, 1832년 독일로 돌아와 궁정 극장과 미술관 등을 건립했다. 1849년 드레스덴에서 의회 민주주의를 요구하는 봉기가 일어났을 때 이를 지지했다가 사형 선고를 받고 런던으로 망명했다. 망명 중에 저술한《건축의 네 가지 요소》와《양식론》은 후대의 모더니즘 건축론에 결정적인 영향을 준 것으로 평가받는다.

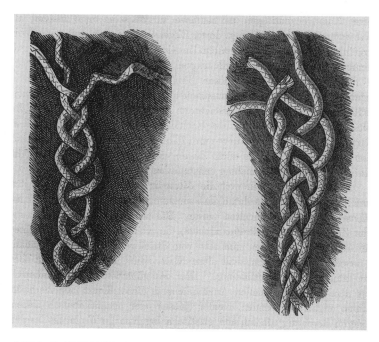

〈그림 3-1〉매듭에서 직물로
고트프리트 젬퍼가 그린 두 개의 소묘. 《기술 및 구조 예술 혹은 실용 미학에서의 스타일, 제1권, 섬유 예술(Der Stil in den Technischen und Tektonischen Künsten oder Praktische Aesthetik, Vol. I, Textile Kunst)》, 뮌헨: 프리드리히 브루크만 출판사, 1878년, 172쪽. © 애버딘 대학.

의 기원과 진화에 관한 한 논문에서 망 제작과 바구니 세공에서 섬유의 매듭 엮기가 가장 오래된 인간 예술 중 하나이며 그로부터 건축물과 직물을 포함한 다른 모든 것이 파생했다고 주장했다. **"건축물의 시작은 직물의 시작과 일치한다"**라고 젬퍼는 단언했다.[11] 건축의 측면에서 매듭 엮기는 막대와 가지를 꼬는 것에서 시작해 집의 뼈대를 세우는 더욱 정교한 기술로 서서히 발전했다는 것이다. 또 젬퍼에 따르면,

직물의 측면에서 바구니 세공과 섬유 꼬기는 직조 기술과 뜨기 패턴, 그리고 매듭 카펫으로 이어졌다.

젬퍼는 후에 다시 다루기로 한다. 나의 당면 목적은 성장 및 운동의 과정을 통해 만물이 계속해서 생성되는 세계에서, 즉 **생명**의 세계에서 매듭 엮기가 간섭성의 기본 원리임을 제시하는 것이다. 매듭 엮기는 그러지 않으면 형태 없는 불완전한 유동체일 무언가의 안에서 형태가 함께 묶여 제자리를 잡게 하는 방법이다. 이것은 인공물처럼 만들어지든 유기체처럼 성장하든 물질적인 것에 적용되는 만큼 지식의 형태에도 적용된다. 그러나 근대 사상사의 최근 동향에서 매듭과 매듭 엮기는 거의 뒷전으로 밀려나 있다. 그 이유는 밀접하게 상호 연결된 메타포들의 대안 집합이 가진 힘에서 찾을 수 있다. 여기서 메타포는 **빌딩 블록, 체인, 컨테이너**를 말한다. 입자 물리학과 분자 생물학부터 인지 과학에 이르는 분야까지 점차 반론이 거세지고 있지만, 여전히 이 메타포들은 상당히 매력적이다. 이로 인해 우리는 세계를 실감개에 감기지 않은 풀린 가닥으로 직조된 것이 아니라 미리 잘린 조각들로 조립된 것으로 사고하게 된다. 이러한 맥락에서 심리학자들은 인식한 내용을 습득할 수 있는 특정 용량의 컨테이너로서 사고와 마음의 빌딩 블록을 끊임없이 이야기한다. 또 언어학자들은 어휘 그리고 구문 속 어휘들의 연쇄적 체인의 의미론적 내용을 논하고, 생물학자들은 종종 게놈 DNA를 그 유사 용어로서 유전자 체인이라고도 하고 생명의 빌딩 블록을 조립하는 설계도라고도 한다. 한편 물리학자들은 소립자의 연쇄 반응을 탐구하면서 우주 자체의 가장 기본적인 빌딩 블록이라고 할 만한 것의 발견을 목표로 삼는다.

그러나 외부 경계면이 완벽하게 들어맞는 블록으로 조립된 세계는 생명을 품을 수 없다. 그 무엇도 움직이거나 성장할 수 없다.[12] 따라서 블록-체인-컨테이너와 매듭은 존재의 철학과 생성의 철학 각각에 기반한 세계의 구성을 이해하는 데에서 상호 배타적인 최상의 비유를 나타낸다. 선으로서의 삶에 관한 우리의 탐구에서 주어진 도전은 블록, 체인, 컨테이너가 사고의 최적화된 형상으로 남아 있던 한 시대가 저문 후 매듭으로의 회귀가 우리 자신, 우리가 만들고자 하는 것들, 우리가 살아가는 세상에 대한 이해에 얼마나 영향을 미칠 수 있는지를 헤아려 보는 것이다. 질문을 잘 뽑으려면 무엇이 매듭이 **아닌지**를 결정하는 것에서 시작하는 게 최선이다. 구체적으로는 다음과 같다.

● **매듭은 빌딩 블록이 아니다.** 블록은 구조물로 조립되지만, 매듭은 마디나 결절에 묶이거나 매인다. 이에 따라 블록의 질서는 외부 접촉 또는 인접성에 의해 서로 이어진다는 점에서 외재적인 반면, 매듭의 질서는 각각 매듭의 구성 가닥이 매듭 너머로 확장되면서 다른 가닥에 매인다는 점에서 내재적이다.

● **매듭은 체인이 아니다.** 체인은 견고한 요소나 연결 고리로 분절적으로 접합되어 있으며 장력이 풀어져도 연결을 유지한다. 그렇지만 체인은 형상에 대한 기억이 없다. 반대로 매듭은 분절적으로 접합되지도 않으며 연결하지도 않는다. 매듭은 연결 고리가 없다. 그럼에도 불구하고 매듭은 형성 과정의 기억을 자신의 구성 안에 간직하고 있다.

● **매듭은 컨테이너가 아니다.** 컨테이너는 안과 밖이 있다. 그러나 매듭의 위상 기하학에서는 무엇이 안이고 바깥인지를 말하는 것이 불가능하다. 오히려 매듭은 간극[13]이 있다. 매듭의 표면은 봉합되지 않으며 매듭을 만들어 내는 재료의 '선들 사이'에 놓인다.

마땅히 매듭이 빌딩 블록도 체인도 컨테이너도 아니라면 덩이에 대해서도 똑같이 말할 수 있지 않을까? 깊이 파고들면 모든 덩이는 그 자체이며 다른 어떤 것으로도 바뀔 수 없다고 주장하게 되는지 모른다. 게다가 만물은 원소, 분자, 원자 등과 같은 요소로 만들어진다고 말할 수 있지만, 덩이는 그러한 요소로 환원되지 않는다. 그러므로 덩이는 정말로 블록이 아니고, 블록으로 만들어진 것도 아니다. 덩이는 근본적으로 그 자체이기 때문에 아무리 직접적인 인과적 절차를 밟아간다 해도 다른 덩이와 엮일 수 없다. 구리 한 덩어리와 주석 한 덩어리를 예로 들어 보자. 구리는 구리이고 주석은 주석이다. 두 덩어리가 서로에게 직접 접근할 방법은 내부에서 만나 융합하는 수밖에 없다. 그렇게 되면 그것들의 관계는 그 즉시 새로운 덩어리인 청동을 구성하게 되고, 그 자체의 환원 불가능하고 불가해한 본질을 갖는다. 이는 아마 너와 나에게도 마찬가지일 것이다. 우리가 관계를 맺는다면 그 관계는 너도 나도 아닌 새로운 어떤 존재를 만들지 않는가. 그 속에서 우리는 모두 제각기 자신의 무언가를 산출하지 않는가. 게다가 덩이는 우리 지각에 언제는 이 모습으로 또 언제는 저 모습으로 나타나더라도 그에 상관없이 덩이다. 그러므로 덩이는 겉모습을 가지고 있지 않다. 말하자면, 덩이는 표면의 모습이 감춰 놓은 저 깊은 곳에 숨어서 그 겉모습**에 의해** 컨테이너에 담긴다.

덩이의 세 가지 가능한 속성(빌딩 블록도, 체인도, 컨테이너도 아니라는 것)은 최근 철학계에서 '객체 지향 존재론Object-Oriented Ontology'[14]으로 잘 알려진 것으로 집약된다. 머리글자 OOO의 세 개의 동그란 O라는 표기마저 어우러져서 객체 지향 존재론은 정말로 덩이의 강력한 존재론이다! 그렇지만 그것은 삶과 완전히 동떨어진 존재론이다. OOO는 우리에게 세계의 유령을 보여 준다. 그 세계는 한 때 살아서 숨을 쉬고 움직이던 모든 것이 자기 내면에 깊이 빠져들어 들쭉날쭉하고 투과되지 않는 무수히 많은 조각으로 붕괴해 있다. 그 것은 시간을 초월해 있으며 움직임이 없는 불활성의 세계이다. 즉 화 석의 우주이다. 지지자들이 OOO를 정당화하는 이유 중 하나로 발 전시킨 논의는 그것이 만물을 '하부 채굴undermining'도 '상부 채굴 overmining'도 하지 않은 채 그대로 존재하게 한다는 것이다. 이를테 면 무언가를 하부 채굴 한다는 것은 그것이 다른 모든 것에서 찾을 수 있는 동일한 요소들의 특정한 조합이나 배열에 불과하다고 주장 하는 것이다. 상부 채굴 한다는 것은 우리가 객체라고 생각하는 것 이 의식의 극장에 나타난 겉모습에 불과하다고 주장하는 것이다. 우 리는 물론 하부 채굴과 상부 채굴이 둘 다 현대 과학과 인문학에 만 연해 있다는 것에는 동의할 수 있다. 그리고 나는 어느 쪽도 옹호하 고 싶지 않다.

그러나 이러한 '채굴'에 저항하는 유일한 길이 덩이적 존재론 blobular ontology에 기대는 것은 아니라고 본다. 나는 세계에 덩이가 존재한다는 것을 부정하지 않는다. 실제로 우리가 보았듯 덩이와 선 의 조합은 생물-형태의 거의 보편적인 특징이다. 그렇지만 이 덩이들 이 거의 보편적으로 선을 내보내거나 선에서 부풀어 오르거나 선형의 매트릭스에 내장되어 있다는 것도 마찬가지로 사실이다. 덩이는 선 덕 분에 살아가고 움직이며 서로를 붙잡을 수 있다. 선이 끊기면 덩이는 위축되고 스스로 무너진다. 선이 없으면 덩이는 '객체'로 축소된다. 이 것이 바로 실제로 생겨나는 모든 덩이가 그저 객체가 아니며, 덩이에 항상 객체 이상의 것이 존재하는 이유이다. 선의 존재론은 객체를 하부 채굴도 상부 채굴도 할 필요 없이 객체를 생략할 수 있게 해 준다. 즉 "모든 사물은 존재한다는 점에서 동등하지만 동등하게 존재하지는 않는다".[15] 이 말은 OOO가 시시때때로 외우는 주문이다. 하지만 우리는 이렇게 말한다. 사물은 그저 존재하지 않는다. 만일 그렇다면, 그것은 정말로 객체에 불과할 것이다. 어쨌건 사물의 관건은 그것이 **발생한다**는 것, 즉 선을 따라 계속해서 나아간다는 데 있다. 이는 사물이 명사가 아닌 동사, 곧 나아가는 행위로서 세계 속에 들어온다는 뜻이다. 사물에 생명이 불어넣어진다는 것이다. 그래서 사물은 햇빛, 비, 바람과 같은 기상 현상으로서 세계 속에 들어올 수 있다.[16] 모스가 인간적인 인격에 대해 보여 주었듯이 생명은 서로의 내면에서 만날 수 있으면서도 그렇게 정서의 분위기에 잠겨 각자의 길로 끊임없이 나아갈 수 있다. 생명은 자신을 스스로 매듭으로 묶을 수 있다. 내가 제안하는 사물의 세계는 매듭의 세계, 곧 **객체 없는 세계**World Without Object, 한마디로 WWO이다.

4. 물질, 몸짓, 감각, 정서

그렇다면 [빌딩 블록으로] 조립되거나 [체인으로] 연결되거나 [컨테이너에] 담기는 것이 아니라 매듭으로 엮이는 세계란 어떤 세계일까? WWO의 가능한 전망 중 하나는 일본의 건축가 히라타 아키히사*의 저서에서 나온다. 그는 알프스의 구름으로 뒤덮인 습곡과 그 사이로 햇빛이 내리비치는 경관에서 산과 구름의 상호 뒤얽힌 질서를 착상했다. 이 질서에서 산과 구름은 마구 얽히고설켜 불변의 복잡성으로 가득한 삶의 한 장면을 연출하는 형상 속으로 서로를 잡아끈다.[17] 매듭을 통해 사고하기 그리고 앞서와 같이 생명의 서식 세계를 구김, 주

---

* 히라타 아키히사(Hirata Akihisa, 1971~   )는 일본의 건축가이다. 교토 대학에서 건축학을 전공했으며, 현재 교토에서 건축 설계 사무소를 운영하고 있다. 그의 건축은 자연과의 조화를 강조하되 일본 전통의 건축 기술에 기반해 내부와 외부가 입체적으로 교차하는 방식을 구사한다.

름, 접힘과 함께 땅과 하늘의 상호 침투로서 이해하기, 이 둘 사이에 연관성이 있을까? 후자의 이해에서 세계는 고체의 구형이라기보다 기체의 대기에 둘러싸여 있으며 바깥 표면에는 건조 환경의 건축물들이 세워져 있다.

물론 매듭 엮기의 실행 없이 매듭은 존재할 수 없다. 그러므로 우리는 '매듭을 엮다'라는 동사로 시작해야 하고, 매듭 엮기를 그 창발적 결과인 '매듭'의 활동으로 봐야 한다. 이렇게 보면 매듭 엮기는 힘껏 잡아당길 때 생기는 장력과 마찰력의 반대되는 힘이 어떻게 새로운 형태를 만들어 내는지에 대한 것이다. 또 매듭 엮기는 그러한 역장力場, force-field 안에 형태가 어떻게 제자리를 잡는지에 대한 것, 간단히 말해 "사물 고착시키기"[18]에 대한 것이다. 그에 따라 우리는 형태와 내용보다 힘과 물질에 초점을 둘 수밖에 없다. 이때 다양한 문화 유형을 지속시키며 인간 삶의 간극에 매이는 사고와 실천의 몇몇 영역에 매듭 엮기가 등록된다. 공기, 물, 끈류, 나무를 포함한 **물질의 흐름과 성장 패턴**, 뜨개질과 바느질에서와 같은 **신체상의 움직임과 몸짓**, 어쩌면 보는 것 이상일 (그러나 물론 보는 것을 배제하지는 않는다) 특히 만지고 듣는 **감각적 지각**, 그리고 **인간관계**와 그러한 관계를 고취하는 정서가 저 영역들에 해당한다. 나는 이 영역들을 존재론적으로 동등하게 취급한다. 즉 어느 것도 더 근본적이거나 더 파생적이지 않다. 그리하여 우리의 과업은 어느 하나를 다른 하나의 관점에서 설명하는 것이 아니다. 또 우리는 매듭 엮기를 어떤 영역에서는 액면 그대로 다루고 다른 영역에서는 비유적으로 다루는 따위도 하지 않는다. 그보다 문제는 이 영역에서 저 영역으로 분야를 번역하는 방식에 있다.

물질부터 시작해 보자. 여기서 중요한 것은 매듭 및 매듭 엮기가 이해될 수 있는 이차적 의미를 유념하는 것이다. 이 의미에서는 성장하는 생물-형태의 물질들이 덩어리나 결절을 형성하려고 서로를 휘감을 때마다 매듭이 만들어진다. 이 양상은 나무의 성장에서 가장 두드러지게 나타나지만, 동물 조직의 응고물이나 부푼 혹, 그리고 유비의 관점에서 비슷한 조직 형태와 질감을 가진 암석의 노출부에까지 폭넓게 나타날 수 있다. 나무 매듭이란 나무가 자라면서 굵어지는 나무 몸통이나 큰 나무줄기의 물질이 새로 생긴 가지의 물질을 덮어 싸면서 발달하는 옹이를 말한다. 가지는 동시에 자라나므로 매듭의 물질은 단단한 핵으로 압축된다. 매듭은 나무 몸통과 줄기를 하나로 묶어 내지만, 매듭으로 인한 나뭇결의 조밀함과 뒤틀림은 목수의 가장 큰 골칫거리이다. 그리고 이것은 일차적 부류의 매듭과 이차적 부류의 매듭 간 관계를 푸는 단서를 제공할 수 있다. 후자의 매듭은 확대enlargement와 분화differentiation의 과정, 즉 성장선을 따라 물질이 압출하는 가운데 형성된다. 반면 전자의 매듭은 섬유, 실, 끈류, 밧줄과 같이 **이미 성장한** 선의 조작을 수반한다. 이 부류의 매듭 묶기는 결코 인간사에 국한되지 않는다. 직조새weaver-bird는 둥지를 지을 때 매듭을 사용한다. 또 특정 유인원, 적어도 인간과 가까이에서 길러진 유인원도 그렇다.[19] 그런데도 젬퍼는 한편으로는 매듭을 만드는 능력에서, 다른 한편으로는 매듭을 베어 가르는 능력에서, 즉 직조와 목공, 직물과 목공품의 상호 보완성에서 기술성의 기원을 중점적으로 추적하려 했다. 그는 그리스어 'tekton'에서 파생한 단어 군집에서 자신의 이 신념을 위한 어원적 뒷받침을 찾아낸다. 이 말은 목공과 도끼tasha의 사용을 뜻하는 산스크리트어 'taksan'과 관련이 있다고 알려져 있다. 텍토닉tectonic은 문헌학자 아돌프 하인리히 보르바인*이 고찰하듯이 최

43

종적으로 "이음의 기술the art of joinings"[20]을 뜻하게 된다.

사물을 잇는다는 것이 실제로 무엇을 의미하는지는 다음 장 주제로 넘긴다. 그러나 신체상의 움직임과 몸짓에서, 즉 매듭 엮기의 두 번째 등록에서 중요한 측면은 매듭이 **묶인다**는 점이다. 묶기는 언제나 고리의 형성을 수반하고, 선의 끝단은 그 고리에 꿰여 꽉 조여진다. 고리 걸기를 묘사하는 안무choreography는 물질을 모으거나 회수하는 아치형 또는 원형의 몸짓이 그다음 안무로 나아가는 열림을 동시에 창출한다는 점에서 특별히 흥미롭다. 몸짓의 율동적인 교차는 생체의 심장 박동이나 들이쉬고 내쉬는 폐 활동에 비견된다. 위상 기하학적으로 인간의 심장(라틴어로는 'cor')은 매듭 모양의 튜브이고, 호른(이 말의 라틴어 또한 'cor')의 모양도 그와 같다. 몸 안에서 심장 매듭은 번갈아서 생명을 유지하는 동맥혈의 흐름을 잡아 주거나 혈액을 동맥 속으로 내보낸다. 마찬가지로 숨을 들이마신 폐가 공기를 와류에 몰아넣으면 우리는 그 와류를 통해 숨을 내쉰다. 그리고 몸의 호흡은 호른을 불 때의 매듭 모양 튜브에서나 사람들이 노래할 때의 목청에서 울려 퍼지는 낭랑한 가락과 조응한다. 여러 목소리는 서로 조응하도록 층층이 쌓여 코러스 혹은 합창을 만들어 낸다. 'cor[심장]', 'cord[끈]', 'chord[화음]', 'chorus[합창곡]', 'choir[합창단]'는 모두 매듭을 뜻하는 어간을 공유한다. 우리는 마티스의 둥근 문양으로 되돌아와 있다.

---

* 아돌프 하인리히 보르바인(Adolf Heinrich Borbein, 1936~   )은 독일의 문헌학자이다. 1956년부터 1963년까지 뮌헨에서 고고학, 그리스어, 라틴어를 공부했으며, 인쇄술에 관한 논문으로 박사 학위를 받았다. 1978년부터 2007년까지 30여 년간 베를린 고고학 협회 회장을 역임했다.

다음으로 매듭 엮기는 어떻게 감각적 지각에 등록될까? 아마도 음악이 한 가지 대답이 될 것이다. 연주자들의 행위 시너지, 기류와 목청의 진동, 그리고 감정의 심금을 울리는 조화로운 선율이 아니라면, 음악은 도대체 무엇인가? 내가 다음 장에서 보여 주겠지만, 경험의 성질로 여겨지는 소리와 느낌은 한 점에서 한 점으로 이동하는 것이 아니라 합창의 다성적 선율이나 둥근 문양의 춤 선처럼 서로 휘감고 휘감긴다. 그리고 음악과 춤의 형태가 소리와 느낌의 매듭이라고 한다면, 건축의 형태를 빛의 매듭으로 보지 않을 이유가 없다. 중세 대성당의 건축가들은 성인에게 왕관을 씌우듯 후광을 비추고, 종을 울려 성인을 찬미했으며, 성인의 형상을 화관으로 꾸몄다. 이들은 분명 내가 앞서 말한 바를 알았을 것이다. 건축가들에게 보이고 들리고 느끼는 각각의 후광, 종, 화관은 다 같은 부류에 속했다. 그들은 [매듭] 묶기와 마찬가지로 [매듭] 풀기가 지각에 등록된다는 사실을 알았을 것이다. 이것은 천둥, 번개, 바람이 몰아치는 폭풍에서 가장 뚜렷하게 나타나지만, 화로가 있는 거주지에서도 나타난다. 화로는 그곳의 애정과 영양분의 순환을 묶어 주고, 그 반대의 풀어 주는 움직임으로서 그것들을 바람에 흩어지는 연기로 태워 대기에 방출한다.[21] 특히 선원들의 해상 공동체에서 매듭과 바람은 오랫동안 긴밀히 연관되어 왔다. 매듭을 푼다는 것은 바람을 풀어 주는 것이다. 매듭을 하나 풀면 남실바람이 풀리고, 또 하나를 풀면 건들바람이 풀린다. 그러나 세 번째 매듭을 풀면 지옥문이 모두 열린다.[22] 이때 묶기와 풀기는 화로와 바람, 더 넓게는 사회와 우주의 관계에서 핵심적이다.

마지막으로 인간관계의 영역에서 매듭 엮기는 친족 및 인척과 관계하는 생명의 결합을 미리 보여 주는 징후이다. 연합의 자녀들, 즉《성경》

의 <시편>에 나오듯이 같은 '자궁'에서 '자아낸' 자들은 언젠가는 서로 다른 길을 가는 선들과 같고, 결국 다른 매듭에서 뻗어 나온 선들과 자신을 묶어서 친족의 그물을 멀리 넓게 퍼뜨린다.[23] 이 생명의 역사 선들은 그와 같은 맥락에서 느낌 또는 정서의 선들이다. 서로에게 뿌리내리는 이 선들은 사회 인류학자인 마이어 포르테스[*]가 "우호의 공리the axiom of amity"라고 부른 것에 기반한다. 포르테스에게 "친족은 우호와 동일시되고 비친족은 그 부정과 동일시된다".[24] 아마도 친족의 비극은 근원에 묶인 선들이 각자 성장하며 서로 멀어질 수밖에 없다는 것이리라. 친족의 약속은 함께 묶일 다른 선들의 발견과 묶인 선들에서 나오는 새로운 생명에 있다. 일체감은 타자성과 친밀감의 소외를 낳지만, 그 반대도 마찬가지이다. 그러나 결속은 역시 정치적일 수밖에 없다. 그것은 철학자 한나 아렌트[**]가 말했듯이 "사람들이 서로**에게** 직접 행동하고 말하는 것"의 현실 속에, 사람들이 **관심사**

---

[*] 마이어 포르테스(Meyer Fortes, 1906~1983)는 남아프리카 태생의 영국 사회 인류학자이다. 런던 정치 경제 대학에서 인류학을 전공했으며, 서아프리카 지역의 종교와 정치 체제를 주로 연구했다. 1950년부터 1973년까지 케임브리지 대학에서 교수로 재직했다.

[**] 한나 아렌트(Hannah Arendt, 1906~1975)는 독일 태생의 유대계 철학자이다. 독일 마르부르크 대학에서 연인이던 철학자 하이데거에게 수학하다 하이델베르크 대학으로 옮겨 야스퍼스의 지도 아래 박사 과정을 마쳤다. 제2차 세계 대전 중 독일에서 프랑스로 망명해 철학자 발터 벤야민 등과 교류하며 유대인 운동에 참여했다. 1941년 미국으로 망명해 시민권을 획득했다. 전쟁과 망명에 대한 개인적 경험은 자유, 다원성과 공공성, 시민성, 정치와 권력 등 근대적 가치에 관한 그의 독창적인 사유를 펼치는 바탕이 되었다고 평가받는다. 국내에서는 《인간의 조건》(이진우 옮김, 한길사, 2019), 《예루살렘의 아이히만》(김선욱 옮김, 한길사, 2006), 《정신의 삶》(홍원표 옮김, 푸른숲, 2019) 등이 출간되었다.

46

inter-est[사이에-있음]를 발견하는 사이-안in-between에, "인간관계의 '망web'"이 짜여 있는 곳에 있다.[25] 사물의 한가운데에 있는 사이-성 between-ness, 즉 수단에서 목적으로 가는 **도정**의 어느 언저리에 있는 절충안인 사이-성이 아닌 매듭의 사이-성의 정확한 본질에 관해서는 이 책의 마지막 두 번째 장에서 다시 다룰 것이다. 당장 우리 관심사는 매듭을 묶을 때 생명이나 물질이 어떻게 '이어질' 수 있는지에 관한 질문에 있다.

5. 매듭과 이음매에 관하여

목공은 다른 말로 소목장joinery이라고 하고, 목수는 소목장이 joiner라고 한다. 그렇다면 잇기join란 무엇이고 사물을 잇는다는 것은 무슨 뜻일까? 여기서 나는 앞서 소개한 블록, 체인, 컨테이너의 주요 메타포가 이음joining에 대해 **분절적 접합**articulation과의 숙명적인 방정식을 끌어냈다고 주장하려 한다. 우리는 이 메타포를 통해 옆과 옆 혹은 끝과 끝이 외부에서 연결되는(또는 **체인**으로 연결되는) 강체 요소rigid elements(또는 **블록**)로 이뤄진 세계를 상상하게 된다. 단단하지 않거나 견고하지 않은 것은 무엇이든 이러한 요소의 내면에 갇힌다(또는 **컨테이너** 내부에 담긴다). 그에 따라 내면은 다른 내면과 서로 섞이거나 어우러질 수 없다. 그것들은 이음의 어떤 흔적도 그 즉시 사라지는 화합물의 구성에서만 융합할 수 있다. 이것이 바로 사회 구성에 관한 뒤르켐의 주장이었다. 개인들은 시장에서처럼 외부 접촉을 통해 서로를 분절적으로 접합할 수 있지만, 사회는 이음매 없이 매끄럽다.

그러나 물론 분절적 접합이 사물을 잇는 유일한 방법은 아니다. 매듭 같은 것으로 사물을 한데 묶는 다른 방법이 있다. 여기서 잇대는 사물들은 선형적이고 유연해야 한다. 그것들은 바깥에서 맞대면하지 않고 매듭의 바로 그 내면에서 만난다. 또 그것들은 끝이나 옆이 아닌 중간에서 이어진다. 매듭은 항상 사물의 한가운데에 있는 반면, 매듭의 양 끝은 풀려 있고 다른 선과 얽히도록 뻗어 있다. 이때 묶기와 분절적 접합은 정반대의 원리에 기반한 이음의 두 가지 방식처럼 보인다. 그래서 목수는? 목수는 어떤 원리를 채택할까? 아마 당신은 언뜻 보기에 목수가 분명 접합의 방식을 선택한다고 생각할 것이다. 어쨌든 나무 기둥이나 판자를 매듭으로 엮는다는 소리를 누가 들어 봤을까? 물론 인접한 판자를 유연한 실가지나 뿌리를 이용해서 함께 꿰매는 것은 가능하다. 이것은 선사 시대의 일부 선박 건조 기술이 입증한다.[26] 그러나 한 판자를 다른 판자와 매듭으로 엮을 수는 없다. 이것이 바로 목공과 바구니 세공에서 기술의 쓰임새가 다른 점이다. 바구니 공예가는 단단한 나무 대신 유연한 묘목으로 작업하고, 가닥의 여분이 접촉 지점에서 항상 남도록 하여 여분의 가닥을 안팎으로 직조한다. 반면 목수는 예를 들면 주택의 골조를 세울 때 단단한 목재의 끝과 끝, 끝과 옆, 옆과 옆을 잇댄다. 바구니의 경우, 구부러진 실가지의 상쇄하는 인장력과 압축력이 전체 구조에 강성을 부여한다. 하지만 주택 골조의 경우, 주요 압력 지점은 이음매 자체에 있다.

목공과 바구니 세공의 이 분명한 차이를 고려하고서도 목수의 이음매가 매듭의 일종이라고 주장할 수 있을까? 이것이 바로 고트프리트 젬퍼가 1851년의 그의 저서 《건축의 네 가지 요소The Four Elements of Architecture》에서 주장한 논점이었다. 우리는 이미 젬퍼가 목공과 직물을 텍토닉 기술의 전체 분야 내의 상호 보완적인 실행으로서 어떻게 고찰했는지를 살펴보았다. 그에 따르면, 매듭은 양쪽에 공통하는 가장 기본적인 공정 기술이었다. 어원에 매료된 젬퍼는 '매듭knoten' 과 '이음매Naht'의 독일어가 가깝다는 점에서 이 생각을 더욱 굳혔다. 둘 다 인도유럽어의 어근 'noc'(이로부터 'nexus'와 'necessity'가 파생했다)를 공유하는 것 같았다.[27] 젬퍼 자신도 잘 알고 있었듯이, 여기서 논점은 단지 기술의 문제가 아니라 그 이상이었다. 오히려 이것은 물건을 만드는 것이 무엇을 뜻하는지에 관한 더 근본적인 문제를 다룬다. 목수와 직조공은 똑같이 제작의 당위에 따라 작업하고, 그들 모두에게 잇대지 않고 만든다는 것은 있을 수 없는 일이다. 그러나 매듭의 필요성은 사이에 남은 공간에서만 자유를 허용하는 취약한 필요성이 아니라 움직임을 조건과 결과로 인정하는 유연한 필요성이다. 다시 말해서 이 필요성은 우연성을 반의어로 하는 사전 결정의 필요성이 아니라, 재료 물질 그리고 직공의 제작 방향에 대한 집중과 관심에서 생기는 필요성이다. 이것의 반의어는 무관심이다.

그런 점에서 목수의 이음매는 분절적 접합이 전혀 **아니다**. 왜냐하면 목공의 이음매에서 물질은 매듭에서처럼 내부에서 서로를 제공하지만, 통합된 전체 속에서 여전히 자신의 고유성을 잃지 않기 때문이다. 예를 들어, 장붓구멍과 장부촉을 잘라 만들 때 한 조각에 다른 조각이 끼워 맞춰지도록 미리 재단되기 때문에, 이음매 내부에 숨겨진 이후의 상호 침투는 그 상태를 영구히 지속하게 만든다. 정말로 물질의 관계 영역에서 이음매에 관한 젬퍼의 주장은 모스가 사회의 관계 영역에서 선물에 관해 이야기한 것과 궤를 같이한다. 내가 너와 인사를 나누면서 네게 내민 손이 온전히 내 것인 것처럼, 한 조각으로 재단된 장부촉이 다른 한 조각으로 재단된 장붓구멍에 맞춰진다 해도 여전히 전자는 후자에 끼어 있을 때조차 온전히 전자로 남아 있다. 매듭을 이루는 선 또한 그러하다. 장부촉과 장붓구멍의 예시와 마찬가지로 목재 조각은 맞물린다고 말할 수는 있어도 **아예** 접합되었다joined up고는 말할 수 없다(<그림 5-1>). 왜냐하면 부사의 'up'은 [완료의] 최종성을 함의하는데, 최종성이란 사물의 수명이 다하기 전에는 말할 수 없기 때문이다. 목재는 다 써 버릴 수 없듯이 아예 접합될 일도 없다. 반대로 목재는 각자 지속한다. 그리고 이 지속 가운데 목재의 이음매나 매듭은 분절적 접합이 아닌 **공감**sympathy의 관계를 확립한다. 긴장과 이완이 번갈아서 하모니를 이루는 다성 음악의 선율처럼, 목재의 부분들은 내적 느낌을 서로 번갈아 가지며 단지 외면의 접속으로 연결되는 것이 아니다.

  내가 이러한 부분들이 구성하는 전체에 대해 '아상블라주'라는 용어를 사용하지 않는 이유도 바로 이것들이 외부 부착이 아닌 간질적 분화interstitial differentiation를 통해 공감으로 매여 있기 때문이다. 이 전체는 조응일 뿐 아상블라주가 아니며, 그 요소들은 '아예up' 접합된 것이 아니라 '함께with' 잇대어져 있다. 아상블라주의 교착적 부착은 '……그리고 ……그리고 ……그리고……and ……and ……and'인 반면, 조응의 분화적 공감은 '……와 함께 ……와 함께 ……와 함께 ……with ……with ……with'이다. 건축 이론가인 라르스 스퓌브룩*이 설명하듯이, 공감은 '보는 것'이 아니라 '더불어 사는 것'이며 사물들의 간극 그 내면성에서 작동하는 느낌-앎의 한 형태이다. 스퓌브룩은 그것은 "사물이 서로를 형상화할 때 느끼는 무엇"이라고 말한다.[28] 목공과 직물 모두에서 사물의 형태는 그 위에 서 있거나 그 뒤에 놓이지 않고, 인장력과 마찰력의 결집 속에서 이러한 상호 형성으로부터 나타나고, 자체 성향과 활기를 띤 물질을 다루는 전문가의 손길을 거쳐 확립된다. 매듭 엮기와 잇대기는 각각 유연한 선과 뻣뻣한 선을 한데 모으므로 둘 다 분절적 접합이 아닌 공감적 연대의 사례라는 것이 성립된다. 그러고 나면 중간 단계의 온갖 경우를 인식하는 다음 무대가 펼쳐진다. 이 단계에서 엮음과 이음, 유연한 선과 뻣뻣한 선이 조합된다. 배의 돛대와 삭구, 축구장의 골대와 그물, 어부의 낚싯대와 낚싯줄, 궁사의 활과 활시위, 직조공의 베틀과 날실, 또는 섬뜩하지만 교수형 집행인의 교수대와 올가미를 생각해 보라. 그러나 가장 뛰어난 예시는 매듭과 이음매의 훌륭한 복합체인 인간의 신체일 것이다. 그리고 그 사람이 건강하게 잘 살아남으려면 이 신체 기관들이 서로 공감해 줘야 한다.

이미 고찰했듯이 심장은 매듭이다. 그런데 뼈는 관절(이음매)에서 만난다. 사원 건축에서 정교하게 이어진 나무와 돌 그리고 전사의 몸에서 매끄럽게 이어진 팔다리, 이 둘 사이가 궤를 같이한다는 것(하나는 사나운 날씨에 저항하는 힘을, 다른 하나는 적의 폭력에 대항하는 힘을 부여한다)은 호메로스의 시에서 반복적으로 나타나는 주제였다. 'ararisko'와 '잇다'는 같은 뜻의 동사이며 위의 두 경우 모두에

---

* 라르스 스퓌브룩(Lars Spuybroek, 1959~)은 네덜란드의 건축 이론가이다. 네덜란드를 비롯한 여러 나라의 건축물과 예술 작품을 설계했다. 대표작으로 네덜란드 예술가들과 작업한 인터랙티브 사운드 조각품이 있다. 현재는 조지아 공과 대학 교수로 재직 중이다.

〈그림 5-1〉 맞물린 목재
캐나다의 브리티시컬럼비아주에서 촬영한 이 사진은 전통적인 통나무 오두막 건축에서 기둥이 귀퉁이와 맞물리는 방식 중 하나를 보여 준다. ⓒ 앨릭스 페어웨더/알러미.

서 일반적으로 사용되었다. 'ararisko'는 인도유럽어의 어간 'ar'에 기반한 수많은 단어 중 하나였다. 'ar'에서 파생한 단어에는 전사의 '무기arms'와 건설자나 제작자의 '기술arts'(라틴어로는 'armus' 및 'ars') 뿐만 아니라 '조각 글article'과 당연히 '마디로 연결되다articulate'가 있다. 지금까지 살펴본 대로, 소목장이의 기술art을 뜻하는 'tekton' ('짜기'를 의미하는 라틴어 'texere'를 포함해서)에서 파생한 일련의 단어들은 기원을 따져 보면 거의 같은 의미로 수렴된다.[29] 그러나 고대 그리스·로마의 시인이나 철학자에게는 잘 단련된 신체의 관절 접합이 오늘날 우리에게 친숙한 해부학적 중요성을 아직 갖지 못했다. 그 것은 아름다움, 균형, 강건함이라는 숭고한 이상과 더 많이 연관되었다. 훨씬 후에야 푸줏간 도마 위의 동물이든 해부대 위의 인간이든, 관절이 각 신체 부위 사이의 부착과 분리의 지점을 표시하게 되었다. 그리고 오직 이 해부학적인 이해 속에서 신체는 시체나 사체와 마찬가지로 구성 요소로 조립된 전체로서의 모습을 드러냈다. 그러나 이것은 생명과 동떨어진 이해이다. 살아 있는 존재에게 관절(다른 골격과 마찬가지로 관절은 절대 조립되지 않고 오히려 그것이 속한 인간과 더불어 성장한다)은 강체 요소의 외적인 연결이 아니라 오히려 조응하는 운동의 내적인 조건이며, 인대의 선형적 그물을 통해 내부에 접착된다(<그림 5-2>).

이음의 문제를 마무리 짓기 전에 또 다른 견해를 덧붙일 필요가 있다. 그것은 이음과 정반대되는 분리separation에 관한 것이다. 분절적으로 접합된 구조, 즉 체인으로 연결된 요소로 이루어진 구조는 예를 들어 철도 조차장에서 차량이 편성되듯이 쉽게 분해될 수 있다. 차량이 열차에서 떼어질 때 화물 열차는 **분절적 접합에서 풀려나온다**. 이와 마찬가지로 법의학 실험실에서 뼈는 조립된 것이며 조립 후 해체가 가능하다. 그러나 내가 지금까지 주장한 모든 것에 비춰 보면, 공감 속에서 이어진 요소의 분리는 이런 식으로 이해될 수 없다는 점이 분명하다. 이 분리는 단지 외부의 연결을 끊는 문제가 아니기 때문이다. 내부에서 무언가가 나와야 한다. 이것은 기억의 문제와 관련이 깊다.

앞서 나는 체인과 매듭을 비교하면서 체인에 기억이 없다는 점을 지적했다. 체인의 장력을 풀어 땅에 떨어뜨리면, 체인은 무질서한 더미 속에 묻혀 그대로 있을 것이다. 하지만 매듭 묶인 밧줄을 풀어서 아무리 곧게 펴려 해도 밧줄은 꼬이고 구부러지려 하고 이전과 같은 형태의 말린 모양으로 되돌아가려 한다. 잇대어진 목재도 이와 같다. 목재는 기성의 구조물에서 분리되어 다른 구조물에 사용될 수 있지만, 그럼에도 불구하고 이전의 연계 기억을 항상 간직하려 한다. 우리가 분리 시 내부로부터 무언가가 나와야 한다고 말할 때, 이 말은 망각의 필요성을 뜻한다. 분절적으로 접합된 구조는 아무것도 기억하지 못하므로 잊을 것도 없다. 그러나 매듭은 모든 것을 기억하며, 모든 것이 잊

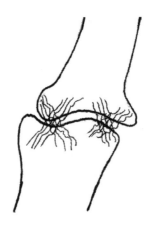

〈그림 5-2〉 뼈와 인대
《조형 이론 노트(Beiträge zur bildnerischen Formlehre)》(1921~1922)에 실린 이 드로잉에서 화가 파울 클레[*]는 관절의 뼈가 어떻게 인대로 연결되는지를 보여 준다. 선형의 매트릭스에 파묻힌 덕분에 덩이와 같은 뼈의 요소는 유연하고 공감적인 결합체를 형성할 수 있다. 베른에 있는 파울 클레 센터의 허가를 받고 게재한다.

* 파울 클레(Paul Klee, 1879~1940)는 스위스 태생의 독일 화가이다. 표현주의, 입체파, 초현실주의 등에 영향을 받아 소박하고 자유로운 상상의 세계를 서정적인 미로 표현했다. 그의 미술 세계는 20세기 환상 미술에 큰 업적을 남긴 것으로 평가받는다.

을 것들이다. 그러므로 매듭 풀기는 탈접합disarticulation이 아니다. 그것은 사물을 산산조각 내지 않는다. 그보다 그것은 [선원이 배의 출항을 위해 밧줄을 던지듯이] **풀어 던지는 것**casting off이며, 그제야 한때 함께 묶여 있던 선들은 제 갈 길을 간다. 가족의 형제자매가 그렇다. 그들이 함께 자란 후 집을 떠나는 것은 분해가 아니라 분산이다. 다시 말해 친족 관계로 알려진 간질적 분화의 저 가족의 선들을 털어내는 것이다. 그리고 우리는 누구라도 처음 세상에 나온 근원적 순간의 기억, 즉 탯줄이 잘리면서 세상에 던져진 기억을 배꼽이라는 매듭 속에 간직하고 있다.

6. 벽

젬퍼에 따르면, 건축의 네 가지 기본 요소는 성토盛土, 온방 장치, 골조, 둘러치는 막이었다. 젬퍼는 이 각각에 특정 기술을 할당했다. 즉 성토에 석공술을, 온방 장치에 제도술製陶術을, 골조에 목공을, 울타리에 직조술을 배정했다. 그러나 그의 최우선 관심사는 건축물의 기초(성토)와 골조의 관계, 그에 따라 석공술과 목공의 관계에 있었다. 좀 더 전문적인 용어로 이것은 **절석법**截石法, stereotomic과 **텍토닉** tectonic을 구별 짓는 것이다.[30] 우리는 이미 텍토닉을 접했다. 그리스어 'tekton'에서 유래한 이 용어는 원래 목공을 의미했지만, 이후 참조 범위가 넓어지면서 일반적으로 '이음의 기술'이라는 뜻까지 포괄하게 되었다. 절석법 또한 고대 그리스어인 'stereo(고체)'와 'tomia(자르기)'에 어원이 있다. 절석법은 탑이나 아치 모양의 천장과 같은 구조물을 세울 때 조립하는 고체를 서로 꼭 맞는 요소로 자르는 기술이다. 이렇게 해서 무거운 블록은 그 밑에 깔린 블록 그리고 연달아 맨 밑의 기반까지 내리누르는 중력만으로 제자리에 고정된다. 반대로 텍토닉에서 선형의 구성 요소는 이음매와 바인딩에 의해 함께 고정되는 틀에 맞춰진다. 예를 들어, 지금도 판자나 가죽으로 덮여야 하는 배의 골조, 그리고 여전히 이엉, 슬레이트, 타일로 마감되는 지붕의 들보를 생각해 볼 수 있다. 당시의 젬퍼와 지금의 우리에게 중요한 문제는 물건을 만들거나 건물을 지을 때 절석법과 텍토닉의 균형 또는 상대적인 우선순위에 있다.

앞 장에서 보았듯이 텍토닉에서는 매듭 혹은 이음매가 구조물의 근본 원리이다. 절석법에서 그 근본 원리는 겹쳐 쌓기이다. 그리고 쌓인 더미는 지구의 중력을 받는 반면, 매듭으로 엮이거나 이어진 구조는 늘 그렇듯이 공중에 매달리거나 들어 올려진다. 건축사학자 케네스 프램턴*은 이러한 "대화적으로 상반된 구조 양식"이 어떻게 각각 "하늘의 비물질성에 대한 골조의 친화성 그리고 지구의 중력을 받을 뿐만 아니라 지구에 녹아들어 그 실체가 되는 덩어리의 성향"을 시사하는지를 강조해 왔다.[31] 하늘과 하늘에서 일어나는 일은 이 책의 제2부에서 다룰 주제이다. 그렇지만 대지와 하늘 사이에 지면이 있고, 이 시점에서 나는 조금 전 제기했으나 아직 답하지 않은 질문으로 되돌아가고자 한다. 즉 매듭을 통한 사고와 지면에 대한 우리의 이해는 어떤 관계일까? 이 이해는 만약 우리가 빌딩 블록과 컨테이너의 건축(이 속에서 내부는 외부 공간의 모조품으로서 개조된다)을 대지-하늘 세계

---

* 케네스 프램턴(Kenneth Frampton, 1930~)은 잉글랜드의 건축사학자이다. 세계화와 대중문화가 건축에 미친 영향에 관한 비판적 견해를 바탕으로 모더니즘과 현대 건축의 역사를 연구해 왔다. 현재는 컬럼비아 대학의 건축학과 명예 교수이다.

의 건축(지면 조직의 매듭으로서 주택은 다시 지어지고 이 속에서 절석법적 기반은 텍토닉한 지붕과 만난다)으로 대체한다면 어떻게 달라질까? 이 질문에 답하기 위해 우선 나는 거의 보편적으로 분포하는 구조물에 초점을 맞추려고 한다. 어떤 면에서 이 구조물은 절석법과 텍토닉의 구별을 혼란스럽게 만든다. 그것은 다름 아닌 **벽**이다. 벽은 조립되는가, 직조되는가? 쌓여 있는가, 잇대어 있는가? 대지에 속하는가, 하늘에 속하는가?

벽은 진흙, 벽돌, 돌과 같은 단단한 재료로 만들어지고 벽 건설자는 석공이나 벽돌공이라고 생각하는 경향이 있다. 고대 성벽은 허물어져 그 옛날에 재료로 쓰인 땅으로 되돌아갔으므로 좀처럼 찾아보기 어렵고, 경관에서 성벽의 옛 존재를 감지하려면 숙련된 고고학적 시선이 필요할 수 있다. 그러나 아마도 우리는 옛 벽을 눈으로 볼 수는 없을 것이다. 왜냐하면 그것은 애당초 그렇게 견고하고 내구성 강한 재료로 만들어지지 않았고 오히려 상대적으로 가볍고 썩기 쉬운 유기 물질로 만들어졌기 때문이다. 유기 물질은 대기와 그 영향권에 쉽게 노출되어 시간이 지남에 따라 문자 그대로 공기 중에 녹아든다. 이것이 바로 젬퍼가 계속해서 제기한 견해이다. 그는 최초의 벽은 잔가지를 땋아 만들어졌으며 그 용도는 가축을 가두는 우리 또는 밭과 정원에 야생 동물이 침입하지 못하게 막는 그 주변의 울타리일 것이라고 확신했다. 건축물과 직물은 모두 나무 막대와 나뭇가지를 땋아 만드는 것에 공통의 기원이 있다고 주장한 그의 논문에서 그는 최초의 '벽 수리공Wandbereiter'은 매트와 카펫을 짜는 직공이었으리라 결론 내린다. 이를 뒷받침하는 논거로 제시한 것이 벽을 뜻하는 독일어 'Wand'가 드레스나 의복을 뜻하는 단어 'Gewand'와 어근이 같다는 것이다.[32]

물론 건축물의 기반을 다지는 성토는 건축물 자체의 기초 구조로서 쌓아 올려져 단단한 벽이나 바위 및 돌로 된 요새를 형성했을 수 있다. 그러나 젬퍼는 'Mauer'라는 단어가 나타내는 단단한 벽의 묵직함과 'Wand'가 표시하는 가볍고 스크린 같은 가림막을 주의 깊게 구별했다. 'Wand'-벽의 주요 기능이 공간을 둘러싸는 것이고 이와 비교하면 'Mauer'-벽은 보호와 지지를 제공하는 순전히.보조적인 역할을 했을 것이라고 젬퍼는 생각했다. 따라서 벽 건축의 본질은 골조의 선형 요소를 잇대거나 매듭짓는 것 그리고 골조를 뒤덮는 물질을 직조하는 것에 있다. 여기에 석벽과 요새가 추가되어도 젬퍼의 벽 건축은 직물 기술로서의 특성을 잃지 않는다.

젬퍼의 저서 《건축의 네 가지 요소》는 처음 출판되었을 때 반응이 썩 좋지 않았다. 미술사와 건축사를 이끄는 대가들이 줄지어 비웃었다. 확실히 건축물이 바구니 세공과 유사한 직조 관행일 수 있다는 생각은 오늘날의 많은 독자와 마찬가지로 19세기 중반 젬퍼의 동시대인들에게 기묘하게 보였을 것이다. 상식에 의문을 제기하려면 대담한 지성이 필요하다. 그중 한 지성이 디자인계의 괴짜 철학자 빌렘 플루서*이다. 그가 20세기의 마지막 수십 년간 쓴 글에서 우리에게 이야기한 것은 천막과 같이 비바람을 어느 정도 막아 줘야 하는 구조물의 경

---

* 빌렘 플루서(Vilém Flusser, 1920~1991)는 체코슬로바키아 태생의 철학자이다. 유대인 집안에서 태어나 1938년 카렐 대학에 입학해 철학을 전공했다. 제2차 세계 대전 중 그의 친지 모두 나치 수용소에서 목숨을 잃은 가운데 브라질로 망명했다. 매체와 기술, 특히 문자와 의사소통 양식에 관해 남긴 선구적인 저작이 매체 철학에 영향을 주었다고 평가받는다. 국내에서는 《글쓰기에 미래는 있는가》(윤종석 옮김, 엑스북스, 2015)를 비롯한 다수의 번역서가 출간되었다.

우 그 첫 번째 조건은 중력의 힘을 견디는 것이 아니라 바람에 휩쓸리지 않아야 한다는 것이다. 이를 통해 플루서는 천막의 벽을 배의 돛, 나아가 글라이더의 날개와 비교할 수 있었다. 이것들의 목적은 바람에 저항하거나 바람을 돌파하는 것이 아니라 접힌 부분에 바람을 잡아 두거나 바람으로부터 비켜서거나 바람의 방향을 돌리는 것이다. 이 방식은 인간의 원활한 거주를 돕는다.[33] 플루서를 좇아 바람에 관해 그리고 바람과 함께 생각하면서 벽에 대한 이해를 시작해 본다면, 달리 말해 블록으로 세운 건축물 대신 연날리기를 통해 벽을 이해해 본다면 어떨까?

선학인 젬퍼와 마찬가지로 플루서는 두 종류의 벽('Wand'와 'Mauer'에 각각 대응)을 구별한다. **스크린** 벽은 대개 직조된 천으로 만들어지고, **견고한** 벽은 바위나 무거운 자재로 축조된다. 플루서는 이와 관련된 선행 문제를 상세히 검토하지는 않는다. 그러나 플루서에게 이 구별은 천막과 주택의 차이를 가리킨다. 주택은 요소들이 서로 위에 쌓아 올려진 블록의 순전한 무게만으로 단단히 고정되는 강체 역학적剛體力學的, geostatic 조립체이다. 중력의 힘 덕분에 주택은 서 있을 수 있지만 동시에 굴러 넘어질 수도 있다. 주택의 네 개의 견고한 벽으로 형성된 마치 동굴과 같은 담 안에 사물이 보유된다고 그는 주장한다. 즉 "재산은 벽으로 규정된다". 이와 대조적으로 천막은 지면에 못을 박아 붙들어 매거나 고정하지 않으면 들릴 수 있는 공기 역학적 구조물이다. 천막의 직물 스크린은 바람의 벽이다. 바람이 잠시 멎고 난기류 속에서 휴식을 취하는 곳인 천막은 나무 위 둥지와 같다. 즉 천막은 매듭이다. 이 매듭에서 사람들 그리고 사람들이 서로에게 일으키는 경험과 정서가 함께 모이고 섞이고 흩어진다. 이 방식은 천막의 스크린 벽을 만드는 재료를 가공할 때의 섬유 처리 방식에 정확히 대응한다. 실제로 '스크린'이라는 바로 이 단어는 플루서에게 "경험에 열려 있고(바람에 열려 있고 정신에 열려 있고), 그러한 경험을 저장하는 천 조각"[34]을 암시한다. 다만 이것이 시네마 프로젝션의 스크린 또는 '화이트월'과 어떻게 다른지 주목해 봐야 한다. 이상적인 영화관 스크린은 특징이 전혀 없고 질감도 균일하며 표면에서 재생되는 이미지에 전혀 민감하지 않다. [스크린 벽과 화이트월의] 대조는 20장에서 다시 다룰 것이다.

그리하여 주택이 천막과 대조되듯이, 또 세계 **위에서** 세계에 **대해서** 삶의 소유물을 담는 것이 세계 **속에서** 삶의 끈들을 엮거나 묶는 것과 대조되듯이, 단단한 암벽의 폐쇄성은 바람에 날리는 스크린 벽의 개방성과 대조된다. "바람에 흩날리는 스크린 벽은 경험을 모으고 보유하고 퍼뜨린다. 그리고 천막이 창조적인 둥지라는 사실을 감사하게 된다"[35]라고 플루서는 쓰고 있다. 물론 이 글은 여느 지나친 일반화와 마찬가지로 매우 조잡하며, 이러한 용어로 건축물의 형태를 분류하려는 모든 시도는 예외의 무게를 감당하지 못해 곧바로 무너질 것이다. 암벽을 병합한 천막이 있고 벽이 스크린인 주택이 있다. 예를 들어 일본 주택의 미닫이문만 해도 그렇다. 종이처럼 얇고 반투명한 이 벽은 내부와 외부 사이의 어떤 대립도 거역하고, 주민의 삶을 빛과 그림자의 복잡한 상호 작용에 비춘다. 프램턴이 관찰했듯이 전통적인 일본 주택은 신사神社의 풀 매듭 장식과 볏짚 금줄부터 다다미 바닥과 대나무 벽에 이르기까지 일관되게 직조된 세계에 속했다.[36] 정말로 텍토닉에 치우쳤다는 점에서 일본의 건축 문화는 절석법적 양감을 강조하는 서양의 기념비적 전통과 극명한 대조를 이룬다.

그렇지만 암벽의 강체 역학과 바람벽의 공기 역학의 일반적인 대조는 여전히 유효하다. 플루서와는 무관하게 젬퍼의 선구적인 연구에 직접 의존하는 프램턴은 절석법과 텍토닉의 근본적인 구별 그리고 양자 사이의 균형 문제를 우리에게 되돌려 놓는다. 세계 곳곳 토착 건축물의 전통은 기후, 관습, 이용 가능한 자재에 따라 이 균형의 폭넓은 변이를 보여 준다. 일본식 주택과 같이 성토가 기초 공사의 일부로 축소되고 지붕뿐만 아니라 벽까지 직물처럼 직조되는 건축물부터, 돌이나 흙벽돌로 만든 벽이 아치형을 이루며 같은 자재의 둥근 천장이 되고 풀비 작업이나 바구니 세공이 단지 보강 역할만 하는 북아프리카의 전통적인 도시 주거에 이르기까지 실로 다양하다. 전자의 경우 절석법적 구성 요소가, 후자의 경우 텍토닉한 구성 요소가 최소한으로 축소된다. 어떤 경우에는 자재가 한 건축 양식에서 다른 건축 양식으로 치환된다. 이를테면 고대 그리스의 사원처럼 돌이 목재 프레임의 형태와 유사하게 절단되는 예도 있다.[37]

그렇다면 보통의 벽돌 벽에 관해 우리는 뭐라고 말해야 할까? 확실히 벽돌공은 블록의 달인이며, 블록을 한 줄 한 줄 쌓아 올려서 블록이 바로 아래를 누르고 연달아서 맨바닥까지 누르게 해서 고르게 균형을 맞춘다. 그러나 벽돌공은 선의 달인이기도 하다. 그의 주요 도구는 모종삽을 차치하면 끈과 진자 추이다. 벽에 대한 절석법적 관점으로 인해 우리는 가지런히 쌓인 벽돌을 먼저 인식하고 모르타르[시멘트와 모래를 물로 반죽한 것]는 그저 그 사이의 틈을 메우는 것으로 본다. 그러나 텍토닉한 관점에서 벽은 복잡하면서도 연속적으로 접착된 모르타르 직물로 드러나고, 여기서 틈을 메우는 것은 벽돌이다. 그래서 벽은 균형 잡힌 벽돌 더미인가, 아니면 잘 직조된 직물인가? 벽은 차곡차곡 쌓여 있는가, 아니면 접착되어 있는가? 분명 둘 다이다. 벽과 벽 축조에서 절석법적 기술과 텍토닉한 기술은 교차하고 융합한다. 그런데 그때 지면에 무슨 일이 일어날까? 누구는 벽의 수많은 기능, 즉 공간적 가림, 보호, 방어를 들춰낼 것이다. 그러나 두꺼운 벽 속에 있는 지면은 무엇이 되는가? 절석법적 모델이 주장하듯이 지면은 전체 구조를 지탱하는 기반으로 숨겨져 있음에도 불구하고 여전히 그 기능을 수행하고 있는 것일까? 아니면 벽은 흙 물질이 솟아올라 마치 갈라진 틈을 통과하듯이 벽돌 구조의 직물 속에 접착하는 저 외부를 향한 표면 사이에, 한마디로 지면에 접힌 자국 같은 것을 내는 것일까? 다음 장에서 나는 매듭의 원리에 기초한 텍토닉한 모델이 후자의 결론에 거침없이 도달한다는 사실을 보여 줄 것이다.

7. 산과 마천루

산과 마천루의 차이는 무엇일까? 마천루를 짓기 위해서는 먼저 큰 건물 전체가 놓일 견고한 기초, 즉 하부 구조를 구축해야 한다. 이때 크레인이 필요할 것이다. 크레인은 용어의 원뜻에서 중기重機를 가리킨다. 즉 무거운 물건을 들어 올리기 위한 도구이다. 그리고 그것은 단순하면서도 매우 기본적인 원리를 구현한다. 다시 말해 구조를 **세우기** 위해서는 부품을 위에서 **아래로** 내려놓아야 한다. 그래서 크레인은 건물의 최대 높이보다 높아야 한다. 급속도로 성장하는 대도시에서 크레인 숲은 방문객이 제일 먼저 맞이하는 풍광이다. 각각의 크레인은 건설 현장의 지면에서 부품을 집어서 건조물의 높이보다 높게 들어 올린 다음 앞서 설치된 부품 위에 내려놓을 수 있도록 다시 떨어뜨리는 데 사용된다. 이 부품들은 물론 구조물의 빌딩 블록이며, 일반적으로 다른 장소에서 다 만들어져 기성품으로 현장에 들여온다. 완공된 마천루는 강철로 보강되고 유리를 입힌 완전한 수직성의 추상적인 기하학적 원리를 구현한 콘크리트의 화신처럼 서 있다. 그리고 잔해가 치워지고 나서야 비로소 구조적 의미를 띤 모든 것이 들어 올려진 건설 현장의 지면은 이번에는 완전한 수평이라는 이상에 최대한 부합하도록 평평하게 된다.

현대 세계에서 '마천루 모델'(우리가 그렇게 부를 수 있다면)은 산, 그중에도 영험하거나 장엄하다고 이름난 산이 대중의 상상 속에 등장하는 방식을 독식하게 되었다. 우리는 산을 자연이 크레인의 도움 없이 기적적으로 조성한 마천루 같은 것으로 생각하는 경향이 있다. 실제로 여러 면에서 산은 대도시의 연장선에 있다. 최고봉에 오르는 것은 마천루의 외벽을 기어오르는 것만큼 전문가, 스턴트맨, 기인의 직업으로 여긴다. 동일 인물이 같은 장비를 사용해서 둘 다 오르는 경우가 종종 있지 않은가. 그들에게 산 중턱은 유리창이고, 산의 깎아지른 듯한 급경사면은 '벽'이다. 문제는 해발로서 수치화되는 산의 수직성이다. 그래서 산을 정의하는 것은 산 정상이지 산꼭대기에 있는 거대한 암석 덩어리가 아니다. 그리고 이는 등반가가 산을 탔다고 말하기 위해서는 산 정상에 올라야 하는 이유가 된다. 반면에 일반 주민은 리프트 또는 그에 상응하는 산악 철도나 케이블카를 이용한다. 그것은 주민을 산으로 끌어올린다. 정상에서 그들은 외부와 완전히 차단된 유리로 둘러싸인 패놉티콘에서 경치를 즐기거나 값비싼 레스토랑 음식을 맛볼 수 있다. 이러한 산꼭대기 시설물은 마천루와 같은 원리에 따라 위에서 건설 자재를 떨어뜨리는 방식으로 지어졌을 것이다. 그러나 아직 알프스의 산 높이를 뛰어넘을 만큼 키 큰 크레인이 없으므로 인양과 하강은 헬리콥터를 이용해서 이루어졌을 것이다.

물론 실제 산은 우리가 아무리 마천루로 여기고 싶어도 마천루처럼 지어지지 않는다. 산은 블록으로 구성되지 않고 지질 구조상의 지각 운동에서 생겨난다. 산의 형태 자체가 인간의 수명에 비하면 영원해 보일지 모르지만, 진행 중인 작업의 증거일 뿐이다. 이 작업은 시작도 없었고 끝도 결코 없을 것이다. 사실상 모든 산악 지대는 끝없는 건설 현장이다. 산이 솟아오를 때 작용하는 지질학적 및 기상학적 힘은 다종다양한데, 여기서 그 힘들을 검토할 것은 아니다. 내가 말하려는 대략적인 논점은 모든 산은 지면에 접힌 자국일 뿐 지면 위에 놓인 구조물이 아니라는 것이다. 접힌 내부에서 지구 물질은 위로 밀려 올라가고 화산 활동의 경우 분출할 수도 있다. 바로 분화다. 더 나은 용어가 필요하다면 나는 이것을 '압출 모델extrusion model'(<그림 7-1>)이라고 부르겠다. 마천루 모델에서는 구성 요소가 위에서 토대 위로 떨어지는 반면, 압출 모델에서는 구성 요소가 밑에서부터 구조물로 치솟는다. 여기서 지면은 흡사 피부가 종기로 인해 부풀어 오르는 것과 마찬가지로 대지의 팽창에 의해 융기한다. 따라서 지면은 아무리 가파르고 험난하더라도 지면이고, 등산가는 경사면이든 산꼭대기든 걷든 기어오르든 내려가든 여하간 지면과 계속해서 접촉한다. 실제로 완전한 수직성이 아닌 지면의 위상 기하학적 관점에서 산을 바라본다면 산 정상은 그 매력을 상당 부분 잃게 된다. 산 정상은 우연히 주변보다 높은 한 뙈기의 땅 그 이상도 이하도 아니기 때문이다.

요즘에는 언덕 곳곳이 전력 발전소 입지 등의 다른 용도로 쓰이고 있다. 이러한 개발의 지지자들과 반대자들 사이에 널리 퍼져 있는 것은 여기저기 널브러진 풍력 터빈이 경관과 어울리지 않는 존재감을 드러낸다는 점이다. 이는 그들의 머릿속에 건조물의 마천루 모델과 압출 모델 사이의 양립 불가능성이 떠오르기 때문일까? 터빈을 지탱하기 위해서는 지면에 깊숙이 박힌 평평한 표면의 콘크리트 기초를 닦아야 한다. 그런 다음 터빈이 표면에 부착된다. 그러나 그 주변의 땅은 하부 구조가 아니다. 그것은 접힌 자국이다. 터빈을 관찰하는 순간 우리는 지면, 실제로는 언덕에 대한 전혀 다른 두 개념을 동시에 받아들여야 하는 것 같다. 이 모순을 제거하기 위해 우리는 언덕마저도 지구 표면에 부착된 거대 건축물로 생각해야 할 것이다(이런 식으로 명산을 생각하기 때문에 높은 산 정상에 자리한 레스토랑과 전망대를 보면서 앞서와 같은 부조화를 느끼지 않을 수 있다). 그게 아니면, 터빈을 키큰 나무처럼 언덕 자체에서 어느 정도 성장한 것으로 생각해야 한다. 이렇듯 우리는 축조 방식을 왜곡해서 해석한다.

그렇다면 언덕이나 산이 지면에서 솟아났는데도 어떻게 지면일 수 있을까? 우리는 앞 장 후반부에서도 같은 딜레마에 직면했다. 그렇지만 그것은 인간이 만든 구조물인 벽에 관해서였다. 어째서 벽은 지면 위에 세워져 있는데도 지면의 일부인가? 우리는 철학자 질 들뢰즈[*]가 《차이와 반복Différence et Répétition》에서 이와 똑같은 질문과 씨름하고 있음을 발견한다. 들뢰즈의 논점은 차이가 생성하는 데에서 어

---

[*] 질 들뢰즈(Gilles Deleuze, 1925~1995)는 프랑스의 철학자이다. 소르본 대학에서 철학을 전공한 후 파리 제8대학에서 미셸 푸코의 뒤를 이어 교수로 재직했다. 플라톤, 칸트, 니체, 헤겔 등 서양 철학사에 관한 독창적인 이해를 집대성한 박사 학위 논문《차이와 반복》발간 이후 동일자적 질서에 포획되지 않는 차이 및 되기에 관하여 긍정적 역량을 탐색하는 고유한 연구를 고수했다. '차이의 철학' 혹은 '생성의 철학'으로 불리는 그의 초월론적 경험론은 철학은 물론 미학, 문학 비평, 사회 과학 분야 등에 지대한 영향을 끼쳤다고 평가받는다. 국내에서는 단독 저서《차이와 반복》(김상환 옮김, 민음사, 2004),《의미의 논리》(이정우 옮김, 한길사, 1999)와 정신 분석가 펠릭스 과타리와 공저한《안티 오이디푸스》(김재인 옮김, 민음사, 2014),《천 개의 고원》(김재인 옮김, 새물결, 2001) 등이 출간되었다.

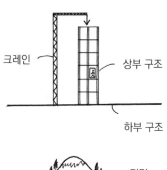

〈그림 7-1〉 마천루 모델(위)과 압출 모델(아래)

느 하나가 자신을 다른 것으로부터 구별하려 할 때 그 다른 것이 자신을 어느 하나로부터 구별하지 못한 채로 그리한다는 것이다. 가령 한 줄기 내리치는 번개는 밤하늘을 배경으로 모습을 드러내지만, 하늘은 번개를 배경으로 모습을 드러내지 않는다. 구별은 일방적이다. 그리고 들뢰즈는 이것이 지면[배경]과 선에도 해당한다고 주장한다. 그는 선은 자신을 배경으로부터 구별하는데, "자신[선]과 결코 떨어지는 일이 없는 배경에"[38] 그리한다고 말한다. 이것은 한 장의 종이를 들어 올려서 주름을 잡는 것과 같다. 우리는 주름의 선을 긋고 그것을 자체적으로 존재하는 것으로 보지만, 주름은 여전히 종이 **안**에 있다. 말하자면 주름-선을 마냥 내버려둔다고 해서 종이가 주름을 밀어내고 평평한 균질성으로 되돌아가지 않는다. 주름이 종이에 있는 것과 마찬가지로 접힌 자국은 그 형태가 산이든 벽이든 지면에도 있다.

그러나 이 압출 모델이 산에 적용되듯이 벽에 적용된다면 마천루에도 적용될 수 있을까? 마천루와 지면이 나누는 상상의 대화를 엿들어 보자. 마천루는 말한다.

"보세요. 나는 완성됐습니다. 내가 공중에 얼마나 높이 똑바로 서 있는지 보세요. 지면 씨, 당신은 하부 구조이고 나는 상부 구조입니다. 나는 당신 위에, 당신 너머에 있고, 당신은 내 밑에 있어요. 당신은 나의 받침대일지 몰라도, 내가 없으면 당신은 당신 것이라고 부를 수 있는 어떤 형태나 특징도 없는 황무지에 불과할 겁니다."

이에 관해 지면은 다음과 같이 대답한다.

"당신은 자신이 완성됐다고 생각할지 모르지만, 그건 정말로 큰 착각입니다. 왜냐하면 당신을 구성하는 물질, 즉 콘크리트, 철강, 유리가 어디에서 왔는지를 생각해 보세요. 또 그러한 물질이 현재 주조된 형태로 영원히 지속하리라 생각합니까? 이 물질들은 대지에서 왔으며, 결국 대지로 돌아갈 겁니다. 나는 그것들을 당신에게 양보하지만, 그것은 내가 참고 있을 때뿐입니다. 그것들은 여전히 내 살, 내 물질로 존재하기 때문입니다. 그리하여 나는 당신의 뼈대 속에 일어서 있습니다."

지면은 여기서 텍토닉의 목소리로 그리고 선의 언어로 이야기한다.

그러나 아마도 마지막 말은 벽을 향해야 할 것이다. 벽이라는 땅의 피부 주름은 대지를 그 실체 속에 흡수하고 있어서 동일한 텍토닉한 힘에 의해 파괴되며, 벽의 구성 분자가 주고받는 가운데 서로에게 서로를 제공하는 이음매에서 팽팽해지고 휘어진다. 라르스 스퓌브룩이 고찰한 것처럼, 자연석으로 된 돌담의 강도는 그 **침하**settlement에 있다.[39] 침하는 석축의 돌 무게, 즉 돌 사이의 접촉이나 '공감'에서 비롯할 뿐만 아니라 돌이 처음에 채굴된 바로 그 지면과 돌의 집합적인 침하에서도 비롯한다. 게다가 이 침하는 한 번에 끝나는 것이 아니라 끊임없이 재협상을 거친다. 지면이 들썩거리면 벽은 그만큼의 무게로 대응한다. 이것이 조응의 과정이다. 시인 노먼 니컬슨*은 자신의 고향인 잉글랜드의 레이크 디스트릭트에 관한 시를 썼다. 이 지역은 벌판과 산이 펼쳐진 곳이며, 가축을 가둬 키우는 용도로 수백 년 전 세워진 돌담에 둘러싸여 있다. 그는 이 땅을 다음과 같이 읊는다.

벽은 천천히 걷는다
지면이 갈라질 때마다,
바위 돌기가 삐걱거릴 때마다,
벽은 조심스레 발을 내딛고,
호그홀을 아치형으로 만들고,
자갈과 무릎 관절을
앉혀 고정한다.
산기슭이
침식하고 표류하면서,
벽이 함께 옮겨진다,
벽은 끊임없이 움직인다.

A wall walks slowly

---

* 노먼 니컬슨(Norman Nicholson, 1914~1987)은 영국의 시인이다. 열여섯 살 때 폐결핵에 걸려 학업을 중단했고, 이후 잉글랜드, 스코틀랜드, 노르웨이 등지를 여행하며 수많은 시를 남겼다. 그의 언어는 평범한 시골 사람들의 모국어에 기반한 단순하고 직설적인 표현을 특징으로 한다.

At each give of the ground,

Each creak of the rock's ribs,

It puts its foot gingerly,

Arches its hog-holes,

Lets cobble and knee-joint

Settle and grip.

As the slipping fellside

Erodes and drifts,

The wall shifts with it,

It is always on the move.[40]

8. 지면

인간은 육상 생물이며 지면에 산다. 이는 매우 일목요연한 듯하다. 그런데 지면이란 무엇인가? 이 문제의 해답에서 최초 근사치는 직립한 신체의 감각에 분명히 느껴지는 지구 표면의 일부로 지면을 생각해 볼 수 있다는 것이다. 철학자 이마누엘 칸트*는 "나의 감각에" 지구는 "둥근 지평선의 평평한 표면"으로 나타난다고 썼다. 칸트에게 이 표면은 인간 경험의 근저에 자리 잡고 있다. 그것은 "우리 기술의 향연이 펼쳐지는 무대 [그리고] 우리 지식이 획득되고 적용되는 지면"이다.[41]

----

* 이마누엘 칸트(Immanuel Kant, 1724~1804)는 독일의 철학자이다. 《순수 이성 비판》, 《실천 이성 비판》, 《판단력 비판》 등을 저술했다. 도덕의 근거를 인과적 원리가 아닌 선험적인 자유에서 논증하고자 전념했으며, 자유로운 도덕적 인격이 자율 법칙을 만드는 것을 도덕 법칙으로 채택했다. 이러한 그의 입장은 근대 계몽주의 철학 및 비판 철학 수립에 전적으로 기여했다고 평가받는다.

존재하는 모든 것, 그래서 우리 지각의 대상을 형성할 수도 있는 모든 것은 마치 소품과 무대 장치가 극장의 무대 위에 설치되듯이 이 표면 위에 놓인다. 표면 아래에는 형상 없는 물질의 영역, 즉 세계의 물리적인 것들이 있다. 그리고 그 위에 비물질적인 형상, 즉 순수한 관념 혹은 개념의 영역이 있다. 정신은 경험의 단편적인 데이터를 전체로서의 세계에 대한 체계적인 지식으로 조직하기 위해 이 후자의 영역을 감각의 준거로 삼는다고 한다. 칸트가 상상한 지식은 마치 구체의 표면 위에 놓인 것처럼 연속적이고 유한한 범위에서 하나로 이어진 채 배열되어 있다. 발은 평평한 땅을 단단히 딛고 정신은 이성의 구체球體에서 솟구치는 칸트 철학의 주체는 무엇보다 지식을 좇는 탐구자였다.

카를 마르크스*의 정치 경제학에서 주체는 지구, 곧 대지가 주체 자신의 목적을 위한 도구로 변해 가는 것을 지켜보는 노동 과정을 통해 그 후속 작업에 복무하게 된다. 마르크스는 대지는 "가장 일반적인 노동 도구다.…… 왜냐하면 대지는 노동자에게 그의 모든 작업을 위한 플랫폼을 마련해 주고 그가 활동할 수 있는 일터를 제공하기 때문이다"[42]라고 주장했다. 간단하게 줄여 말하면, 우리는 서 있을 지면이 필요하다. 이 말은 이러한 진술 대부분이 그렇듯 자명하고 뻔해 보이지만 수많은 복잡한 사태를 숨기고 있다. 지면과 그 밑의 대지를 걷어 내면 우리 노동자는 연장을 잃어버린 사람처럼 남겨질까, 아니면 모든 존재로부터 탈락하게 될까? 인간 존재 없이 대지는 있을 수 있지만, 대지 없이 인간이 있을 수 있을까? 그리고 만일 대지가 인간 존재를 위해

---

* 카를 마르크스(Karl Marx, 1818~1883)는 독일의 철학자, 사회 과학자이다. 인간 사회가 계급 투쟁을 통해 진보한다는 마르크스주의 및 역사적 유물론을 주창했고, 이러한 주장을 담은 《공산당 선언》과 《자본론》으로 널리 알려져 있다.

필요하다고 한다면, 그와 마찬가지로 인간 존재는 대지의 너그러움을 회복하는 수단을 제공하므로 대지의 가장 일반적인 연장이라고 똑같이 말할 수 있지 않을까? 사람들은 대지를 이용해서 생산하는가, 아니면 대지 자체가 생산한 것을 수확하는 과정에서 출산을 돕는 조산사처럼 대지를 돕는 것인가?[43] 지금은 이러한 복잡함을 무시하고 다음에 주목하는 것으로 충분할 것이다. 칸트에게 무대이던 것이 마르크스에게는 단지 설치된 것이 아니라 인간의 활동을 통해 물질적으로 변형된 생산의 플랫폼과 동등해졌다. 그러나 여전히 지면은 그러한 활동을 위한 **기층**substratum, 즉 세계의 순연한 물리성이 인간 노력의 창조성과 맞서는, 정신적인 것과 물질적인 것 사이의 경계면으로 나타난다.

100여 년 후 심리학자 제임스 깁슨[*]은 시각적 지각의 생태학에 대한 선구적인 작업 속에서 지면의 중요성으로 되돌아온다. 깁슨은 "**지면**은 물론 대지의 표면을 가리킨다"[44]라며 또다시 자명한 이치로 들리는 말로 시작한다. 이 표면에 대한 깁슨의 이해 그리고 마르크스와 칸트가 표면에 관해 말하고자 한 것에는 많은 공통점이 있다. 대지의 도구성과 그 사용 가치에 관한 마르크스의 관념을 깁슨은 **행동 유도성**affordance이라는 개념으로 대체한다. 깁슨의 이론에서 사물의 행동 유도성은 동물이 현재 활동의 맥락에서 행동하게 하는 것(또는 반대로 행동하지 못하게 하는 것)이며, 동물이 지각하는 그 외의 모든 것

---

[*] 제임스 깁슨(James Gibson, 1904~1979)은 미국의 심리학자이다. 시각적 지각 분야에서 활약했다. 지각 활동에 대한 신경 체계의 우위를 주장하는 기존의 심리학 정설을 뒤집어 정신(mind)이 신경 체계의 부가적 과정 없이 생태적 자극을 직접 수용한다는 생태학적 심리학을 주창했다. 국내에서는 《지각체계로 본 감각》(박형생·오성주·박창호 옮김, 아카넷, 2016)이 출간되었다.

에 앞서 있다. 따라서 지표면은 육상의 두 발 동물이나 네발 동물을 지탱하는 기층이다. 지면은 "그 위에서 서 있을 수 있고 …… 걸을 수 있고 뛸 수 있다".⁴⁵ 깁슨이 "열린 환경"이라고 부른, 내용물 없는 환경이라는 제한된 경우 지면은 완벽하게 평평한 평지로 실현되어 저 거대한 둥근 지평선까지 거침없이 멀어져 간다. 우리가 앞서 봤듯이 칸트의 견해도 이와 같았다.

그러나 한 가지 매우 크고 중요한 차이가 있다. 깁슨의 사고에서 지면은 형이상학적 의의가 전혀 없다. 칸트, 심지어 마르크스의 사고에서도 그렇지는 않았다. [깁슨의] 지면은 정신적인 것과 물질적인 것 사이, 또는 관념적인 이성과 감각적인 경험 사이의 경계를 표시하지 않는다. 그것은 노동자의 의식을 그가 일하는 토양과 분리하지 않는다. 요컨대 지면은 물질세계를 감싸는 것이 아니라 오히려 **물질들의 세계** 내부에서 대지의 상대적으로 단단한 **물질**과 대기의 상대적으로 불안정한 **매질** 사이의 경계면을 구성한다. [반면] 마르크스가 1848년의 《공산당 선언The Communist Manifesto》에서 "모든 견고한 것은 공중으로 녹아든다"라고 선언했을 때, 그는 은유적으로 부르주아 사회에서 전 자본주의적 생산 양식의 "고정되고 급속히 얼어붙은 관계"의 증발을 가리킨 것일 뿐 자연의 어떤 과정도 언급한 것이 아니다.⁴⁶ 이와 대조적으로 깁슨에게 단단함이란 대지의 물질을 그 위 기체의 매질과 구별하는 것이며, 지표면으로 지각하는 데에서 분명하게 드러나는 차이이다. 만일 단단한 대지가 공중으로 녹아든다면 지면은 간단히 사라질 것이다.

땅이 아래에 있고 하늘이 위에 있으며 지면에 지탱되는 깁슨의 지각자는 현상계의 외부 표면으로 추방되기보다는 현상계의 한가운데에 자리 잡는다. 이 의미에서 그는 주민inhabitant이다. 그에게는 숨 쉴 공기와 발 디딜 플랫폼이 있다. 하지만 지표면만으로 구성된 열린 환경은 그 자체로는 거주지가 될 수 없다. 깁슨은 이 점을 거론하면서 지면을 방바닥과 비교한다. 가구가 없는 텅 빈 방 안에서는 바닥을 걷거나 뛸 수 있지만, 그 외 할 수 있는 것이 거의 없다. 그러나 사람이 사는 집에 가구가 어수선하게 흩어져 있게 마련인데, 집에서 수행하는 그 외 모든 일상 활동이 가능한 것은 바로 이 어수선함 덕분이다(물론 뛰어다니는 것과 같은 일부 활동을 방해할 수는 있다). 깁슨은 이와 마찬가지로 아무 특징 없는 평지는 서 있거나 걸을 수는 있어도 그 외의 모든 면에서는 황폐한 광경을 연출할 것으로 추론했다. 그곳은 생명을 품을 수 없으므로 어떤 살아 있는 존재에게도 환경이 되어 줄 수 없다. 깁슨의 말을 빌리면, "방의 가구처럼 대지의 **집기**furniture는 대지를 살기 좋게 만드는 무엇이다".[47] 방과 마찬가지로 대지에는 무수한 주민의 다양한 활동을 가능하게 하는 온갖 것이 어수선하게 흩어져 있다. 여기에는 탈착 가능한 객체들, 즉 동굴이나 두더지 굴, 울타리나 구릉지 같은 볼록한 부분, 움푹 들어간 땅과 같은 오목한 부분, 균열이나 구멍 등의 개구부가 있다. 사실상 평범한 환경은 너무 어수선해서 주민들이 지면에 직접 접촉할 일이 거의 없을 것이다.

　이 결과는 매우 역설적이다. 한편으로 깁슨은 지면이 문자 그대로 "지상 환경의 **기반**basis"이자 "받침대의 기본 표면"이며, 나아가 "다른 모든 표면의 기준 표면"이라고 주장한다.[48] 이 의미에서 지면은 근본적으로 그 외의 모든 것보다 먼저 **거기에** 있어야 한다. 그렇지만 다른 한편으로 지면은 추상과 재구성의 과정을 거쳐야만 도달할 수 있는 표면이다. 다시 말해 [깁슨의 표면은] 지면이 일부인 환경에서 모든 변형과 세부를 삭제하고 지면을 집기나 무대 장치로 개조하고 그런 다음 미리 준비된 특징 없는 바닥 위에 놓인 각각의 집기를 상상해서 장면을 재구성해야 도달할 수 있다. 이것은 물론 우리가 '마천루 모델'이라고 칭한 것의 논리를 정확하게 반영한다. 이 모델은 산조차도 기초 위에 세워진 상부 구조로 취급함으로써 등방성等方性*의 완전한 수평성을 만들어 낸다. 이 모델에서 차이는 쌍방적인 것이 된다. 즉 여러 특징이 지면과 스스로 구별함에 따라 지면은 그 특징과 자신을 구별한다. 이런 식으로 종이는 주름과, 토대는 벽과, 하부 구조는 상부 구조와, 육지는 산과 자기를 구별한다. 이에 따라 모든 차이가 떼어진 그 다양한 파편, 즉 깁슨이 "환경 객체environmental objects"라고 부른 것이 전쟁터에서 잘려 나간 팔다리처럼 황량한 지면에 흩어져 있다. 황량함과 파편은 차이 없음의 두 측면에 대응한다. 들뢰즈가 각각 "암흑의 무無"와 "순백의 무無"라고 부른 것이다.[49] 파편은 자기가 놓인 황량한 땅이 어디든 차이가 없다. 다시 말해 파편은 어디에나 있을 수 있다. 거꾸로 말해 황량한 땅은 자기 위에 무엇이 올려지든 차이가 없다. 들뢰즈는 진정한 차이는 사이-안에 있다고 주장한다.

여기 또 다른 예가 있다. 어린 시절 나는 모형 철도를 만들고, 그것을 매우 자랑스러워했다. 그러나 그 배치의 가장 중요한 부분은 노선이 아니라 노선이 운행되는 언덕과 계곡의 경관이었다. 나는 그것들을 철망, 파피에 마셰[아교나 풀을 섞어 펄프 상태로 만든 종이], 석고 등으로 만들어서 목재 틀과 다리에 부착된 평평한 나무판자 위에 올

---

* 등방성(isotropic)이란 어떤 대상의 성질이 방향에 의존하지 않거나 회전에 따라 변하지 않는 것을 의미한다. 방향에 의존하거나 회전에 따라 변하는 것은 이방성(anisotropic)이라고 한다.

려놓았다. 이 판자는 그저 베이스 보드일 뿐이지만 진정 받침대의 기본 표면이자 내 모델의 바로 그 기반이었다. 그러나 그것은 내가 그 위에 구축한 '잡동사니'로 인해 시야에서 완전히 가려졌다. 내 경관에 배치된 미니어처 사람과 동물이 살아 움직일 수 있었다면, 그것들은 베이스 보드의 지면을 가로질러 돌아다녔을 뿐만 아니라 무대 장치를 기어올랐을 것이다! 그것들은 언덕 꼭대기에 있든 계곡 밑에 있든 아무런 차이가 없었을 것이다. 왜냐하면 둘 다 잡동사니의 일부였기 때문이다. 산 정상을 고집하는 등산가는 이와 똑같은 방식으로 세계를 자신이 만든 모형으로 취급하지만, 실물 크기의 이 '모형'의 경우 개념적으로 해수면에 고정된 기점을 기준으로 고도가 계산된다. 이에 따라 모든 지면은 지면 위에 있다. 지면 자체, 즉 그 외의 모든 것이 놓여야 하는 고체의 기반이 다름 아닌 유체의 바다라는 것이 밝혀지기 때문이다. 그러나 이 바다조차 인위적이다. 왜냐하면 실제 바다는 모든 선원이 알고 있듯이 넘실거리고 굽이쳐서 조수에 따라 수면의 높낮이가 달라지기 때문이다.

적어도 우리는 이제 지면이 아닌 것이 무엇인지를 안다. 지면은 무대가 아니고, 플랫폼이 아니고, 바닥이 아니고, 베이스 보드가 아니고, 바다가 아니다. 그렇다면 지면**이란** 무엇인가?

9. 표면

바깥 지면과 방바닥의 차이는 무엇일까? 현대의 모든 편의 시설을 갖춘 도시 아파트나 교외 주택에 살 수 있을 만큼 충분히 부유한 사람들은 주거가 에워싸여 있다고 상상하는 경향이 있다. 우리는 바깥이 안에 들어와 있는 세계(내가 전도된 세계라고 부르려는 것) 속에 살고 있다. 이 세계는 움직이고 성장하고 빛나거나 불타고 소리 나는 모든 것이 외부의 모조품 또는 이미지로서 내부에 재구성되어 있다. 생쥐부터 거미에 이르기까지 실제 살아 있는 동물들은 조각 장식품에 자리를 내주기 위해 내쫓기거나 박멸된다. 관상용 식물이 화분에 놓이고, 탁 트인 창은 텔레비전 화면에 나오는 것과 다르지 않은 전망을 보여준다. 인공조명은 기술적으로 태양 광선처럼 보이게 설계된다. 숨겨진 라디에이터는 눈에 보이지 않는 열원으로부터 열을 발산하고, 그 한편 벽난로 속 모조 석탄은 전기로 점화되어 화격자 위에서 타는 듯이 빛을 낸다. 또 벽 주위에 우아하게 배치된 스피커는 나무를 휘젓는 바람 소리나 해안에 부서지는 파도 소리를 녹음된 소리로 들려준다. 그 소리는 우리가 다른 누군가의 천장일 수도 있는 우리 방바닥에 놓인 침대에 누워 잠들 때 긴장을 푸는 데 도움을 준다. 대지는 어디 있을까? 하늘은 안다, 차라리 알고 싶지 않은 저 깊은 곳 어딘가에 대지가 있다는 것을. 그곳은 무언가 일이 어긋났을 때 그리고 우리의 삶을 에워싼 방어막이 뚫렸을 때 만능인만이 접근할 수 있다. 우리가 잠자는 동안 파이프가 터지고 배수관에서 물이 새고 쥐가 전기 케이블을 물어뜯는 광경이 우리의 단꿈을 헤집는다.

이 에워싸이는 경험은 저 문제 상황의 진단 및 연구를 과제로 삼는 심리학자와 철학자들조차 인식할 준비가 잘 안 될 정도로 세계에 서식한다는 것의 의미에 관한 우리 생각에 영향을 미친다. 앞 장에서 살펴보았듯이 우리는 바깥 지면을 방바닥과 마찬가지로 언덕, 계곡, 나무, 건물, 사람들까지 그 외 모든 것이 서 있는 베이스 보드나 하부 구조의 일종이라고 가정하게 돼 버린다. 우리는 식물들이 지면 **속**이 아니라 **위**에서 자랄 것으로 기대하고, 동물들이 굴을 파고 둥지를 튼다는 사실을 잊은 채 그것들이 지표면을 달음박질한다고 상상한다. 우리는 풍경을 한 장면에 담으려 하고, 실내의 흰 벽과 같이 우리 마음에 광학적으로 투사된 그림 속 세상을 본다고 상상한다. 이 풍경화에는 날씨가 없다. 바람도 불지 않고 비도 내리지 않는다. 구름은 성장이 영원히 멈춰 있다. 어디에도 불이 타오르지 않고, 그러므로 연기도 피어오르지 않는다. 우리는 태양을 빛의 폭발이 아니라 천체로서 이야기한다. 우리는 심지어 밖에 나가면 들리는 소리가 녹음될 수 있으리라 생각하고 그것을 '소리 풍경soundscape'이라고 칭한다.

우리 선조들은 그렇게 생각하지 않았을 것이다. 먼 옛날, 많은 사람이 동굴에서 살았다. 세계의 일부 지역에서는 여전히 동굴에 살고 있거나 꽤 최근까지 살았다. 동굴에서 바닥은 대지 그 자체이다. 그러나 그렇다면 [동굴의] 벽도 그렇고 지붕도 그렇다. 동굴에 서식한다는 것은 대지 **위**가 아니라 그 **안**에 사는 것이며, 근처에서 자라는 식물들 그리고 동굴이 제공하는 피난처의 이점을 인간과 함께 이용하면서 이곳저곳을 배회하는 동물들이 그러하듯이 대지에서 영양분을 끌어오는 것이다. 우리는 동굴 안에서 입구를 향해 우리 눈에 들어오는 대로 세계에 대한 회화가 아니라 세계 자체를 본다. 때때로 사람들은 동굴 벽에 그림을 그렸다. 그러나 그들은 풍경을 회화로 표현하는 게 아니라 그들 자신의 발자취를 대지에 새겨 넣듯이 자신들(아니면 선조들 또는 자신들이 변신한 정령들)을 그 **안**에 그려 넣었다. 동굴의 정중앙에 있는 불(화롯불)은 온기의 원천일 뿐만 아니라 생명 그 자체의 근원이었다. 그리고 음향적으로 동굴에는 대기의 소음이 울려 퍼진다. 따라서 동굴은 우리 몸과 마찬가지로 생명의 컨테이너가 아니었다. 우리는 몸 안에 사는 것이 아니라, 숨을 쉬고 음식을 먹으면서 끊임없이 번갈아 세계를 우리 안에 모으고 우리 자신을 세계에 풀어놓는다. 우리가 서식하는 집과 지형을 이와 같은 방식으로 생각해 본다면, 어떤 차이가 생겨날까?

보행자를 상상해 보자. 이번에는 미니어처 복제품이 아니라 진짜 인간이다. 그는 실제 언덕을 오르고 실제 계곡을 지나며 자신의 길을 만든다. 이 언덕과 계곡은 내 모형의 집기가 베이스 보드 위에 놓여 있듯이 지표면의 토대 위에 있지 않다. 산과 벽처럼 그 자체가 대지의 주름이다. 보행자는 지면 자체를 밟으면서 가깝고 먼 지평선이 번갈아

오르내리는 것을 경험하는데, 처음에는 중력에 대항하다가 나중에는 굴복하는 과정에서 수반되는 크고 작은 정도의 근육 운동으로 경험한다. 그러므로 그는 무엇보다도 먼저 움직임 속에서 **운동 감각적으로** 지면을 지각한다. 우리가 언덕의 지면을 '융기한' 것이라고 한다면 그것은 지면 자체가 움직이기 때문이 아니라 우리 자신의 신체 운동에서 그 윤곽을 느끼기 때문이다.[50] 멀리서 언덕을 바라본다 해도 우리는 지평선 위쪽으로 비스듬한 경사 라인을 스캔하듯이 초점을 맞추는 안구 운동을 통해 융기를 감지한다. 그런 다음 우리는 지면이 특징 없는 완벽한 수평면과는 거리가 먼, 차이의 영역이라는 것을 발견한다. 즉 지면은 **무한히 다양하게** 나타난다. 이러한 변형은 윤곽뿐만 아니라 재질, 색상, 질감에도 미친다. 저 모든 잡동사니가 지면에 놓여 있다고 깁슨은 생각했지만 실제로는 지면의 구성 자체에 내재한 까닭이다. 물론 표면은 가까운 곳에서 멀리까지 다양한 규모로 관찰될 수 있고, 각기 다른 패턴, 질감, 감촉을 드러낼 수 있다. 그러나 우리가 어떤 관찰의 척도를 채택하든 지표면은 자글자글하고 얼룩덜룩하고 다형적인 모습으로 쉽게 나타난다.

그런 의미에서 지면은 프랙털fractal의 특질이 있고, 이로 인해 세 번째 특성이 뒤따른다. 그것은 **합성**composite이다. 말하자면 지면은 모든 표면의 표면이며, 각각의 고유한 속성을 가진 잡다하게 다양한 재료가 상호 직조됨에 따라 엉겨 붙어 있다. 지표면은 직물에 비유할 수 있다. 직물의 표면은 직조된 모든 가닥의 표면과 같지 않지만, 그럼에도 불구하고 그러한 가닥으로 구성되어 있다. 직물은 선들의 그물 또는 매트릭스다. 이 매트릭스에 붙잡힌 덩이가 있을 수는 있다. 이를테면 바위나 나무가 형성되는 과정에서 떨어져 나온 자갈, 잔가지, 솔방울과 같은 지스러기다. 지면의 어떤 곳은 직조되었다기에는 알맹이처럼 오돌토돌하고, 매듭지어졌다기에는 모래 둔덕이나 돌무덤처럼 마구 쌓여 있다. 그러나 우리가 몇 번이고 관찰했듯이 순전히 알맹이 상태의 지면(덩이뿐이고 선이 없는 지면)은 생명을 품을 수도 기를 수도 없다. 그리고 지면이 생명을 기르는 것과 관련해서 우리는 지표면의 네 번째이자 아마도 가장 중요한 특성을 발견한다. 즉 지표면은 미리 존재해 있는 그 외 모든 것의 기성 토대가 아니라 **지속적인 발생**을 겪는다는 것이다. 깁슨이 생각한 표면은 고체 물질이 기체 상태로 변환하려 하지 않거나 '공중으로 녹아들지' 않은 정도까지만 존속하는 것이라는 점을 기억하자. 그는 표면의 존재가 물질과 매질의 분리와 비혼화非混和, immiscibility의 증거라고 생각한다.[51] 그러나 생명의 세계에서 지표면은 물질과 매질 사이의 반작용에도 불구하고 존속하는 것이 아니라 바로 그것 덕분에 존속한다. 실제로 그러한 반작용을 통해 지면이 가장 먼저 형성된다.

지구 표면의 대부분은 초목으로 뒤덮여 있다. 대지를 파헤치면 뒤얽힌 초목이 점점 더 촘촘하게 들어차 있어서 '평평한 지면'이 실제로 어디에 있는지를 정확하게 판정하는 것이 어지간한 일이 아님을 알게 된다. 식물에 중요한 것은 태양 에너지를 어떻게든 이용하는 것이므로 사실상 지면은 정연한 표면이라기보다 조도[단위 면적이 단위 시간에 받는 빛의 양]의 경계이다. 식물의 성장은 광합성 반응으로 촉진된다. 광합성 반응은 공기 중의 이산화탄소와 이미 대기에서 토양으로 흡수되어 뿌리가 빨아들인 수분을 결합해서 우리와 여타 동물이 호흡하는 산소를 방출한다. 식물이 결국 죽고 분해되면 그 퇴적물이 토양층에 더해져서 영양분이 풍부해지고 더 많은 성장이 일어난다. 이 의미에서 대지는 끊임없이 성장하며, 이것이 바로 고고학자들이 옛 생명의 증거를 찾기 위해 땅을 파야 하는 이유이다.[52] 그러나 이 성장은 밑에서 일어나는 일을 봉인하거나 마개 혹은 맨홀 뚜껑 등으로 닫듯이 덮는 것이 아니고, 미래의 건조물을 위한 정연한 토대를 마련하듯이 땅을 다지는 것도 아니다. 이와 관련해서 지표면은 표피적이지도 않고 하부 구조도 아니며 비활성적이지도 않다. 오히려 **간질적**interstitial이다.[53] 문자 그대로 대지와 하늘 '사이에 서 있는' 지표면은 가장 활동적인 표면이며, 모든 생명이 의존하는 반응, 그중에 가장 기본이 되는 광합성 반응이 일어나는 주요한 장소이다. 생명이 나아가는 곳마다 대지의 물질은 지면의 끊이지 않는 형성 과정에서 공기의 매질과 결합한다.

식물이 땅 **위**가 아니라 땅**속**에서 자란다는 것은 자명한 일이다. 이것은 또한 대지가 인간이 활동할 수 있는 일터를 제공한다는 마르크스의 고찰처럼 더 깊은 진실을 숨기고 있는 분명한 표현이다. 파울 클레는 이 진실을 지면에 떨어진 씨앗의 이미지로 아름답게 환기한다. 클레는 이렇게 쓴다.

"대지와 대기의 관계에서 성장할 능력이 배양된다. …… 씨앗이 뿌리를 내린 뒤 처음에 그 선은 땅 쪽으로 향해 가지만 거기서 안주하지 않고 하늘에 도달하기 위해 오직 땅에서 에너지를 끌어온다."[54]

씨앗이 성장함에 따라 발아의 끝부분(언젠가 땅과 하늘이 생명의 시초에 직접 가 닿았던 곳)은 이제 짝짓기를 중재하는 선형의 줄기로 뻗어 간다. 양쪽 끝이 해진 줄기는 알뿌리에서 아래 토양으로 풀려나고 화관에서 위의 공기와 섞인다. <그림 9-1>이 보여 주는 것과 같이 클레는 그의 한 소묘에서 식물 성장의 세 단계를 줄기의 양 끝 두 개의 조화점이 있는 정상파standing wave[진동의 마디 위치가 공간적으로

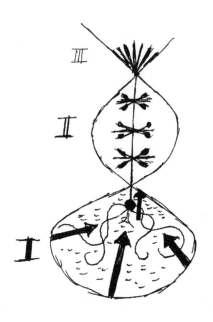

〈그림 9-1〉 식물 형성의 세 단계
파울 클레의 《조형 이론 노트》에 실린 또 다른 소묘에 윤곽을 그려 넣은 것. 베른에 있는
파울 클레 센터의 허가를 받고 게재한다.

이동하지 않으며 진폭의 크기가 시간적으로 변하지 않는 파동]로 묘사
했다. 덧붙인 주석은 세 단계를 다음과 같이 기술한다.

"I: 활성력은 씨앗이 열리는 토양이 되도록 한다. 토양, 씨앗, 영양,
성장, 뿌리의 복합체가 I의 형태를 만든다. II: 빛과 바깥 공기를 쐬어
호흡 기관이 형성된다. 하나 또는 두 개의 작은 잎사귀가 생기고, 그
다음 더 많은, 더욱더 많은 잎사귀가 생긴다. III: 결과는 꽃이다. 식물
이 완전히 자랐다."[55]

이 세 단계 구성에서 식물은 땅의 것이자 하늘의 것이다. 클레가 지

적했듯이 하늘과 땅의 합류 자체가 생명과 성장의 조건이기 때문이다. 식물이 (땅 **위**에 있지 않고) 땅에 **속하기** 때문에 하늘에도 **속한다**. 또는 철학자 마르틴 하이데거*가 자신의 고유한 언어로 표현한 것처럼 대지는 "배달원으로서 꽃을 피우고 열매를 맺으며 바위와 물속으로 퍼져 나가 식물과 동물로 자란다".[56] 요컨대 대지는 빛, 습기, 기류, 다시 말해 태양, 비, 바람에 노출된 덕분에 영원히 솟아나며, 결과적으로 땅을 파괴하지 않고 창조한다. 그렇다면 물질과 매질의 분리를 유지하거나 각각의 영역에 가두는 것은 지표면이 아니다. 그것은 오히려 **표면 작업**surfacing이다. 이 용어는 도로 건설이나 도시 개발의 기반 구축에서처럼 콘크리트나 아스팔트 등의 견고한 내구성의 재료 층으로 지면에 막을 덮어 지표면을 만드는 공학 기술을 가리킨다. 그러한 공학 기술의 목적은 지면을 현대 이론가들이 항상 생각하는 종류의 표면, 즉 평평하고 동질적이며 미리 존재하는 비활성의 지면으로 개조하는 것이다.[57] 그것은 대지를 무대, 플랫폼, 바닥, 베이스 보드 등 한마디로 도시의 상부 구조가 세워질 수 있는 **하부 구조**로 만드는 것이다.

　단단한 표면 작업은 건조 환경의 결정적인 특징이라고 나는 주장한다. 그러한 환경에서 생명은 정확히 지면 위 혹은 그보다 높은 곳에 살고 있으며 지면 속에 살지 않는다. 식물은 화분에서 자라고 사람들은 아파트에서 살며 원격의 원천에서 밥과 물을 얻는다. 생명과 주거

---

* 마르틴 하이데거(Martin Heidegger, 1889~1976)는 독일의 철학자이다. 서양 철학 내 존재론을 재조명하는 현상학, 해석학, 실존주의적 접근을 통해 현대 철학의 전환점을 마련했다고 평가받는다. 제2차 세계 대전 중 나치당에 입당했으며 친나치주의 저술 작업에 참여하기도 했다. 국내에서는 《존재와 시간》(전양범 옮김, 동서문화사, 2016), 《칸트와 형이상학의 문제》(이선일 옮김, 한길사, 2001) 등이 출간되었다.

는 에워싸여 있다. 깁슨이 환경 일반에 관해 말했듯이 건조 환경에는 갖가지 객체가 어수선하게 흩어져 있다. 이 객체들이 지면의 어디라도 이어지는 유일한 연결은 그것들이 우연찮게 그 자리에 배치되어 있다는 것뿐이다. 잡동사니가 모두 제거된다면 우리는 정말로 황량한 광경을 마주하게 될 것이다. 집기 없는 딱딱한 표면의 세계는 특징이 없으며 황폐하다. 그곳에서는 아무것도 자랄 수 없다. 그러나 이것은 공학적으로 가장 빈틈없이 설계된 환경에서도 현실적으로 절대 실현되지 않는 극단의 경우이다. 왜냐하면 지속적으로 관리되고 강화되지 않는 한 단단한 표면은 위에서 침식하고 아래에서 파괴하는 하늘과 땅의 자연력을 견딜 수 없기 때문이다. 저 세계는 마침내 균열이 생기고 부스러지고, 그에 따라 아래에 있는 물질이 다시 빛, 습기, 기류에 노출되면서 대지는 다시 한번 생명 속에 솟아나고 대지를 뒤덮으려는 인간의 모든 시도를 삼켜 버린다.

10. 지식

앞에서 나는 지구 표면이 "우리 지식이 획득되고 적용되는 지면"과 다름없다는 칸트의 진술을 언급했다. 이것은 우리에게 또 다른 질문을 던진다. 지면에 대한 칸트의 이해는 지식에 대한 그의 이해에 어떤 영향을 미칠까? 또는 더 중요하게는 지식이 무엇이며 무엇이 될 수 있는지에 대한 우리의 이해, 즉 우리의 인식론이 앞 장에서 특징짓고자 했던 표면을 칸트의 표면으로 대체한다면 어떻게 바뀔까? 칸트에게 대지의 표면이란 지각의 대상을 형성할 수도 있는 모든 사물이 놓인 평평하고 균일한 기층으로서 경험에 주어진 것임을 상기하자. 이 표면의 특정 지점에 놓인 지각자는 둥근 지평선 내부에 있는 사물에 대해 거의 완벽한 지식을 얻을 수 있다. 그러나 그가 절대 알 수 없는 것은 알아야 할 것이 얼마나 더 남아 있는지다. 칸트는 이 곤경에 처한 자신을 상상하면서 "나는 지구에 대해서 그때그때 가지고 있는 실제의 지식에는 제한이 있음을 알지만, 지구에 대한 모든 기술에 의해서도 지구 그 자체의 한계에 대해 알 수 없다"는 것을 인정했다.[58] 이러한 상황에서 체계적인 지식의 가능성은 있을 수 없고, 전체의 전반적인 개념화 내에서 지금까지 아는 것을 짜 맞추는 방법은 존재하지 않는다.

그런데도 그러한 지식이 어떻게 인간 이성의 손아귀에 있는지 설명하기 위해 칸트는 정신의 위상 기하학과 대지 표면의 위상 기하학 간의 유비를 정교하게 그려 냈다. 우리의 지각자는 그의 감각의 증거와는 반대로 지구가 평평하지 않고 구형이라는 것을 **선험적으로** 이미 알고 있다고 가정해 보자. 그러면 상황은 아주 달라진다. 표면의 범위가 유한하고 잠재적으로 계산 가능하므로 지각자는 현재 지식의 한계뿐만 아니라 잠재적으로 알 수 있는 [세계] 전체의 한계도 추정할 수 있기 때문이다. 그리고 알 수 있는 세계가 구형이라면, 지식의 세계도 그와 같을 것이라고 칸트는 주장했다.

> 우리의 이성은 무규칙하게 확대된 평면이 아니다. 도리어 이성은 하나의 구체에 비할 만한 것이다. 즉 그 반경은 구면상의 호의 곡률로부터(선험적인 종합적 명제의 성질로부터) 알려지며 또 그 구면에 들어 있는 내용도 표면의 한계도 이 곡률에 의해 확실히 표시된다.[59]

따라서 지식의 대상이 지구의 구형 표면에 배열되듯이, 지식은 정신의 구형 표면에 배열된다.

칸트의 여행자를 상상해 보자.[60] 그는 대지의 표면을 횡단하면서 여기저기서 자료를 수집하고 지역의 세부 사항을 더 넓은 지역의, 궁극적으로 지구 범위의 중첩된 개념적 틀에 누적적으로 맞춰 간다. 따라서 여행자가 표면을 **가로질러** 여행할 때 그의 지식은 그의 이성의 둥근 토대 위에 상부 구조로서 쌓아 **올려진다**. 그가 수집한 조각들로 세계가 재구성되면서 단단하면서도 처음에는 텅 비어 있던 정신의 표면에 내용이 채워진다. 여행자는 사실상 정신의 지도 제작자이다. 그리고 지도 제작법에서처럼 그의 관찰은 한 장소에서 다른 장소로 이동하는 **도정**이 아닌 일련의 고정된 지점에서 수행된다. 그의 움직임은 그 자신과 그의 장비, 다시 말해 정신과 그 신체를 하나의 고정된 관찰 위치에서 다른 위치로 옮기는 것 외의 다른 목적을 갖지 않는다. 그렇다면 그의 이상적인 여행 방식은 운송이다.[61] 그는 관찰 속에서 세계를 **마치** 실물 크기의 모형인 것처럼 측정하고 길이와 고도를 해수면의 가상 기점과 관련해서 계산한다.

아마도 이 가공의 시나리오는 지식과 지식의 한계에 대한 칸트의 개념화가 우리가 앞서 탐구한 지면에 관한 가정과 얼마나 밀접하게 연결되는지를 보여 주기에 충분할 것이다. 이 가정은 우리가 보아 왔듯이 실제로는 현실적이지 않으며 주민의 살아 있는 경험과 거의 관련이 없다. 철학자 알폰소 링기스*가 썼듯이 "지면은 우주 비행사와 천문학자의 상상력을 제외하면 행성, 곧 멀리서 본 구형의 물체가 아니다. 우리

---

* 알폰소 링기스(Alphonso Lingis, 1933~   )는 미국의 철학자, 작가, 번역가이다. 시카고 로욜라 대학을 졸업한 후 벨기에 루벤 대학에서 메를로퐁티와 사르트르를 둘러싼 현상학을 주제로 박사 학위 논문을 작성했다. 그 후 메를로퐁티와 에마뉘엘 레비나스의 번역가로 이름이 알려졌고, 1980년대 중반 무렵부터 여행을 통해 경험과 이론을 종합하는 자신만의 철학을 발전시키기 시작했다. 메를로퐁티의 지각 현상학을 레비나스의 윤리학과 접목하면서 윤리적 명령은 인간이 아닌 동물이나 식물, 여타 무생물에서 나온다고 주장한다.

는 아무것도 떠받치지 않는 플랫폼 위에 있는 우리 자신을 느끼는 것
이 아니라 무한정 깊이 확장되는 지지대로서의 저장소를 느낀다".[62] 주
민들은 걷는다. 이때 그들은 세계의 바깥 표면을 횡단하기보다 세계
를 그들 자신의 선으로 누벼 간다. 그리고 그들의 지식은 내가 이제 보
여 주겠지만 위로 쌓아 **올려지는** 것이 아니라 그들이 누비는 길을 **따
라** 성장한다. 칸트에게 지식이 획득되고 적용되는 지면은 그 지평선에
제한되는 특정 지점에서 파악된다는 점을 상기해 보자. 이 지면은 균
일하고 동질적이며 미리 완전히 배치되어 있다. 이와 대조적으로 보행
자의 경험에서 지면은 한 장소에서 다른 장소로 이동하는 길에서, 움
직임의 내력과 길을 따라 바뀌는 지평선에서 파악된다.[63] 지면은 무한
히 변화무쌍하고 합성되며 지속적인 발생을 겪는다. 앎의 지면이 이와
같은 것이라면 어떤 지식이 생겨날까?

먼저 움직임의 요인을 고찰해 보자. 보행자에게 움직임은 앎에 대한
보조적인 것이 아니다. 단지 정신에서 후속 모형화를 위한 감각의 미가
공 자료를 수집하기 위해 지점에서 지점으로 이동하는 수단이 아니다.
오히려 움직이는 것은 아는 것**이다. 보행자는 나아가면서 안다.** 가던
길을 가면서 그의 인생이 펼쳐진다. 그는 나이 들수록 현명해진다. 따
라서 그의 지식의 성장은 그 자신의 인격적 성숙과 같이 가며, 인격의
성숙과 마찬가지로 평생 계속된다. 이때 전문가와 초보자를 구분하는
것은 마치 배움이 늘어날 때마다 더 많은 표현이 머릿속에 쟁여지듯이
전문가의 정신이 내용을 더 풍부하게 담고 있다는 데 있지 않고, 환경
속 단서에 훨씬 더 민감하며 이러한 단서에 판단력과 정확성으로 대응
할 수 있는 훨씬 더 우수한 역량을 가지고 있다는 데 있다. 이 차이는
말하자면 얼마나 많이 아는가가 아니라 얼마나 잘 아는가이다. 잘 아

는 사람은 세계에 관한 이야기를 풀어낼 수 있다는 의미뿐만 아니라 그의 주변 상황에 대해 세심하게 조절된 지각적 인지를 할 수 있다는 의미에서 **말해 줄** 수 있다. 예를 들어 셜록 홈스*는 이 의미에서 매우 박식했다. 홈스는 자신을 추론의 달인으로 즐겨 표현했지만, 그의 진정한 기술은 **귀추법**(가령 유일하게 남은 발자국을 조사해서 앞서 일어난 사건의 모든 실마리를 풀어내는 능력)에 있었다.[64]

요컨대 칸트의 여행자는 그의 정신 속에 있는 지도 위에서 추론하는 반면, 보행자는 지면의 인상에서 이야기를 풀어 간다. 측량사라기보다는 이야기꾼이라고 할 수 있는 보행자의 목표는 칸트가 말하려 했듯이 "분류하고 배치하기" 또는 "그 분류에 모든 경험을 놓는 것"[65]이 아니라 각각의 인상을 일어난 사건과 관련짓는 것이다. 사건은 인상에 길을 내주고 이내 인상과 일치하며 인상의 뒤를 따른다. 이 의미에서 보행자의 지식은 분류적이지 않고 이야기적이며, 총체적이지도 개요적이지도 않으며, 끝이 열려 있고 탐색적이다.[66] 보행에 관해 건축 이론가 제인 렌델**은 다음과 같이 설명한다.

"[보행은] 일련의 고정되고 정지된 관점에서 위치를 측정하고 측량하고 소묘하는 논리에 의문을 제기하는 방식으로 유동적인 장소를 이해하는 방법을 제공한다. 우리는 걸으면서 이 움직임 속에서, 장소와

---

* 영국의 소설가 아서 코넌 도일이 지은 탐정 소설의 주인공. 직업적인 사립 탐정으로서 선구자적인 의미가 있으며, 매우 유명한 탐정이다.
** 제인 렌델(Jane Rendell, 1967~   )은 두바이 태생의 건축 이론가, 문화 평론가, 예술 작가이다. 에든버러 대학에서 건축학 박사 학위를 취득했으며, 건축, 예술, 페미니즘, 역사, 정신 분석학 등 다양한 분야를 넘나드는 연구를 진행하고 있다. 페미니즘 이론을 기반으로 1820년대 런던의 도시적 삶과 건축 공간을 분석한 바 있고, 최근에는 도시 재생 사업과 세입자의 이주 문제를 연구했다.

장소의 관련 속에서 장소를 만난다. 이는 우리가 '다가오는' 것인지 '멀어지는' 것인지에 따라 사물이 다르게 보인다는 사실을 암시한다."[67] 이것은 우리가 고려해야 할 지표면의 두 번째 특성으로 이어진다. 즉 지표면은 무한히 변화무쌍하다. 보행자의 정신 속에 대지의 표면과 유사한 표면이 있다면, 그것은 완벽하게 둥근 지구본이 아니라 오히려 지표면 자체와 마찬가지로 어떤 규모에서든 주름지고 자글자글한 것이리라. 실제로 뇌 신경 조직의 굴곡은 두개골의 둥근 돔보다 더 나은 [지면의] 유비를 제공할 수 있다. 우리는 질 들뢰즈와 그의 오랜 동료 연구자 펠릭스 과타리*처럼 뇌를 풀밭에 비유할 수도 있다.[68] 들뢰즈와 과타리는 그들 나름의 이유로 나무[의 유비]를 꺼렸다. 나로서는 울창한 삼림 지대에서 더 나은 유비를 끌어낼 수 있다고 생각한다. 그 지대의 지면 자체는 뿌리와 서로 얽혀 있고 그 속에서 성장한 나무 둥치는 그에 못지않은 우거진 가지와 잔가지들의 얽힘을 만들어 낸다.

그러나 솔직히 말하면 나는 정신과 지면에서 어떤 유비도 찾을 필요가 없다고 생각한다. 정말로 이 둘은 하나이고 똑같기 때문이다. 정신은 두개골 내부(행성 표면의 둥근 볼록함에 쉽게 비유되는 둥글납작한 오목함)에 국한되지 않고, 땅속뿌리와 공중의 잎사귀가 그러하듯이 인간 생성의 경로나 성장 진로를 따라 확장된다. 따라서 앞의 지면,

---

* 펠릭스 과타리(Félix Guattari, 1930~1992)는 프랑스의 정신 분석학자이다. 1950년대 정신 분석학자 라캉에게서 수학했고, 라 보르드 병원에서 근무하며 반-정신 의학 실천을 고수했다. 들뢰즈와의 조우한 이후 《안티 오이디푸스》, 《천 개의 고원》 등을 공동 저술함으로써 정신 분석학이 관철하는 오이디푸스적 무의식 및 욕망 개념을 비판했다. 이후 두 사람은 《카프카》, 《철학이란 무엇인가》 등을 발간하며 공동 작업을 이어 나갔다. 국내에서는 《카오스모제》(윤수종 옮김, 동문선, 2003)를 비롯한 다수의 번역서가 출간되었다.

혹은 우리가 전문 용어를 사용해야 한다면, 인식의 지면은 바깥 지면과 **유사한** 신체 내부의 신경 기질이 아니라 **그 자체로** 우리가 걷는 바로 그 지면**이다.** 여기서 땅과 하늘은 생명의 지속적인 탄생에 숙련된다. 따라서 보행은 사고와 앎의 한 방식으로서 보행자의 신체 안에 갇힌 정신의 행위적 산물(렌델에 따르면, "발을 통해서뿐만 아니라 마음과 정신을 통해서 일어나는" 활동)이 아니다. 보행자는 댄서와 같이 **움직임 속에서 사고한다.** 무용 철학자 맥신 시츠-존스톤*은 "움직임 속에서 사고하는 것의 특징은 사고의 흐름이 운동에서 생긴다는 것이 아니라 사고 자체가 그렇다는 것이다. 사고는 처음부터 끝까지 동작적이다"라고 말한다.[69] 그런데 동작적인 사고는 지면을 따라간다. 그래서 지면의 복잡한 표면은 생각하고 아는 바로 그 과정과 밀접하게 얽혀 있다. 그것은 앤디 클라크**가 정신의 "와이드웨어wideware"라고 부른 것의 일부이다. 그것은 신체와 뇌 너머에 있는 인지에 필수적인 받침대와 같다.[70]

이와 관련해서 지면은 우리가 서 있어야 한다는 직설적인 의미에서뿐만 아니라 지면이 없으면 우리의 아는 능력을 상당 부분 잃게 된다

---

* 맥신 시츠-존스톤(Maxine Sheets-Johnstone, 1930~   )은 미국의 철학자이다. 철학적 인류학, 심리 철학, 현상학과 실재론 철학, 미학 등을 주로 연구한다. 현재는 오리건 대학 철학과 명예 교수로 재직 중이다.
** 앤디 클라크(Andy Clark, 1957~   )는 영국의 철학자이다. 철학자 데이비드 차머스(David Chalmers)와 '확장된 정신(extended mind)' 이론을 공동 주창했는데, 이 이론을 통해 인간의 인지 작용이 뇌 또는 신체적 영역에 국한되지 않으며 체외 기술과 장치와의 연합 아래에서 발생할 수 있다고 주장했다. 현재는 서식스 대학의 인지철학과 교수로 재직 중이다. 국내에서는 《내추럴-본 사이보그》(신상규 옮김, 아카넷, 2015)를 비롯한 몇몇 번역서가 출간되었다.

는 의미에서 도구와 같다. 지면의 변화무쌍함을 제거하고 딱딱한 표면으로 지면을 뒤덮는다면, 우리는 여전히 서고 걸을 수 있겠지만 더이상 나아가면서 알아 갈 수는 없을 것이다. 빈 종이를 마주한 제도사에게는 아무것도 보이지 않듯이, 표면 작업이 진행된 대지 위에서 보행자는 아무것도 알 수가 없다. 그의 걷기는 한 지점에서 다른 지점으로 이동하는 단순한 보행 역학으로 축소될 뿐이다. 그렇지만 실제로는 보행자의 확장된 정신은 무수한 경로를 거쳐 지면에 침투할 뿐만아니라 필연적으로 동료 주민의 정신과 서로 얽혀 있다. 이에 따라 지면은 인간과 비인간 주민들의 삶과 정신이 서로 포괄적으로 매듭지어진 영역으로 이뤄진다. 우리가 앞서 살펴보았듯이 지면은 다양한 물질로 직조된 합성물이며, 그 표면은 지속적인 발생을 겪으면서 모든 표면의 표면이 된다. 마찬가지로 지면에 흐르는 지식은 모든 지식의 지식이다. 또는 한마디로 말해서 지식은 **사회적**이다. 정신의 작업이 사회적인 것의 범주에 들어가는 것은 이성의 초월석인 표면에서가 아니라다른 존재의 자취와 뒤엉켜 지면에 스며들 때이다.

미주

1

1. 나는 그물망 개념을 다른 글(예를 들면, Ingold 2007a: 80-2와 2011: 63-94)에서 자세히 다루었다.

2. 한 예로 철학자 마누엘 데란다(Manuel DeLanda)의 '아상블라주 이론'을 살펴보자. 그는 다음과 같이 말한다. "부분과 관계하는 전체의 자율성은 다음의 사실이 보증한다. 즉 전체는 제한의 방식과 권한 부여의 방식 둘 다를 통해 부분들에 인과적으로 영향을 미칠 수 있고, 전체는 각자의 부분들로 환원되지 않는 방식으로 상호 작용할 수 있다"(2006: 40). [역주]《새로운 사회철학》(김영범 옮김, 그린비, 2019), 76쪽. 인용된 본문은 역자가 부분 수정한 것임.

3. 인류학자 모리스 블로크(Maurice Bloch)의 최근 연구(2012: 139)는 특히 이 부분적인 융합을 명쾌하게 묘사한다. 사실 블로크는 '덩이'라는 단어를 여타 이론가들이 '사람', '개체', '자기', '나(moi)'와 같은 꼬리표를 붙여 논하는 것까지 포괄하는 총칭적 용어로 채택하고 있으며, 덩이가 어떻게 묘사될 수 있는지를 보여 주는 일련의 도해를 제안하기까지 한다. 그것[도해 속 덩이]은 기저에 깔린 잠재의식의 핵심을 포함한 단단한 원뿔 모양으로 의식의 꼭대기를 향해 솟아 있으며, 그 위에 선명한 표상의 후광이 있다(Bloch 2012: 117-42).

4. Cavell(1969: 52) 참조. 이 글을 알게 해 준 하이더 알모하마드에게 감사의 마음을 전한다.

2

5. Durkheim(1982: 129 and 145 fn. 17) 참조. [역주]《사회학적 방법의 규칙들》(윤병철·박창호 옮김, 새물결, 2019), 176쪽 본문과 각주 18 참조. 인

용된 본문은 역자가 부분 수정한 것임.

6. 《기부에 관한 에세이(Essai sur le don)》(Mauss 1923-4). 이 저서는 이후 인류학자 이안 커니슨(Ian Cunnison)이 영어로 번역해 'The Gift'라는 제목으로 1954년에 출간되었다. [역주] 국내에서는 《증여론》(이상률 옮김, 한길사, 2002)으로 출간되었다.

7. 고대 그리스에서 '조화(harmony)'라는 용어는 선박 제조에서 판자의 이음, 신체에서 뼈의 봉합, 수금 조율과 같이 상반되는 힘의 긴장을 통해 사물들이 서로 맞붙게 되는 방식을 뜻했다. 이것을 알게 해 준 세사르 히랄도 에레라에게 감사하다.

8. Mauss(1954: 78, 강조는 인용자). 프랑스어 원문은 다음과 같다. "Dans les sociétés, on saisit plus que des idées ou des règles, on saisit des hommes, des groupes et leurs comportements. On les voit se mouvoir comme en mécanique on voit des masses et des systèmes, ou comme dans la mer nous voyons des pieuvres et des anémones"(Mauss 1923-4: 181-2).

9. Mauss(1954: 78, 강조는 인용자). 프랑스어 원문은 다음과 같다. "Nous apercevons des nombres d'hommes, des forces mobiles, et qui flottent dans leur milieu et dans leurs sentiments"(Mauss 1923-4: 182).

3

10. 1983년에 처음 출간된 에세이 〈매듭과 함께 그것을 말하다(Say it with knots)〉에서 인용. Calvino(2013: 62) 참조.

11. Semper(1989: 254, 강조는 원저자) 참조. 그의 논문 〈기술적 및 텍토닉 예술 혹은 실용 미학에서의 스타일(Style in the Technical and Tectonic Arts or Practical Aesthetics)〉은 1861년과 1863년에 두 권으로 출간되었다.

12. Ingold(2013a: 132-3) 참조.

13. 간극(interstices)에 대해서는 Anusas and Ingold(2013) 참조. [역주] 참조 논문에서 간극은 표면의 존재론으로 제시된다. 서식 세계를 상호 연결된 객체들의 배치도가 아니라 상호 엮인 선들의 직물로 생각하면, 안과 밖, 눈에 보이는 것과 보이지 않는 것, 비물질적인 것과 물질적인 것은 상호 보완적인 관계를 이룬다. 이때 속과 겉이 구분되지 않고, 표면적인 것과 간질적인 것이 물질과 에너지의 유동 선으로 구분된다. 바로 이 간질적인 것의 한 형태가 간극이다. Mike Anusas and Tim Ingold, 2013, "Designing environmental relations: From opacity to textility," *DesignIssues*, Volume, 29, Number 4, pp. 66-68.

14. 이러한 접근법을 앞서서 주창한 사람들 중 하나가 그레이엄 하먼(Graham Harman)이다. 예를 들면, Harman(2011) 참조.

15. Bogost(2012: 11, 강조는 원저자) 참조. [역주] 《에일리언 현상학, 혹은 사물의 경험은 어떠한 것인가》(김효진 옮김, 갈무리, 2022), 35쪽.

16. 하먼은 객체가 서로의 본질에 직접 접근할 수 없도록 어떻게 자기 안에 틀어박히는지를 설명하기 위해 비와 양철 지붕의 예를 든다. "양철 지붕을 때리는 비는, 지붕 위 원숭이나 양철 지붕 집의 가난한 주인과 마찬가지로 양철의 실재성과 밀접한 접촉을 할 수 없다"(Harman 2011: 174). 두 쪽 다음에 하먼은 (그 이유는 전혀 말하지 않고) "시간이 존재하지 않는 것은 언제나 현재만이 실재하기 때문이다"(2011: 176)라고 단언한다. 그러나 시간 없는 세계에서는 비조차 내릴 수 없다. 실제로 비는 물방울의 낙하이므로 비와 같은 것은 절대로 있을 수 없다. 공중에 떠 있는 물방울만 있을 뿐이다. 당연히 비는 지붕의 양철과 어떤 접촉도 없다! 철학자들은 우리가 더 명확하고 정확하게 사고하도록 도와야 하지만, 종종 그들은 다른 사람들보다 사리에 어두운 것 같다. 갈대밭에서 헤매지 않기 위해서라도 철학자가 가는 곳에는 가지 않는 것이 상책이다.

4

17. Hirata(2011: 15-17) 참조.

18. 이 아이디어는 인류학자 커린 바버의 책(Karin Barber, 2007)에서 가져 왔다.

19. 예를 들어, Herzfeld and Lestel(2005) 참조.

20. Frampton(1995: 4)에서 인용.

21. 이에 대해서는 Ingold(2013b: 28) 참조.

22. Ingold(2007b: S36-7, fn. 8) 참조.

23. 〈시편〉 139장 13절의 "주는 내 몸의 모든 기관을 만드시고 어머니의 태에 서 나를 베 짜듯이 지으셨습니다" 참조.

24. Fortes(1969: 110, 219-49).

25. Arendt(1958: 182-3, 강조는 원저자). [역주] 《인간의 조건》(이진우 옮 김, 한길사, 2019), 281~282쪽. 인용된 본문은 역자가 부분 수정한 것임.

5

26. 버드나무 뿌리나 내피 외에 목재로 건조한 고대의 배도 있다. McGrail(1987: 133-5) 참조.

27. 여기서 나는 젬퍼 작품에 대한 Kenneth Frampton(1995: 86)의 믿을 만 한 비평을 참고했다.

28. Spuybroek(2011: 9) 참조.

29. 이와 궤를 같이하는 유사성에 대해서는 Giannisi(2012) 참조. 그리고 그 어 원적인 상관관계에 대해서는 Nagy(1996) 참조.

6

30. 이 구별에 대해서는 Frampton(1995: 5) 참조.

31. Frampton(1995: 7) 참조.

32. Semper(1989: 103-4) 참조.

33. Flusser(1999: 56) 참조.

34. Flusser(1999: 56-7).

35. Flusser(1999: 57).

36. Frampton(1995: 14-16).
37. Frampton(1995: 6-7).

7

38. Deleuze(1994: 29) 참조. [역주] 《차이와 반복》(김상환 옮김, 민음사, 2004), 84쪽. 인용된 본문은 역자가 부분 수정한 것임.
39. Spuybroek(2011: 153-5).
40. 이 구절들은 노먼 니컬슨의 시 〈벽(Wall)〉의 세 번째 연이다(Nicholson 1981: 15-16). 저자와 출판사(Faber & Faber)가 흔쾌히 허락해 주어 싣게 되었다.

8

41. 인용한 두 구절 중 첫 번째는 칸트의 《순수 이성 비판(Critique of Pure Reason)》(1933: 606)에서, 두 번째는 그의 《자연 지리학(Physical Geography)》(1970: 257)에서 가져온 것이다.
42. 이 발어은 《자본론(Capital)》(Marx 1930: 173) 제1권에서 따왔다.
43. 18세기에 프랑수아 케네(François Quesnay)와 안 로베르 자크 튀르고(Anne-Robert-Jacques Turgot)가 주창한 중농주의(Physiocracy)의 원리에 따르면, 토지를 경작하는 농부의 역할은 그 토지의 실질적인 농작물을 수확하는 것이다. 반면 장인의 역할은 인간이 만들 수 있는 디자인을 산출하는 것이다. 마르크스가 농산물을 제품의 일종으로 취급함으로써 중농주의를 뒤집어 놓았다고 주장할 수 있다. 인류학자 스티븐 구드먼(Stephen Gudeman)과 알베르토 리베라(Alberto Rivera)는 콜롬비아의 현대 소작농들이 자신들의 삶과 일에 관해 이야기하는 방식에서 중농주의적 이상의 반향을 발견한다. 이 농부들의 삶은 땅의 '힘(la fuerza)', 즉 대지의 힘에 의해 움직인다. 그들은 대지가 자신들에게 양식을 준다고 말한다. 인간의 역할은 대지의 출산을 돕는 것이다(Gudeman and Rivera 1990: 25와 Ingold 2000: 77-88 참조). 나는 마지막 장에서 이 생산과 수확의 문제로 되돌아

갈 것이다.

44. Gibson(1979: 33, 강조는 원저자) 참조.

45. Gibson(1979: 127).

46. Marx and Engels(1978: 476). [역주] 《공산당 선언》(심철민 옮김, 도서 출판b, 2018), 17쪽. 번역서에 "기존의 존립해 있는 일체의 것이 연기처럼 사라지고 노후하고 고정된 온갖 관계들은 ······ 소멸된다"로 번역되어 있으나, 본문에서는 인용된 맥락에 따라 영어 원문을 그대로 번역했다.

47. Gibson(1979: 78, 강조는 원저자).

48. Gibson(1979: 10, 33, 강조는 원저자).

49. Deleuze(1994: 28). [역주] 《차이와 반복》(김상환 옮김, 민음사, 2004), 83쪽. 인용된 본문은 역자가 부분 수정한 것임.

9

50. 이러한 이해는 철학자 가스통 바슐라르(Gaston Bachelard)가 "근육 의식 (muscularconsciousness)"이라고 부른 것이다(Bachelard 1964: 10-11). Ingold(2000: 203-4)도 참조

51. Gibson(1979: 22) 참조.

52. Ingold(2007b: S33).

53. Anusas and Ingold(2013).

54. Klee(1973: 29).

55. Klee(1973: 64).

56. Heidegger(1971: 149).

57. Ingold(2011: 123-5).

10

58. Kant(1933: 606). [역주] 《순수 이성 비판》(윤성범 옮김, 을유문화사, 1969), 493쪽.

59. Kant(1933: 607-8). [역주] 위의 책, 494~495쪽.

60. Ingold(2000: 212-13).

61. 다른 저서(Ingold 2007a: 77-84)에서 나는 운송의 관념에 관해 이쪽에서 저쪽으로 더 긴 거리를 '횡단하는' 것으로 논했다.

62. Lingis(1998: 14).

63. Ingold(2000: 227).

64. 귀추법(abduction) 개념은 인류학자 앨프리드 젤(Alfred Gell 1998: 13-16)이 발전시킨 예술 및 행위자에 관한 이론 가운데 최고로 간주된다. 여기서 그는 아메리카 프래그머티즘 철학의 대표 주자이자 기호론의 창시자 찰스 피어스(Charles S. Pierce)를 느슨하게 따라간다. 이 주제에 관한 피어스의 글은 거의 알려지지 않았지만, 그가 염두에 둔 것은 오늘날 우리가 '지식을 뒷받침하는 추측(educated guesswork)'이라 할 수 있는 것과 비슷하다. 이것은 탐정 절차이다. 탐정꾼은 온갖 사건의 물증을 해독하면서 초기 상황이나 일련의 상황으로 되돌아간다. 당연하지만 그로부터 관찰 결과가 얻어진다.

65. Kant(1970: 257-8).

66. 분류화된 지식과 서사화된 지식의 구분에 대해서는 Ingold(2011: 156-64) 참조.

67. Rendell(2006: 188).

68. Deleuze and Guattari(2004: 17) 참조. [역주]《천 개의 고원》(김재인 옮김, 새물결, 2001), 36쪽.

69. Rendell(2006: 190)과 Sheets-Johnstone(1999: 486)에서 인용.

70. '와이드웨어' 개념은 Clark(1998)에서 논하고 있다.

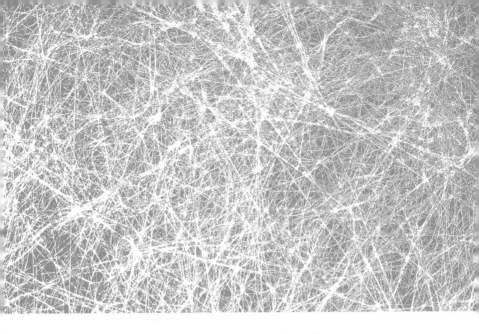

제2부 날씨에 스며들기

Part II Weathering

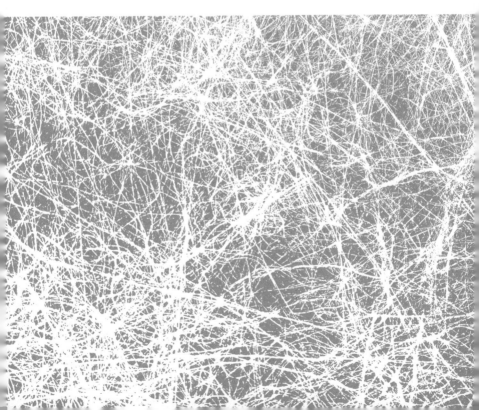

11. 회오리바람

나는 선학자linealogist, 곧 선을 공부하는 연구자가 되었다. 선학은 한 번이라도 길을 걷고 천을 꿰매고 동물을 뒤쫓고 시를 읊고 흔적을 남기고 편지를 써 본 이들, 즉 일상을 영위하는 모든 사람이 무의식적으로라도 탐닉한 가장 오래된 주제이다. 그렇지만 선학은 또한 가장 새로운 주제이다. 그 이름으로 작업하는 전문적 연구자는 이제껏 나밖에 없었기 때문이다! 주제의 범위는 놀랍도록 방대해서 걷기, 짜기, 관찰하기, 노래하기, 이야기하기, 그리기, 글쓰기를 포괄한다. 이 모든 것이 이런저런 선을 따라 생겨난다.[1] 그러나 내가 이 책 제2부에서 독자를 설득하려는 것은 선학자가 되려면 반드시 기상학자도 되어야 한다는 것이다. 우리는 날씨를 연구해야 한다. 나는 오랫동안 선과 날씨 사이에 틀림없이 깊은 연관이 있으리라 느꼈다. 그 연관은 걷기와 숨쉬기, 직물 짜기와 시간의 흐름, 관찰과 기질, 노래와 반향, 이야기하기와 기억의 잔향, 그림의 흔적과 화가의 팔레트 색깔, 종이에 적힌 글과 사람들이 예언을 위해 읽곤 하던 하늘의 전조 사이만큼이나 깊다. 결국에 이 전조는 '유성 : 대기 현상$_{meteors}$'으로 한때 불렸고, 바로 이 대기 현상에 관한 연구에서 근대 용어인 '기상학$_{meteorology}$'이 유래되었다. 따라서 선학자가 걷기, 짜기, 관찰하기, 노래하기, 이야기하기, 그리기, 글쓰기에 공통되는 것이 무엇인지를 묻는다면, 기상학자는 호흡, 시간, 기분, 소리, 기억, 색, 하늘에서 공통분모를 찾는다(<표 11-1>). 내가 앞으로 보여 주겠지만 이 분모는 우리가 **대기**$_{atmosphere}$라고 부르는 것이다.

선학	기상학
걷기	호흡
짜기	시간
관찰하기	기분
노래하기	소리
이야기하기	기억
그리기	색
글쓰기	하늘

〈표 11-1〉 선학과 기상학

　그러나 선학이 협의의 기하학을 넘어서는 선 개념을 요구하듯이, 선학을 보완해야 하는 기상학 또한 그와 마찬가지로 우리를 둘러싼 지구 공간의 측량학을 넘어서는 대기 개념을 요구한다. 실제로 수리적 기하학의 환원과 과학적 기상학의 환원에는 어떤 연관이 있다. 둘 다

내가 '전도轉倒. inversion'라 부르는 논리적 조작을 전제로 한다. 이 전도를 통해 생명이 살아가는 성장과 운동의 경로는 생명을 담는 컨테이너의 경계로 전환된다.[2] 기하학이 생명을 점으로 압축하고 그것들 사이의 최단 거리를 선이라 정의하는 한편, 근대 과학의 화신으로서 기상학은 질량을 부피로 변환하고 밀도를 부피에 대한 질량의 비율로 정의한다. 이 전도의 조작으로 인해 우리는 움직임을 성장이나 생성의 선을 따라 분출하는 것이 아닌 이미 응고된 덩어리나 덩이가 한 점에서 다른 점으로 위치를 옮기는 것으로 생각한다. 여기서 경로는 초기 조건에서 계산 가능하고 외부 개입을 통해서만 변경 가능한 궤도 혹은 궤적이다. 이와 마찬가지의 이유에서 멈춰 있거나 잠깐 쉬고 있는 순간은 평형 상태가 된다. 이 상태는 오랫동안 지속할수록 점점 더 강해지는 내적인 긴장에 의해서가 아닌 외적인 힘의 균형에 의해서 유지된다.

폭풍의 움직임을 생각해 보자(<그림 11-1>). 번개가 치고 천둥이 울리는 폭풍의 모습은 선과 대기의 때려야 뗄 수 없는 관계를 보여 주는 훌륭한 실례이다. 하지만 이 관계는 폭풍이 움직이는 도중에도 존재한다. 폭풍이 먼저 이쪽을 몰아치고 다음엔 저쪽을 몰아친다고 우리는 말한다. 기상학자는 그 추이를 좌표로 나타내려고 할 것이다. 그러나 폭풍은 하늘을 가로지르며 점에서 점으로 이동하는 일관되고 자기 완결적인 덩어리가 아니다. 오히려 그것은 하나의 움직임 자체, 즉 중심부의 눈에 고요함의 한 지점을 만들어 내는 '감아올리기winding up'이다. 폭풍은 전방으로 감아올리면서 나아가고, 후방에서 풀어진다. 생물에 대해서도 똑같이 말할 수 있지 않을까? 철학자 앙리 베르그손*은 모든 생기 있는 존재는 삶의 흐름에 회오리처럼 내던져진다고 주장했다. 그것은 마치 발달 과정에서 '일종의 원'을 그리는 것과

〈그림 11-1〉 우주에서 본 폭풍
2014년 8월 4일, 태평양 상공의 태풍 이셀. 제프 슈말츠가 촬영한 나사 이미지.

---

* 앙리 베르그손(Henri Bergson, 1859~1941)은 프랑스 철학자이다. 스물두 살에 파리 고등 사범 학교를 졸업하면서 동시에 교수 자격시험에 합격하고, 서른 살에 파리 소르본 대학에서 철학 박사 학위를 받았다. 박사 학위 논문인 《의식에 직접 주어진 것들에 관한 시론》(최화 옮김, 아카넷, 2001)은 '지속'이라는 그의 핵심 개념을 처음으로 공표한 저작이다. 그 외에도 무수히 많은 저작을 출간했으며, 그의 강의는 유럽 대륙을 넘어서 미국에서도 큰 인기를 끌었다. 1898년에 콜레주드프랑스 교수로 부임해 1921년에 은퇴할 때까지 그곳에서 연구와 강의를 병행했다.

같다.[3] 우리가 앞서 언급한 마티스의 그림 <춤>에서 다섯 인물도 대지를 두드리며 원을 그린다. 그들은 빙빙 돈다. "유기체의 소용돌이"라는 생명에 대한 카벨의 관념을 이 그림 이상으로 강력하게 증명할 수는 없다! 폭풍과 마찬가지로 유기체의 소용돌이는 이 책의 시작 부분에서 내가 서술한 의미로서의 침투 불가능한 덩이가 아니라 움직임의 형태이다.

이처럼 스스로 소용돌이치는 살아 있는 존재를 외부에서 경계 지어진 객체로서 상상하게 만들어 그것이 움직임 자체가 아닌 생명을 담은 컨테이너로 생각하도록 우리를 속이는 것은 당연히 바로 전도의 논리다. 이것은 마치 원을 그리는 손의 구부린 동작과 그것이 남긴 흔적을 완성된 도형의 원둘레와 혼동하는 것과 같다.[4] 원들은 서로의 내부에 있거나 외부에 있을 수 있고 접하거나 겹칠 수 있다. 그러나 유기체와 폭풍의 돌고 도는 세계에는 회선과 나선뿐이다. 다시 말해 생의 흐름 속에는 억동적으로 지속하는 형성만이 있을 뿐이다. 그것은 생성과 소멸의 바로 그 과정에서 끊임없이 서로에게 흘러 들어가고 흘러 나간다(<그림 11-2>). 회선은 겹칠 수는 없으나 서로를 감쌀 수 있다. 마르셀 모스의 유비를 상기하면 문어와 말미잘처럼 그것은 환경과 정서의 매질 속에서 **상호 침투**할 수 있다. 그리고 그 유비에 충실하게, 우리는 그러한 형성을 대기와 바다뿐만 아니라 모스가 표현했듯이 "사람들과 그들의 집단과 행동"의 영역에서도 발견할 수 있다. 클로드 레비스트로스는 이것을 그의 기념비적인 저작 《친족의 기본 구조The Elementary Structures of Kinship》에서 '일반 교환'이라고 칭했다.[5]

일반 교환의 전형적인 형태는 혼인에서 여성에 대한 권리의 주고받음을 통해 같은 혈통의 유대 관계를 맺음으로써 남성 집단 사이의 영

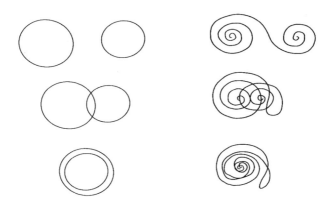

〈그림 11-2〉 겹치는 원과 서로 흘러드는 소용돌이

속적인 동맹을 수립하는 것이다. 남성이 외삼촌의 딸로 분류된 여성
과 결혼해야 한다는 규칙이 시행되면, 딸을 시집보내는 한쪽의 집단
과 아내를 맞이하는 다른 한쪽의 집단이 세대를 거듭해도 변하지 않
게 된다. 따라서 그러한 교환은 집단 A가 집단 B에게 주고, B가 C에게
주고, 이렇게 계속해서 마침내 A가 받는 쪽이 되는 순환의 고리를 형
성할 수 있다. 그런데 고전 인류학의 문헌은 딸과 아내의 주고받음을
기술하는 가운데, 마치 그 속에서 순환하는 여성들을 단지 교환의 대
상에 불과한 것으로 묘사한다. 그렇지만 레비스트로스의 일반 교환은
그 이상을 함의한다. 왜냐하면 순환의 고리에서 각 집단이 다음 집단
에 주는 선물은 실로 생명의 생식 충동 그 자체이며, 고리를 순환하는
모든 세대에 의해 새로운 탄력이 붙어 그 흐름이 절대로 고갈되지 않
는다는 것이 확실하기 때문이다. 이것은 마치 회로가 폐쇄되면 구조가
닫히고 움직임이 멈추게 되는 것과 같은 사회적 결속을 달성하는 따

위의 문제가 아니다. 정반대로 그것은 혈통의 계보[선] 사이에서 조응의 관계를 확립하는 문제이다. 바로 이것이 서로를 휘돌면서 계속해서 나아가는 움직임을 가능하게 만든다.

이것은 마티스의 춤 묘사에서 한 인물에게서 다른 인물로 추진력이 더해지는 것이나 합창 경연에서 한 가수에서 다른 가수로 선율이 이어지는 것과 정확히 일치한다. 앞서 우리는 사회생활을 밧줄의 꼬인 가닥에 비유했다. 이 유비의 관점에서 일반 교환은 부문 내에서는 완결적이면서도 종 방향으로 계속해서 확장되는 밧줄과 같은 사회생활의 수행을 보장하는 감기$_{winding}$의 메커니즘을 확립한다. 그런데 밧줄 제조에서, 그리고 더 일반적으로 방적에서 이 메커니즘은 **가락바퀴** whorl로 알려져 있다. 가락바퀴는 실감개에서 실을 뽑아낼 때 회전의 항상성을 유지하기 위해 충분한 각운동량을 부여하는 가락에 부착된 원반이다. 사용 중에 바퀴는 빙빙 돈다(<그림 11-3>). 이에 따라 사회생활에서처럼 방적과 밧줄 제조에서 가락바퀴는 선을 **발생시킨다**. 문제의 선이 밧줄이든 실이든, 혹은 혈통의 계보[선]든, 여기서는 순환에서 선형으로의 직접적인 전환이 일어난다.

그러나 우리는 이것을 몸통에서 가지가 뻗어 나오는 나무의 성장에서도 볼 수 있다. 여기서 회오리와 가락바퀴는 이차적 부류의 매듭으로 수렴된다. 즉 성장하는 수목의 나뭇결로 나타난다(<그림 11-4>). 나무 매듭의 가락바퀴 무늬와 폭풍의 회오리는 참으로 기이한 유사성을 가지고 있는데, 이는 그것들이 만들어질 때 발휘되는 유사한 힘을 증명한다. 그것은 감는 힘과 풀리는 힘이다. 실제로 바람의 두 가지 감각은 뒤틀거나 휘감는 운동과 유동하는 공기이며, 이 둘은 가락바퀴와 회오리처럼 밀접하게 연결되어 있다. 밧줄 제조공이나 직조공의

〈그림 11-3〉 가락바퀴
스코틀랜드 북동쪽에서 출토되고 철기 시대의 것으로 추정되는 이 가락바퀴는 점판암
으로 빚어졌다. 지름은 32밀리미터이며 두께는 8.5밀리미터이다. 애버딘 대학 매리셜
박물관 소장품. ⓒ 애버딘 대학.

가락바퀴 돌리는 움직임은 폭풍을 동반하는 공중 회오리바람에 정확
히 대응한다. 실을 잣는 가락바퀴의 회전에 의한 바람과 회오리바람
의 소용돌이치는 동작이 궤를 같이한다는 데에서 우리는 선과 날씨
의 연계를 밝히는 출처를 찾아야 하지 않을까? 그리고 나무의 선으로
서 나뭇가지가 바람과 섞이기 위해 뻗어 나가는 곳에 만들어지는 가
락바퀴 모양의 매듭[옹이]으로 나타나는 나무의 성장에서 우리는 선
형성lineality이 대기에 내던져지고 또 대기를 끌어온다는 것을 알 수
있지 않을까?

　그러나 가락바퀴는 나무 매듭과 회오리바람뿐만 아니라 복족류의
나사 모양 껍데기와 같은 여타 자연에서도 발견된다. 그래서 생각난
생명체를 이야기해 보자. 그것은 가락바퀴를 등에 진 동물이다. 우리

〈그림 11-4〉 나무 매듭
금이 간 오래된 나무판자. ⓒ 디지퓨처.

는 폭풍이 지나간 후 해 질 무렵 낮 동안 숨어 지내다가 나타나서 정원의 식물을 뜯어 먹는 달팽이 떼를 목격할 수 있다. 달팽이가 지면을 따라 느릿느릿 길을 만드는 모습을 관찰해 보라. 그것은 자신의 하체를 땅에 대고 상체를 하체의 저항에 거슬러서 앞으로 내민다. 그런 다음 이번에는 상체를 땅에 대고 하체를 끌어 올리며 느릿느릿 우아한 동작으로 이 주기를 계속해서 반복한다. 폭풍과 달팽이는 완전히 다른 규모에서 작동하지만, 작동의 원리에서는 그다지 다르지 않다. 폭풍이 휘감고 풀리면서 대지의 표면을 가로질러 (심할 경우 파괴의) 자취를 남기듯, 달팽이 역시 앞으로 밀고 당기기를 번갈아 반복하면서 점액의 자취를 땅 위에 남긴다. 이 율동적인 밀고 당기는 주기는 우리 인간을 포함해 활기 있는 생명체가 다 그런 것은 아닐지라도 대개의 생명에 근본적이다. 달팽이처럼 숨 쉴 때나 걸을 때 앞으로 나아가려면 숨을 들이마시거나 다리를 끌어당겨야 한다. 사회생활의 춤에서도 마찬가지로 우리가 선을 번식하는[혈통을 잇는] 데 생식 충동을 전달하고자 한다면 그 충동을 받아들여야만 한다.

달팽이가 텃밭의 채소를 먹어 치우는 일을 끝마친 후의 현장을 살펴보면 포석 등의 표면에 남겨진 그들의 자취를 볼 수 있다. 작물이 엉망이 되어 화가 날지라도 아침 햇살에 반짝이는 이 자취의 아름다움에 감탄하지 않을 수 없다. 모든 달팽이는 움직일 때 가락바퀴와 같은 껍데기의 내면에서 풀려나 하나의 선이 되고, 눈에 보이는 그물망을 형성하기 위해 지면 위에 점액의 흔적을 남기면서 각각의 모든 종류의 선과 얽힌다. 아마도 이 선들의 뚜렷한 특징은 일관된 방향인 듯한 어느 한 곳을 향해 직진한다 해도 결코 완벽하게 곧을 수 없다는 점일 것이다. 직선을 만들기 위해서는 한 점에서 다른 점으로 나아가기 **전에**, 예를 들어 자를 이용해서 자의 가장자리를 보조 공구 삼아 자에 대고 그으면서 두 점을 연결해야 한다. 그러나 살아 있는 선은 부득이하게 길을 찾으면서 따라가야 하고, 여정이 펼쳐짐에 따라 전진하는 선두 방향을 보정하거나 '미세 조정fine-tuning'하며 경로에 주의를 기울여야 한다. 특정 지점에 도달한 후에야 그곳에서 자신의 진로를 찾은 척이라도 할 수 있다. 문화사학자 미셸 드 세르토*의 말을 빌리면, 선은

---

* 미셸 드 세르토(Michel de Certeau, 1925~1986)는 프랑스 예수회 사제이면서 동시에 신학, 철학, 인류학, 역사학, 정신 분석학 등 다양한 분야를 섭렵한 학자이다. 프랑스 파리 제8대학을 비롯한 여러 대학에서 강의하다 1978년부터 샌디에이고의 캘리포니아 대학에서 교수로 재직했다. 1984년부터는 파리 사회 과학 고등 연구원에서 '신앙과 역사 인류학' 분과를 맡아 학생들을 가르쳤다.

전략적이기보다 차라리 전술적이다. 경로는 '종잡을 수 없는' 길 혹은 '벗어난' 길이다.[6] 방랑한다는 것은 곧지 않은 구불구불한 코스를 따라가는 것이다. 즉 길에 **휘감기는 것**이다. 그렇다면 그 길은 어떤 흔적을 남길까? 이것이 다음 장에서 우리가 다룰 주제이다.

12. 길을 따라가는 발자국

방랑하기는 그리기로 비유할 수 있다. 제도사가 연필로 선을 긋듯이, 방랑자는 길을 따라 걸으며 자신의 발걸음으로 그 길의 선과 보조를 맞춘다. 파울 클레가 그리기를 '선과 함께 산책하기'로 정의했을 때, 이 유명한 정의는 저 비유에 명시적으로 기대고 있다.[7] 그 후 1967년 조각가 리처드 롱*은 그의 기념비적 작품인 <걸음으로 생긴 선A Line Made by Walking>에서 은유를 현실로 바꿨다. 그는 풀이 무성한 목초지를 반복적으로 왕복하면서 그 위에 선형의 길을 내었다. 롱의 작품 전시회를 비평한 로버트 맥팔레인**은 예술가의 "다리는 그

---

* 리처드 롱(Richard Long, 1945~　)은 영국의 조각가, 대지 미술가(land artist)이다. 걷는 행위를 통해 여러 자연 조각품을 만들고 있다. 본문에서 언급한 1967년 작품 이후 2010년까지도 꾸준하게 걸음을 통해 만든 작품을 선보였다.

** 로버트 맥팔레인(Robert Macfarlane, 1976~　)은 영국의 작가이다. 경관, 장소,

의 첨필이며, 그의 발은 그 자신의 흔적을 세상에 새기는 펜촉이다"라고 말했다. 걷기는 새기기의 행위, 즉 표면 위에 예리한 끝으로 그려 넣거나 궤도에 고랑을 낸다는 본래의 의미에서 쓰기의 행위가 된다.[8] 그렇지만 걷기와 그리기에는 중요한 몇 가지 차이가 있다. 이 차이들은 길 만들기가 땅을 파는 단순한 과정이라는 생각을 복잡하게 만든다.

우선 보행자는 백지에서 출발하지 않는다. 그리기의 경우, 미술사학자 제임스 엘킨스*가 주장한 대로 최초의 표지는 "맹목에서 태어난다".[9] 제도사는 종이 위에 구현하려는 형상이나 형태의 윤곽선을 염두에 두고 작업에 임한다. 그러나 그의 앞에 놓인 종이에 처음에는 보이는 것이 아무것도 없다. 그림이 전개됨에 따라 비로소 맹목은 시각에 (완전히는 아니더라도) 굴복하고, 그에 **조응**해 마음속 이미지는 희미해진다. 보행자는 이와 다른 방식으로 맹목적이다. 그가 시야에서 볼 수 있는 게 아무것도 없는 건 아니다. 오히려 우리가 앞서 살펴보았듯이 지면은 프랙털 표면이므로 그가 두루 살피는 지면의 다양성에는 한계가 없다. 그러나 마음의 눈으로든 지면 위에서든, 그가 볼 수 없는 것은 그의 움직임을 따라 전개되는 전체의 패턴 혹은 디자인이다. 이것은 규모로 인해 일어나는 문제이다. **보행의 광활한 범위에 비해** 보행자의 눈은 지면에 너무 가깝다. 디자인을 보기 위해서는 일

여행, 그리고 자연을 주제로 한 저술 활동을 하고 있다. 현재는 케임브리지 이매뉴얼 칼리지 교수로 재직 중이다. 국내에서는 그가 스물여덟 살에 선보인 데뷔작 《산에 오르는 마음》(노만수 옮김, 글항아리, 2023)을 비롯한 다수의 번역서가 출간되었다.
* 제임스 엘킨스(James Elkins, 1955~   )는 미국의 미술사학자, 미술 평론가이다. 시카고 대학에서 미술사로 석사와 박사 학위를 받았으며, 현재는 시카고 아트 인스티튜트에서 학생들을 가르치고 있다.

부 사회의 샤먼이 그리한다고 알려진 것처럼 새와 함께 날아올라야 할 것이다. 정말로 페루 고원의 나스카 지상화처럼 걸으면서 만든 형상의 예외적인 사례들은 샤머니즘적 혹은 신적 시선이라는 발상을 전제하는 것 같다.

일반적으로 방랑자는 모양이나 윤곽을 따라 걷는 사람이 아니다. 앞으로 나아가면서 그의 시야는 높은 곳의 고정된 전망 좋은 지점이 아닌 지면의 높이에서 펼쳐진다. 반대로 말해 보자. 만일 그리기가 보통의 걷기와 같은 것이라면, 제도사의 눈은 그의 머릿속이 아니라 연필 끝 근처 어딘가에 있어야 할 것이다. 철학자 자크 데리다*가 말했듯이 이는 "마치 눈꺼풀이 없는 눈이 손톱 바로 옆 …… 손가락 끝에 있는"[10] 것과 같다. 이런 이유로 나는 건축가 프란체스코 카레리**가 그러했듯이 연속적인 형상들이 차례차례 겹쳐지는 복기지$palimpsest$*** 에 지표면을 비유하는 것에는 오해의 소지가 있다고 생각한다. 카레리에 따르면, 보행의 표면은 "백지가 아니라 단지 한 겹 더 쌓이는 역사적·지리적 퇴적 작용의 복잡한 디자인이다".[11] 그러나 길 만들기는 지표면에 또 다른 형상적인 층위를 덧댄다기보다 그 **안에** 또 다른 움직

---

* 자크 데리다(Jacques Derrida, 1930~2004)는 프랑스의 철학자, 언어학자이다. 철학뿐 아니라 문학, 회화, 정신 분석학 등 문화 전반에 관한 다양한 저서를 남겼으며, 특히 포스트모더니즘을 특징으로 하는 현대 철학에 해체 개념을 도입한 것으로 유명하다. 국내에서는 1967년에 발표한 《글쓰기와 차이》(남수인 옮김, 동문선, 2001)를 비롯해 《그라마톨로지》(김성도 옮김, 민음사, 2010) 등 다수의 번역서가 출간되었다.
** 프란체스코 카레리(Francesco Careri, 1966~   )는 로마 트레 대학의 건축학부 부교수이며, 'Stalker/Osservatorio Nomade'라는 연구팀의 공동 설립자이다. 1995년에 시작된 이 연구팀은 건축학자, 예술가, 활동가, 연구자 등의 모임으로, 로마 도심을 직접 걷는 방법론을 통해 도시의 시민들과 만들어진 환경 사이의 상호 작용을 연구해 왔다.
*** 원래의 글 일부 또는 전체를 지우고 그 흔적 위에 다시 쓰는 고대 문서이다.

임의 가닥을 짜 넣는 것이다.

걷기와 그리기의 더 큰 차이는 손과 발의 활동 전위action potential, 곧 기능상의 대조에 기인한다. 해부학적 진화 과정에서 몸을 지탱하는 기능으로부터 해방된 손은 어느 정도 지속하는 몸짓의 기록으로서 홈을 파거나 흔적을 남길 수 있는 음각 도구를 자유롭게 조작할 수 있다. 그렇게 새겨진 것은 연속된 선으로 나타난다. 그러나 몸 전체의 무게를 지탱하는 발은 지면에 새기기보다는 지면을 **누른다**. 걷기의 움직임은 연속적이지만, 각각의 발걸음은 별개의 눌린 자국을 만들어 낸다. 길이 지면을 따라 연속된 선으로 나타나려면, 개개의 발자국이 파묻히도록 수없이 많이 걷고 수없이 많은 사람이 걸어야 한다. 무수한 표면 위에 이 발자국들이 남긴 흔적은 거의 보이지 않을 정도로 어렴풋하다. 때로 그것들은 전혀 흔적을 남기지 않는다. 오솔길의 지면은 구불구불한 지형의 지면과 마찬가지로 변화무쌍하다. 그래서 지나다니는 발에 눌려 다져지는 토양, 새롭게 자라거나 번형하는 식물의 생장 패턴, 이리저리 굴러다니는 자갈들 또는 매끈해진 암석의 표면을 통해 식별할 수밖에 없다. 이 길이 만들어지는 데 어떤 물질을 덧붙일 필요도 긁어낼 필요도 없다.

예를 들어, 롱이 목초지의 끝에서 끝으로 걸어감으로써 그 유명한 선을 만들었을 때, 우리가 그 선을 알아볼 수 있는 것은 발걸음에 눌려 구부러지고 평평해진 풀줄기가 빛을 받아 반짝인 덕분이다. 그는 장화로 목초지를 짓밟아 선[길]을 내지 않았고, 가령 운동장을 표시하기 위해 잔디 위에 선[경계]을 칠하듯이 어떤 물질을 더 들여오지 않았다. 또 다른 예로 북부 나미비아의 토착 수렵 채집민인 아코에 하이옴Akhoe Hai//om 부족을 들 수 있다. 이 부족을 연구한 민족지학자 토마스 비들록*에 따르면 이들은 저도 모르는 사이에 사막을 관통하는 길을 만들어 왔다. 이 길은 주로 오아시스 사이를 잇고 있는데, 이어진 선[길]을 따라 망게티mangetti 나무가 줄지어 있다.[12] 그들은 이길을 걸어 다니면서 귀중한 망게티 나무 열매를 씹어 그 단단한 씨앗알맹이를 주기적으로 뱉어 냈다. 그리고 그 씨앗에서 새로운 나무들이자라났다. 비록 나무의 수명은 짧지만, 일단 길이 만들어지고 나면 나무는 더 많은 용도로 쓰이게 된다. 나무들은 견과라는 형태로 음식물을 제공하거나 뜨거운 햇빛을 막아 주는 그늘이 되어 주거나 오래된둥치의 구멍 속에 물을 모아 준다.

그렇다면 새긴다는 것은 별개이며 누르는 것과도 다르다. 이 차이는 결국 발자국이라는 현상에 대한 몇몇 반성을 불러일으킨다. 우리는 새겨진 것에서 운동과 방향을 읽어 낼 수 있듯이 발자국에서도 그것들을 읽어 낼 수 있다. 그러나 이때 읽히는 것은 몸짓의 흔적이 아니라 오히려 걷는 신체와 지면 사이의 접촉면에서 변화하는 압력 분포의 기록이다. 윤곽뿐만 아니라 표면의 질감에 주의를 기울이면 시각적인 만큼 촉각적인 것이 읽힐 것이다. 각각의 발자국들은 단단한 표면이 아니라 눈, 모래, 진흙, 이끼와 같이 부드럽고 순응적이어서 쉽게눌리는 표면에 가장 선명하게 기록된다. 셜록 홈스가 《꼽추 사내The Crooked Man》에서 관찰한 잔디밭이 그렇다. 홈스는 "한 남자가 방에있었다. 그리고 그는 도로 쪽에서 잔디밭을 가로질러 방으로 들어왔

---

* 토마스 비들록(Thomas Widlok, 1965~　)은 독일의 쾰른 대학 인류학과 교수이다. 이동성(mobility)에 관심을 두고 유목 생활을 하는 남아프리카의 토착민들을 연구한다. 최근에는 유목 생활을 하는 토착 민족을 모델로 삼아 출발해 지식 노동자들의 전 지구적 이동성으로까지 확장하는 연구를 진행하고 있다.

다. 나는 매우 선명한 발자국 다섯 개를 찾아낼 수 있었다. …… 발가락 자국이 발꿈치 쪽보다 훨씬 더 깊은 것을 보니 그는 황급히 잔디밭을 가로질러 달려온 것이 분명하다"라고 말한다.[13] 그러나 부드러운 표면은 형태를 쉽사리 유지하지 못한다는 바로 그 점 때문에 발자국은 비교적 단기간에 사라지는 경향이 있다. 눈은 그 위에 더 내린 눈에 뒤덮일 수 있고 최후에는 완전히 녹아내릴 것이다. 모래는 바람으로 형태가 다시 새로워지거나 파도에 씻길 수 있다. 진흙은 비에 녹을 것이며, 이끼나 풀은 다시 자랄 것이다. 따라서 발자국은 그것이 속한 지면의 역학에 속박된 그 사이의 일시적 존재, 곧 한 구간의 지속이다. 즉 유기적 성장과 부패, 날씨, 그리고 계절의 순환에 속박되어 있다. 지면은 앞서 보았듯이 다양한 물질로 엉겨 붙어 있다. 발자국은 그 엉겨 붙은 깔개 속으로 눌린 것이다.

새겨진 것과 눌린 것은 각각 각인된 표면에 다르게 기록될지라도 앞으로 나아가면서 남기는 움직이는 신체의 흔적이리는 공통점을 지닌다. 이 관점에서 그것들 모두 내가 **인장**stamp이라고 부르는 또 다른 종의 자국과 각각 똑같이 대립한다. 인장은 단단한 표면 위에 기성의 디자인을 찍어 만든다. 이것은 예를 들어 글쓰기 분야에서 인쇄기의 작업과 필경사의 작업 또는 인쇄와 펜을 구별하게 한다. 텍스트를 둘러싼 [천을 짜듯이 글을 쓴다는] 옛 비유가 암시하듯이, 필경사나 서예가의 글씨를 쓰는 손은 마치 태피스트리를 짜는 직조공의 손이 씨실을 놓을 때 왕복 운동을 하는 것처럼 그 지나간 자리에 잉크 자국을 남긴다.[14] 그와 대조적으로 인쇄기는 개별 활판 요소들로 미리 조립되어 갤리*에 앉힌 조판을 이를 받아들일 준비가 된 균일하고 내구성 강한 표면 위에 찍는다. 미셸 드 세르토에 따르면, 저작을 인쇄물로 내는 근대 작가에게 페이지는 작가 자신의 디자인 구성이 찍히기를 기다리는 공백과 같다.[15] 세르토는 작가를 점령지를 눈앞에 둔 식민지 정복자에 비유한다. 정복자는 점령지의 어중간한 모든 것을 털어 내며 과거를 지우고, 그것을 역사를 다시 써 내려갈 수 있는 표면으로 대면한다. 지면 위에 인장을 찍음으로써 정복자는 소유권을 주장한다. 이것이 바로 프리드리히 엥겔스**가 역사적 변환 과정에서 "오직 인간만이 자연에 자신의 인장을 찍는 데 성공해 왔다"라고 선언했을 때 염두에 둔 것이다. 그는 다듬어진 표면의 세계 위에 찍히는 "이미 알려진 특정한 목적을 추구하는, 미리 계획되고 생각된 행위"로서 인간 디자인의 각인을 언급했다.[16] 여기서 표면은 정신적인 것과 물질적인 것 사이의 접촉면으로 설정된다. 마음속에 이미 새겨진 의도가 단단한 대지 위에 각인된다는 것이다.

하지만 발자국은 인장이 아니다. 그것은 질감에서, 거주한 땅에 발 붙인 시간성과 정착성에서 인장과 다르다.[17] 발자국의 디자인은 기성품이 아니며, 단단한 표면 **위에** 얹힌 것도 아니다. 오히려 그것은 인간 존재나 여타 동물이 부드럽고 유연하며 흡수성 있는 표면 **안에서** 걷거나 뛰어다닐 때 만들어진다. 따라서 인장이 부동성과 편재성을 함의한다면, 발자국은 위치가 부과된 움직임을 기록한다. 토착 주민이 발

---

* 갤리(galley)는 활판 인쇄소에서 조판한 활판을 담아 두는 목판이다.
** 프리드리히 엥겔스(Friedrich Engels, 1820~1895)는 독일의 사회주의 철학자, 경제학자이다. 마르크스와 함께 마르크스주의를 창시했다. 부유한 공장주 장남으로 태어났으나, 노동자들의 현실을 목격하고 정치적 노선을 바꾸었다. 1842년 마르크스를 처음 만났을 때부터 함께 활동했으며, 마르크스 사후에는 그의 원고를 정리해 출간하기도 했다.

자국을 지면에 남기는 것은 소유권을 주장하려는 것이 전혀 아니고, 뒤따르는 이들에게 자신의 소재와 행방에 대한 단서를 제공하기 위해서이다. 숙련된 눈과 촉각은 단 하나의 발자국에서도 많은 것을 읽어 낼 수 있지만 일련의 발자국에서 훨씬 더 많은 것을 읽어 낼 수 있다. 연속적으로 관찰되는 일련의 발자국들은 하나의 궤적을 이룬다. 만약 같은 궤적이 충분히 자주 밟힌다면, 수많은 개별 자국은 끊이지 않고 이어지는 길로 합쳐질 것이다. 따라서 우리는 길에서 개개의 움직임을 읽어 낼 수 없지만, 일반적으로 또는 집합적으로 만들어진 움직임은 읽어 낼 수 있다. 발자국은 개별적이고 길은 사회적이다.

13. 바람-걷기

선학에 처음 뛰어들었을 때 나는 다른 어딘가에서 선이 주요하게 두 종류로 나온다고 주장했다. 바로 흔적과 실이다. 흔적은 표면에 형성되고, 실은 공기 중으로 뻗어 나간다. 내 논점은 이 선이 나타나는 두 가지 방식이 쉽게 상호 전환할 수 있다는 것이었다. 표면이 형성될 때 실은 흔적이 되고, 표면이 용해될 때 흔적은 실이 된다.[18] 그렇다면 길은 흔적인가, 실인가? 뉴저지의 야생 동물 추적자 톰 브라운*은 어린

---

* 톰 브라운(Tom Brown, 1950~   )은 미국의 박물학자, 추적자, 생존주의자, 작가이다. 어린 시절부터 뉴저지의 드넓은 숲을 뒷마당처럼 드나들며 자연의 신비에 빠져들던 그는 일곱 살 때 아파치족의 후예를 만나면서 야생 동물 추적자의 길로 들어서게 되었다. 현재는 '톰 브라운 트랙커 스쿨(Tom Brown Tracker school)'을 운영하는데, 매년 1만 명 이상이 그의 수업을 통해 자연과 호흡하고 자연의 일부가 되는 소중한 체험을 하고 있다.

시절 우연히 '뒤를 밟는 늑대'라는 이름의 나이 든 아파치족 전사의 후예를 만나 그로부터 추적 기술을 배웠다. 브라운이 말한 바에 따르면, 궤적은 한시적이다.

진흙이 굳어 점점 돌로 변하지 않는 한 궤적은 영구히 남지 않는다. 그것은 희미해지고, 진흙이 말라 가면서 바람은 땅을 쉽게 가로지를 수 있도록 지면을 고르게 하느라 궤적을 가차 없이 휩쓸어 버린다. 궤적은 하늘이 대지 표면을 따라 느리게 유동하는 그 경계면에 존재한다. 바람과 날씨가 이리저리 누비면서 기온을 좌우하고 그 변화를 지표면에 기록으로 알려 주는데, 궤적은 **지표면에 가까운** 표층부에 비교적 짧은 시간에만 존재한다. 바람은 궤적을 평평하게 쓸어가 버리고, 비는 그것을 씻어 내려 한다.[19]

내가 강조 표시를 했다시피 궤직이 지표면이 아닌 그 가까이에 존재한다는 브라운의 직관은 이 책의 제1부에서 논한 지면의 특성과 공명한다. 지면이란 대지의 물질이 공기라는 매질과 뒤섞이고 묶이는 상호 침투의 불안정한 지대 내에서 스스로 끊임없는 형성 과정을 겪는 표면이라고 앞서 이야기했다. 이 혼합 반응은 살펴보았듯이 모든 생명에 근본적이다. 그러나 정말로 그렇다면 궤적이나 길이 지상의 현상인 만큼 공중의 현상이기도 하다는 것을 인정해야 한다. 인간이나 비인간처럼 지면을 걸을 때 반드시 공기를 호흡해야 하는 생명체에 의해 형성되는 궤적은 단지 대지 속에 눌려 있을 뿐만 아니라, 대지의 표면을 훑으며 궤적을 지워 버리고자 협력하는(공모하는) 바람과 날씨의 흐름 속에 매달려 있다. 지상에 있으면서도 공중에 떠 있는 궤적의 이 본질적인 어중간함을 표현할 방법을 찾던 브라운은 차이를 양쪽으로 쪼개는 것에서 그 방법을 발견했다. 지표면의 '가까이'는 완전히 대지인 것도 공기인 것도 아니다. 그렇다면 길은 단번에 그리고 동시에 어떻게 대지**의** 길이면서 공중**의** 길이 될 수 있을까? 어떻게 길은 바람에 따라 감기면서 그와 동시에 바람 속에서 느껴질 수 있을까?

길이 물질과 매질이 끊임없이 뒤바뀌는 세계, 그 표면이 영원히 형성되고 해체되는 세계를 관통한다는 것을 인정한다면, 아마도 우리는 그것이 흔적도 실도 아니고 오히려 '흔적이 되어 가는 실' 또는 '실이 되어 가는 흔적'이라고 답해야 할 것이다. 민족지학자 크리스 로*에 따르면, 남아프리카의 코이산족 수렵 채집민 가운데 사냥꾼은 공기 중에 떠다니는 동물 냄새의 실을 통해 그들의 사냥감과 연결된다. 주변 환경은 그러한 냄새의 실로 가득할 뿐만 아니라, 냄새의 실은 사람들의 의식에도 스며들어 종소리를 낸다고 그들은 말한다. 사냥꾼은 냄새를 퍼뜨리는 동물을 뒤쫓을 때 동물에게 자신의 의중을 들키지 않도록 필시 바람을 **거슬러** 움직여야 한다. 이렇듯 사냥꾼은 실 끝에서 출발해서 실을 감듯이 서서히 나아간다. 사냥감을 향해 전진하는 사냥꾼의 뒤에 남는 것은 그 움직임의 흔적이다.[20] 이 경우에 실은 흔적이 된다. 이와 대조적으로 오스트레일리아 노던테리토리주에 사는 야랄린 원주민에게서는 흔적이 실이 되는 그 반대의 전환이 일어난다. 천지 창조 시대에 대지의 표면 위에 선조의 꿈이 남긴 궤적은 해 질

---

* 크리스 로(Chris Low, ~   )는 영국의 인류학자다. 20여 년 동안 아프리카 남부의 코에코족과 산족의 토착 지식, 치유, 그리고 인간-환경 관계를 연구해 왔다. 현재는 남아프리카의 !콰투 산족 문화유산 센터(!Khwa ttu San Heritage Centre)의 큐레이터로 재직 중이다.

무렵 하늘을 가로지르며 나타나거나 여러 갈래로 내리치는 번개 속에서 출현하는 긴 줄기와 비슷한 **끈**으로 받아들여진다. 이 끈을 따라서 무시무시한 '카야kaya' 존재들, 즉 대지와 하늘의 중재자들이 사람들을 대지로 떨어뜨리거나 끌어 올린다고 전해진다.[21]

길이 흔적인 것과 동시에 실이고 지면에도 공중에도 있다면, 보행자의 신체 또한 동시에 걷고 숨 쉰다. 딱 붙은 한 쌍의 율동적인 춤사위처럼 한 걸음이 앞의 한 걸음을 뒤따르는 것과 마찬가지로 날숨은 들숨을 뒤따른다. 우리가 다루고 있는 이 현상의 중요도를 가늠하기 위해 염두에 두어야 하는 것은 평균적인 인간이 1분당 대략 15리터의 공기를 호흡하고 하루에 1만 보 정도를 걷는다는 것이다. 그러나 걸음 수를 세는 것이 보행의 전부가 아니듯, 공기 단위를 측정하는 것이 숨쉬기의 전부가 아니다. 또한 숨쉬기는 바람의 흐름에 노출되는 것만이 아니다. 철학자 가스통 바슐라르*는 걷는 자를 갈대와 비교하면서 문제의 정곡을 찌른다. 길대처럼 걷는 자는 대지에 묶여 있다. 그러나 역학적으로 갈대와 걷는 자는 서로의 **반전**이다. 갈대가 바람에 뒤로 젖혀져서 잎사귀가 지면에 닿을 때 그 끝은 원을 그린다. 반면 걷는 자는 바람의 흐름에 몸의 중심이 기울어져 몸을 앞으로 숙인다. 바슐라르는 "그의 지팡이는 폭풍을 뚫고 지면에 구멍을 내고 바람을 찌른다"라고 쓰고 있다.[22] 이처럼 갈대에게는 지면에 그려진 원인 것이 걷

---

* 가스통 바슐라르(Gaston Bachelard, 1884~1962)는 프랑스의 과학 철학자, 문학 비평가이다. '인식론적 절단'이라는 개념을 통해 영미권과는 다른 독자적인 프랑스 과학 철학과 과학 인식론을 구축하며, 미셸 푸코, 루이 알튀세르, 피에르 부르디외 등의 학자들에게 영향을 주었다. '테마 비평'이라는 새로운 문학 비평을 시도한 것으로도 잘 알려져 있다.

는 자에게는 지상만큼이나 공중에 있는 통로를 제공해 주는 열린 틈새다(<그림 13-1>과 <그림 13-2>). 바람이 거세질수록 공중의 범위는 넓어진다. 정말로 강풍은 감각을 압도해서 지면과 접촉한다는 지각을 사실상 사라지게 할 수 있다. "솟아오른다. 저 위에 바람이 얼마나 멋지게 걷는가!"라고 제라드 맨리 홉킨스*는 그의 시 <추수의 경축 Hurrahing in harvest>에서 외치고 있다.[23]

　헤엄치는 자가 물속에 잠기듯이 바람을 걷는 자는 공중에 잠긴다. 바람을 걷는 자의 모든 들숨은 공중을 쓸어 가며 바람의 통로에 와류를 형성하고, 모든 날숨은 그로 인해 만들어진 열린 틈새를 찌르는 투명 막대기와 같다. 이 [들숨과 날숨의] 율동적 교대는 수영에서 평영의 그것과 비교해 볼 수 있다. 평영을 할 때 물을 가르듯 두 팔을 뒤로 젓고 두 다리를 안으로 굽혀 모으면 앞으로 나아가는 추진력이 잇따른다. 다시 말해 첫째는 그러모으거나 재수집하는 운동이고, 둘째는 전진 운동이다. 달팽이를 떠올려 보라. 나름의 방식으로 그와 똑같은 운동을 한다! 그런데 앞서 4장에서 이야기했듯이 숨을 들이마시고 내쉬는 것은 매듭을 묶는 몸짓과 닮았다. 여기서도 물을 내젓는 것, 다시 말해 선을 끄집어내는 것은 선이 지나갈 수 있는 열린 틈새를 만들어 낸다. 객체 없는 세계에서 호흡은 공중의 매듭과 같은 것이다. 매듭은 사나운 광풍 속에서 유기체에 매여 객체 지향 존재론에서 부정

---

* 제라드 맨리 홉킨스(Gerard Manley Hopkins, 1844~1889)는 영국 태생의 예수회 사제, 시인이다. 옥스퍼드 대학의 베일리얼 칼리지에서 공부하던 중 가톨릭으로 개종했고, 1868년에 예수회 입단을 청원했다. 예수회 입단 이후 시 쓰는 일을 중단했으나, 1875년 도이칠란트호 사고를 기리는 〈도이칠란트호의 난파〉를 기점으로 예술 활동을 재개했다. 1889년 사망 이후 29년이 지난 1918년에 그의 저작이 정리되어 출간되었다.

〈그림 13-1〉 바람에 날려 사막에 원을 그리는 갯그령
2012년 2월, 스코틀랜드의 애버딘 부근 발메디의 모래 언덕에서 촬영.

〈그림 13-2〉〈오늘 집으로 걸어가는 나Me walking home today〉
마이크 루치의 스케치. 작가의 동의를 얻어 게재한다.

하는 바로 그와 같은 친밀성으로 타자들과 묶인다. 페터 슬로터다이크[*]는 생명이 부여되는 흡기吸氣, inspiration의 순간을 철학적으로 성찰하면서 다음과 같이 말한다. "숨이 불어 넣어지는 자는 필연적으로 숨 쉬는 자의 존재론적 쌍둥이다. 이 둘은 은밀한 공모로 결속되어 있다."[24] 호흡은 존재들이 동등하게 잠긴 우주 속으로 여전히 쏟아져 나오면서도, 서로가 서로에게 그 내부에서 직접 접근 가능한 방식이다.

매듭과 마찬가지로 호흡은 블록도 체인도 컨테이너도 아니다. 호흡은 구조로 조립될 수도 없으며 접목될 수도 없다. 호흡이란 외적으로 분절적 접합을 통해서가 아닌 공감의 관계 속에서 내적으로 사물들을 잇는 내재 질서를 구성하는 순간이다. 발걸음과 마찬가지로 호흡은 끈에 꿰인 구슬처럼 서로에 뒤이으며 서로를 덧붙이지 않는다. 오히려 매 호흡의 죽음이 다음 호흡의 탄생을 준비한다. 우리가 기억할 수 있는 것은 호흡 덕분이다. 숨을 들이마시는 것은 다시 모아 내는[회상하는] 것이다. 그리고 마지막으로 호흡은 컨테이너가 아니다. 따라서 '숨을 쉰다는 것'은 정해진 양의 공기를 담아 두는 것도 아니고, 순환하는 공기 중 일부를 빼내 오는 것도 아니다. 오히려 합창 모테트에서 가수들이 운율을 주고받듯이 호흡은 주어진 것이라기보다 앞에서 넘겨받은 것이다. 더 정확하게 말하면, 숨을 들이쉬고 내쉬는 운동은 서로

---

* 페터 슬로터다이크(Peter Sloterdijk, 1947~   )는 독일의 철학자, 저술가이다. 뮌헨대학에서 철학, 독문학, 역사학을 공부했으며, 1975년에 함부르크 대학에서 박사 학위를 받았다. 1983년에 《냉소적 이성 비판》을 통해 프랑크푸르트학파의 비판 이론가들을 비판하면서 명성을 얻기 시작했다. 학계 바깥으로도 활발하게 활동했는데, 2002년부터 약 10년간 제2독일 텔레비전(ZDF)의 철학 토론 프로그램 진행자를 맡기도 했다. 현재는 카를스루에 조형 대학 교수로 재직 중이다.

가 서로에게 의존적 조건이 될지라도 서로의 반전이 전혀 아니다. 이것은 다시 다뤄야 할 상당히 중요한 논점이다(17장 참조). 지금은 호흡하기가 불러올 일을 예측할 것은 아니고, 문자 그대로 호흡의 **소묘**를 통해, 혹은 클레라면 아마도 '호흡과 함께 선을 내기'라고 말했을 그것을 통해 앞으로 다가올 일을 미리 맛보는 것만으로도 충분할 듯싶다.

이 그림은 세 개의 연속하는 호흡을 그린 것이다. 각 회오리는 공기를 들이마시는 것이고, 뻗어 나가는 각각의 선은 회오리에서 빠져나와 회오리 눈을 통과하며 공기를 내뱉고 또 다음으로 이어진다는 것이다. 그러나 선과 함께 산책할 때와 마찬가지로 호흡과 함께 선을 취할 때, 마치 정신은 상상력의 에테르를 떠다니도록 남겨지고 신체만이 율동적인 운동을 겪는 것은 아니다. 우리는 우리 존재 전체(불가분의 몸과 혼)와 함께 숨 쉰다. 철학자 모리스 메를로퐁티[*]가 그의 에

---

[*] 모리스 메를로퐁티(Maurice Merleau-Ponty, 1908~1961)는 현상학에 관한 기념비적인 저작을 남긴 프랑스의 철학자이다. 파리 고등 사범 학교에서 공부하며 시몬 드 보부아르, 장 폴 사르트르, 클로드 레비스트로스 등과 교류했다. 1945년 소르본 대학에서 두 편의 논문으로 박사 학위를 받았다. 리옹 대학과 파리 대학을 거쳐 1952년 콜레주드 프랑스 철학 교수로 임명되어 사망할 때까지 그곳에서 학생들을 가르쳤다. 국내에서는

세이 〈눈과 마음Eye and Mind〉에 썼듯이 "정말로 존재의 흡기와 호기呼氣, expiration는 존재한다".[25] 메를로퐁티는 비유적으로 말하고자 한 것이 아님을 역설했다. '흡기'와 '호기'라는 말은 문자 그대로 받아들여져야 한다. 그리고 이 능동과 수동의 이중 운동 속에 지각의 본질이 있다고 그는 생각했다. 우리는 공기를 호흡하며 공기 속에서 지각한다. 따라서 우리는 공기가 없다면 질식할 뿐만 아니라 감각을 잃어버릴 것이다. 통상 우리는 공기를 볼 수 없다. 그렇지만 때때로 안개 속에서, 불길과 굴뚝에서 솟아오르는 연기 속에서, 또는 깃털처럼 사뿐사뿐 내려앉는 눈송이에서 공기의 흐름이 자아내는 섬세한 무늬를 볼 수 있다. 바로 이 생명을 유지해 주는 매질의 투명함 때문에 **볼 수 있는** 것이다. 게다가 공기는 진동으로 음의 파동을 전달해 주므로 우리는 그 음을 들을 수 있고, 공기가 제공하는 움직임의 자유 속에서 만질 수 있다. 그렇다면 모든 지각은 공기에 의존한다.[26] 공기가 없는 응고된 세계에서 지각은 불가능할 것이다. 따라서 감응적 존재sentient being로서 우리의 실존은 객체 없는 세계, 곧 날씨-세계에 잠겨 있음에 근거해 있다.

박사 논문 두 편이 《행동의 구조》(김웅권 옮김, 동문선, 2008)와 《지각의 현상학》(류의근 옮김, 문학과지성사, 2002)으로 발간되었다.

14. 날씨-세계

"인간이 공기가 없는 다른 곳에서 살 수 있을까?"[27] 철학자 뤼스 이리가레*는 묻는다. 우주 비행사나 심해 잠수부처럼 탱크에 예비 물자를 채워 두지 않는 한 대답은 "당연히 아닐 것"이다. 그런데도 앞서 언급했다시피 환경을 베이스 보드 위에 고형물이 어수선하게 널려 있는 것으로 간주하는 경향이 있으며, 이로 인해 많은 철학자와 이론가는 공중 차원의 신체적인 운동과 경험을 등한시해 왔다. 예를 들면, 인

---

* 뤼스 이리가레(Luce Irigaray, 1930~   )는 벨기에 태생의 페미니즘 철학자이다. 철학을 비롯해 문학, 언어학, 정신 분석학 등을 아우르는 연구를 해 왔다. 라캉의 정신 분석학 세미나에 참여하면서 정신 분석 수련 과정을 밟았다. 이후 프로이트와 라캉을 비롯한 여러 남성 철학자의 사상에 내재된 남근 중심주의에 대한 비판을 철학 박사 학위 논문에 담아냈다. 이 논문으로 파리 프로이트 학회에서 축출되고 파리 제8대학에서 파면당했다. 국내에서는 이 논문이 《반사경: 타자인 여성에 대하여》(심하은·황주영 옮김, 꿈꾼문고, 2021)로 출간되었다.

류학, 고고학, 물질문화 연구 등의 분야에서는 오랫동안 관습적으로 '물질세계'가 **경관**과 **인공물**이라는 두 가지의 광범위한 요소로 구성된다고 생각해 왔다.[28] 지금까지 많은 관심이 집중된 문제는 사람들이 이 세계의 사물들과 관계 맺는 방식, 반응할 수 있는 사물들의 겉으로 드러내는 능력, 사람과 사물이 결합해서 효과가 발휘되는 그때 형성되는 소위 '잡종적 행위자hybrid agencies'에 대해서였다. 그러나 이 모든 것에서 누구도 공기를 고려하지 않았다. 그것이 간과된 이유는 단순하다고 생각하는데, 통상 받아들여지는 담론의 범위 내에서 공기가 **사고할 수 없는** 것이기 때문이다. 사고할 수 없는 것은 용어상의 모순 때문이다. 물질적인 모든 것이 경관의 응결된 형태 안에, 그리고 그 표면에 놓인 고형물(혹은 고고학자 비에르나르 올센*이 "세계의 단단한 신체성"[29]이라고 부른 것) 안에 갇혀 있다고 가정하게 되면, 공기는 물질성의 한계를 벗어난 물질일 수밖에 없다. 우리는 공기가 존재하지 않는다거나 공기는 사실상 실체가 없어서 사회 및 문화 생활에 불필요하다고 결론지어야 할 것이다. 그리고 만약 그렇다면, 그 세계에 날씨는 있을 수 없다.

이 결론은 경험에 반할 뿐만 아니라 정말로 터무니없다. 경관과 인공물의 표면 주위로 물질성의 경계를 짓는 것은 그 경관의 주민과 인공물의 사용자를 진공 상태에 버려두는 일일 것이다. 그들은 숨 쉴 수 없을 것이다. 마찬가지로 아무것도 자라지 못할 것이다. 정말로 삶과

---

* 비에르나르 올센(Bjørnar Olsen, 1958~　)은 노르웨이의 고고학자이다. 1980년대와 1990년대의 후기 과정주의 고고학과 이론적 고고학의 발전에 크게 기여했으며, 대칭적 고고학과 같은 사물에의 새로운 접근을 취하는 연구를 진행해 오고 있다. 현재는 트롬쇠 대학 교수로 재직 중이다.

경험에서 그 중요성을 비춰 보면, 인간의 존재 및 앎의 방식에 관한 인류학적 논의에서 날씨가 빠져 있다는 것은 참으로 기이하다. 다만 이것은 우리의 필드 노트에서 날씨가 소홀히 다뤄졌기 때문이 아니다. 확신할 수 있는 바는 대다수 민족지학자의 노트가 기상 현상에 관한 것으로 가득하다는 것이며, 실제로 내 노트가 그렇다. 핀란드 라플란드에서 현지 조사를 할 때 매일같이 나는 그날 날씨가 어떤지에 관한 간략한 설명을 적는 것으로 하루를 시작했다. 하지만 필드 노트의 내용을 분류하고 정리할 때 민족지학자들이 다소 거창하게 '분석'이라고 부르는 과정에서 날씨에 관한 설명이 빠져 버렸다. 나는 그것을 어떻게 다뤄야 할지 몰랐다. 그렇다면 내가 빠뜨린 것은 관찰 결과 중 하나가 아니었다. 그보다는 날씨만큼 변화무쌍하고 변덕스러운 어떤 것을 수용할 수 있는 개념적 틀이 없었기 때문이다. 이것은 나 혼자만 겪는 문제는 아닐 것이다. 내가 보기에 이 어려움은 이 세계 그리고 이 세계와의 관계에 관한 우리의 사고방식 전체를 바꾸지 않는 한 경관 및 인공물과 더불어 물질세계라는 개념에 날씨를 복원할 수 없다는 데 있다. 그래서 우리는 이제 그러한 모든 관계가 사람과 사물 간 상호 작용의 형식을 취한다거나 잡종적 연결망으로 조립된 사람과 사물의 연합 행위로부터 필연적으로 생긴다고 상정할 수 없다.

결국 공기는 사람도 사물도 아니며, 정말이지 어떤 종류의 실체도 아니다. 그러므로 그것은 그 어떤 분절적으로 접합된 조립체의 부분을 구성할 수도 없다. 오히려 공기는 간단히 말해 깁슨이 지적한 바와 같이 이동, 호흡, 지각을 제공해 주는 **매질**이다.[30] 이처럼 공기는 상호 작용하는 자가 아니라 바로 그 상호 작용의 조건이다. 사물들이 상호 작용할 수 있는 것은 단지 매질의 흐름에 그것들이 매달려 있기 **때문**

이다. 공기가 없다면 새는 하늘에서 곤두박질치고 식물은 시들고 우리 인간은 질식할 것이다. 우리가 숨을 들이쉬고 내쉬는 바로 그 순간에 공기는 폐를 가득 채우고 혈액에 산소를 공급하며 우리의 신체 조직들과 뒤섞인다. 환경 철학자 데이비드 매컬리*가 쓰고 있듯이 "짙은 대기 속에 머리가 잠기고 소용돌이치는 바람에 폐와 손발이 엉키면서 우리는 공기의 영역에서 반복적으로 숨 쉬고 사고하고 꿈꾼다".[31] 슬로터다이크는 공기를 "내측 요소medial factor"라 부르며 "그것은 객체 용어로는 결코 정의될 수 없다"라고 말한다. 처음으로 호흡하는 신생아에게 **존재하는**be 것이란 공기 중에 있다는 것, 즉 공기라는 매질의 풍요로움에 자유롭게 참여한다는 것이며 호흡의 자율성 같은 것을 경험하는 것이다. 그러나 어떤 경우라도 공기는 어린아이든 다른 누구든 그들과 관계 맺을 수 있는 대상으로 전환될 수 없다.[32] 따라서 걷는 자가 산들바람을 얼굴에 맞을 때 그는 공기와 상호 작용하는 것이 아니다. 그는 그것을 그의 존재 전체가 담긴 전신을 감싸 주는 우려낸 물로 느낀다. 그는 공기를 지각하는 것이 아니라 공기 **속에서** 지각하는 것이다. 이와 마찬가지로 우리는 햇빛 속에서 본다. 햇빛의 음영과 색상은 사물의 모양보다도 지표면의 구성과 질감을 더 잘 드러낸다. 또 우리는 빗속에서 빗방울이 다양한 물질 위에 떨어지는 소리로부터 그 질감을 듣는다. 그리고 또 우리는 몸을 꿰뚫어 그 구멍을 통과하라는

---

* 데이비드 매컬리(David Macauley,   ~   )는 펜실베이니아 주립 대학에서 철학과 환경학을 가르친다. 환경 철학, 미학, 정치 이론, 기술의 철학 등 다방면에 걸친 글을 쓰고 있다. 최근 '걷기'와 관련된 환경 철학 연구를 진행 중인데, 2022년 그 결과물인 《걷기: 철학적 그리고 환경적 발 노트(Walking: Philosophical and Environmental Foot Notes)》가 출간되었다.

듯이 몸을 열어 촉각과 후각의 반응을 예민하게 만드는 매서운 바람 속에서 만지고 냄새 맡는다.[33]

만약 매질이 상호 작용의 조건이라면, 당연히 그 상호 작용의 특질은 매질 속에서 일어나는 것을 통해, 즉 **날씨**에 의해 조절된다는 결론에 이른다. 이것은 실제로 우리의 경험이다. 철학자 미셸 세르[*]는 'temps'이라는 프랑스어가 날씨와 시간 모두에 쓰인다는 점에 주목했다.[34] 이 말은 물론 라틴어 'tempus[시간, 계절, 관자놀이]'에서 유래한 것인데, 이 단어에서 'tempo[빠르기]'와 'tempest[폭풍우]'가 파생했다. 시간은 날씨이다. 그러나 시간은 풍화$_{weathering}$이기도 하다. 이것은 건축 이론가 모센 모스타파비[**]와 데이비드 레더배로[***]가 건축물의 생애를 다룬 저작에서 지적한 것이다.[35] 삶에서처럼 건축물에서 풍화란 사물과 사람이 자연의 힘에 노출되면서 겪는 것이다. '겪기'와 '노출'의 정확한 의미가 무엇인지에 관한 상세한 논의는 이를 주요한 관심사로 다룰 이 책의 제3부로 미루고자 한다. 여기서는 풍화란 조형적인 것(모스타파비와 레더배로가 "끊임없는 변신"이라고 부른 것)이라고 말해 두는 정도로 충분하리라. 풍화에서 끝없는 악화는

---

[*] 미셸 세르(Michel Serres, 1930~2019)는 프랑스의 철학자, 이론가, 작가이다. 주로 과학, 시간, 죽음이라는 주제를 탐구했다.

[**] 모센 모스타파비(Mohsen Mostafavi, 1954~   )는 이란계 미국인 건축가이다. 하버드 대학 디자인 대학원 교수로 재직 중이며, 아가 칸 건축상(Aga Khan Award for Architecture) 운영 위원이기도 하다.

[***] 데이비드 레더배로(David Leatherbarrow, 1953~   )는 미국의 건축학자이다. 켄터키 대학에서 학사 학위를, 에식스 대학에서 박사 학위를 취득했다. 건축학적 현상학이라는 분야에 크게 기여했다. 1984년부터 미국 펜실베이니아 건축 대학 대학원장을 역임했으며, 현재는 동 대학 명예 교수이다.

영원한 시작이기도 하다.[36] 존재는 날씨에 노출됨에 따라 자신의 선을 따라 계속 나아가기 위해 매질에서 영감, 강함, 회복력을 끌어낸다. 풍화는 존재들의 촉감이나 질감을 도드라지게 만들고 그것들을 공감 속에 묶어 낼 수 있다. 그 속에서 자연의 다양한 힘의 회오리는 선의 길쌈으로 변화하며, 폭풍우는 시간을 만들어 낸다.

게다가 이 전환은 불가역적이다. 왜냐하면 길쌈한 선을 다시 풀어도 회오리가 될 수 없고, 풍화를 맞은 것에서 날씨가 터져 나올 수 없기 때문이다. 바람이 그쳐 배가 멈추면 선원은 매듭을 풀어 바람을 일으킬 수 있으리라 기대하지만, 실망할 수밖에 없다. 날씨나 풍화의 시간은 되돌릴 수 없다. 하지만 그렇다고 해서 그와 같은 시간이 어떤 일관된 방향으로 전진한다고 말하는 것은 아니다. 그것은 진보하지 않는다. 이와 관련해 문화사학자 스티븐 코너*에 따르면, 날씨의 시간은 역사 없는 시간으로서 "순수한 변동"이다.[37] 그러나 이는 코너가 생각하듯이 "패턴이 없는" 것이 아니다. 날씨에는 패턴이 **있으며**, 풍화에도 확실히 있다. 이 패턴은 낮과 밤, 해와 달, 바람과 조수, 식물 생장과 부패, 그리고 이주하는 동물들의 왕래와 같이 환경의 다중적이고 운율적인 교체 속에서 끊임없이 직조된다. 육지와 바다에서 생계를 꾸려 가는 사람들은 전통적으로 그와 같은 교체에 해박해야 했고, 공변 현상의 가장 적절한 결합이 동시에 일어나는 활동의 타이밍을 잘 알아

---

* 스티븐 코너(Steven Connor, 1955~   )는 케임브리지 대학 영문학과 교수이다. 학부 시절 옥스퍼드 대학에서 테리 이글턴의 지도 아래 영문학을 공부했고, 1980년에 같은 대학에서 박사 학위를 취득했다. 그의 연구 관심 분야는 19~20세기 문학 작품에 드러난 주술적 사고, 사물의 문화적 삶과 물질적 상상력, 문화와 과학의 관계, 동물의 철학, 몸, 감각 등에 걸쳐 있다.

야 했다. 이러한 이유로 환경 사회학자 브로니슬라브 셰르진스키*는 날씨는 크로노스적이 아닌 **카이로스적**으로 지각되는 시간의 경험이라고 말한다. 즉 날씨는 사건의 연속이 아닌 율동적인 관계에 대한 집중과 응답의 조율 속에 있다.[38]

물론 예로부터 전해 오는 농부와 뱃사람의 '관천망기觀天望氣'는 오늘날 뒷전으로 밀려났다. 일기 예보가 진보한 덕분이다. 그리고 생산 및 가사 활동이 기온, 채광, 습도와 같은 변수를 엄격하게 관리하는 폐쇄된 건축 공간으로 이전된 탓이다. 이러한 활동은 시간 관리에서 또한 예전과 달리 날씨의 변동에 더는 종속되지 않는다. 르네상스 이후 건축사의 원대한 야심은 날씨의 출입을 막는 것이었다. 이성을 조롱하고 억제되기를 거부하며 구조를 부식시키고 진보를 능멸하는 날씨는 오랫동안 근대적 상상 속에서 건축학의 천적을 형상화해 왔다. 날씨는 건물의 문과 창문, 벽과 지붕을 아무리 두들겨도 출입을 단호하게 거부당한다. 그러나 당연히 실생활에서 날씨는 피할 수 없다. 날씨는 건축사학자 조너선 힐**이 주장하듯이, 건물을 설계하고 짓고 그 안에 거주하는 사람들 못지않게 건물의 지속적인 형성에 제작자의 권위와 같은 영향력을 행사한다.[39] 냉방 장치가 설치되고 온도가 조절되

---

* 브로니슬라브 셰르진스키(Bronislaw Szerszynski, ~)는 랭커스터 대학의 사회학과 교수이다. 인간, 환경 그리고 기술의 관계를 주로 연구한다. 2014년에 과학 학자 브뤼노 라투르 그리고 전시 기획자 올리비에 미슐롱(Olivier Michelon)과 함께 '인류세 기념비(Anthropocene Monument)'라는 전시회를 열기도 했다.
** 조너선 힐(Jonathan Hill, 1958~2023)은 영국의 건축학자, 건축사학자이다. 아시게이트(Ashgate) 출판사의 《건축학에서의 디자인 연구(Design Research in Architecture)》시리즈의 공동 편집자이다. 현재는 유니버시티 칼리지 런던 바틀릿 건축 학교 교수로 재직 중이다.

며 인공 불빛으로 빛나는 유리로 둘러싸인 건물 외부로 날씨를 추방하고자 최선을 다해 노력하는 초근대 도시의 주민들조차 날씨와 씨름해야 한다. 우리는 모두 다양하게 날씨의 변덕에 큰 영향을 받고 있다.

이러한 의미에서 날씨는 우리가 세계 속으로 걸어갈 때 우리 행위에 언제나 존재하는 저류를 계속해서 구성한다. 그 의미는 'temper[기질]'와 근본적인 어의를 공유하는 날씨와 관련된 어군을 통해 알 수 있다. 'tempo'와 거의 같은 발음으로 들리지만, 실제로 'temper'는 그것과는 완전히 다른 '섞다'를 뜻하는 라틴어 'temperare'에 기원을 둔다. 이 단어에서 'temperature[온도]'나 'temperate[온화함]'와 같은 날씨에 관한 단어들뿐만 아니라 인간의 기분이나 성향을 나타내는 'temper[기질]'나 'temperament[성미]'와 같은 단어들이 파생했다. 혼합(예를 들어 템페라에서 달걀노른자와 섞은 안료)과 미세 조정(알맞게 조율된 건반처럼)이라는 한 쌍의 함축적 의미를 가진 동사 '조절하다to temper'는 날씨의 경험이 공기라는 매질과 그 속에서 생활하는 우리의 정동적 삶을 통합하는 방식을 완벽하게 포착한다. 요컨대 우리는 공기 매질에 잠김으로써 잡종적인 것이 아닌 **절도 있는** (그리고 변덕스러운) 존재로 구성된다. 같은 어원을 가진 일련의 단어 전체는 날씨의 특징과 인간의 기분이나 의욕 모두를 동시에 뜻하며 호환이 가능하다. 이것은 날씨와 기분이 유사할 뿐만 아니라 근본적으로 같은 것임을 충분히 증명한다. 이 정동적인 것과 우주적인 것의 일치는 다음 장에서 보여 주는 대로 대기를 이해하는 데 결정적이다.

15. 대기; 분위기

대기atmosphere는 한편으로는 기상학자의 입에서, 다른 한편으로는 [분위기라는 의미로] 미학자의 입에서 쉽게 흘러나오는 단어이다. 그러나 이것들이 각각 의미하는 바는 전혀 다른 것 같다. 기상학자에게 대기는 우리 행성을 둘러싸는 기체 외피이다. 과학적인 이해에서 이 대기는 우리가 호흡하는 공기가 전혀 아니며, 바람이나 날씨로 경험되는 종잡을 수 없는 유동과도 완전히 다르다. 우리가 실제로 **거주하는** 세계는 행성의 대지만이 아니다. 주민에게 주어진 세계는 단단한 구체가 아닌 발밑의 대지와 머리 위 하늘로 이루어진 다양체이다. 그리고 이것은 대지와 하늘이 섞이고 어우러지는 지면 위나 안에 있으며, 바로 그곳에서 주민의 삶이 영위된다. 이와 반대로 기상 과학에서 대기는 인공위성이 촬영한 최초의 지구 사진들이 밝혀냈듯이 오직 지구 밖 우주의 시선에서 직접 얻을 수 있는 세계의 광경 같은 것이다.[40] 지상에 묶인 자들에게 이 광경은 원격의 이미지에 의해서일 뿐만 아니라 압력, 기온, 풍속, 습도와 같은 계기 측정치를 통해 짜 맞춰져 다시금 제공된다. 주민들이 사는 대지와 하늘의 세계에 **날씨**가 있다면, 지구의 대기에는 **기후**가 있다. 전자는 경험되고, 후자는 측정되고 기록된다. 하지만 이렇게 보면 대기는 정동의 영역에서 완전히 제거된다. 이때 대기는 인간이든 비인간이든 주민의 기분과 의욕에 전혀 관여하지 않으며, 우리 및 여타 생명체가 **감각하는** 것도 아니다.

반면에 미학자들에게 분위기atmosphere는 전부 감각적인 경험에 대한 것이다. 그것은 정동의 공간이며, 분위기 철학의 저명한 주창자인 게르노트 뵈메*의 표현으로는 "막연히 공간적으로 확장된 느낌의 특질"이다.[41] 그렇지만 철학자들이 관심을 두는 한 이 분위기에는 공기가 없다고 말할 수 있다. 가령 덴마크 사람들이 행하듯이 실내 여기저기에 양초를 놓고 특히 양초에 불을 붙이면, 불타는 양초가 그곳에 모인 모든 이를 마법처럼 진정시키는 편안함과 아늑함의 특질을 발산한다고 한다(덴마크어 'hygge'는 편안하고 아늑한 상태를 가리킨다).[42] 또 우리는 무대나 스크린에서 전개되는 극적인 연행이 주는 불안감, 긴박감, 기대감 등을 분위기로 표현하곤 한다. 지리학자와 건축학자는 그들이 연구하거나 만들어 내는 공간의 분위기에 대해 폭넓게 집필해 왔다.[43] 그들은 그곳에 있는 사람들과 사물들, 그것들의 상대적인 배치와 그것들이 불러오는 느낌을 흥미로워한다. 아마도 그들은 이러한 공간의 시각적·청각적·촉각적 특질에 관심이 있을 것이

---

* 게르노트 뵈메(Gernot Böhme, 1937~2022)는 독일의 철학자이다. 시간, 미학, 윤리에 관한 이론 그리고 철학적 인류학에 천착해 왔다. 1980년대부터 '자연에의 생태학적 미학' 이론을 발달시켰으며, 독일어권 국가에 지대한 영향을 끼쳤다.

다. 그러나 대체로 그들은 날씨에 무관심하다. 공기와 심상찮은 기류는 그들의 이목을 끌지 못한다. 이처럼 기상학이 제시하는 대기 개념이 기분과 정동의 모든 흔적이 완전히 사라진 가스로 채워진 영역이라고 한다면, 미학은 그것과는 완전히 반대에 놓인 진공 상태에 존재하는 듯한 정동의 시스템을 보여 준다. 기상학자와 미학자 모두 각각의 입장에서 **각자의** 대기 혹은 분위기에 대한 특정한 의미를 우선시하며 다른 의미는 단순한 은유일 뿐이라고 말하는 경향이 있다. 그러나 그것들의 상호 보완성은 눈에 보이는 것보다 더 많은 공통점이 양쪽에 있음을 시사한다.

내 생각에 이 공통점은 내가 '전도'라고 부르는 조작에 있다. 전도란 성장의 선과 운동이 에워쌈의 경계선이 되도록 세계 자체를 안으로 뒤집는 것을 말한다. 기상학이라는 과학과 미학이라는 철학은 근대의 산물이고, 그 근대의 시작을 알린 것은 무엇보다도 바로 이 전도의 조작이었다. 예를 들어 미셸 세르는 우리에게 주어진 세계와 그 세계가 하나의 장면으로 이해되는 세계를 비교한다. 전자의 세계 속에서 우리는 일어서 있을 때는 햇빛에 그림자를 드리우고, 앉을 때는 손에 쥔 첨필尖筆로 글을 쓴다[선을 그린다]. 후자의 세계에서 장면이란 동공의 블랙홀을 통과한 광학적 역-투사optical back-projection를 통해 마치 완전히 형성된 듯이 그러나 실체가 아닌 겉보기에, 즉 **이미지**로서 마음의 내면에 투영된 것이다. 세르에 따르면, "근대성은 이 현실 세계의 공간이 한 장면으로 받아들여지면서 시작됐다. 그리고 이 장면은 …… 장갑의 손가락 또는 광학에 대한 간단한 도표에서처럼 안쪽이 바깥으로 뒤집혀 있고, 세계를 잘 알며 그 내부에 있는 친밀한 주체의 유토피아에 몰입해 있다. 이 블랙홀은 세계를 빨아들인다".[44] 어슬렁

거리는 그림자와 영원히 작성 중에 있는 글[그려진 선], 다시 말해 이 속세의 존재는 작금의 구현된 세계에서부터 마음 깊은 곳으로 총체의 구성을 전달하는 역할을 하는 투사의 매개물에 굴복하고 말았다.

역사 지리학자 케네스 올위그*는 17세기 초엽의 연극적 자만에서 이 전도를 추적한다. 당시 세계는 무대에서 재현되고 프로시니엄 아치**를 통해 관람되기 시작했다. 이것은 사실상 실내로 들여온 세계였으며, 그 기상학적 효과는 무대 소품과 화공 효과를 통한 시뮬레이션일 수밖에 없었다. 올위그는 선구적인 무대 예술가이자 건축학자인 이니고 존스***의 가면극을 언급하면서 다음과 같이 설명한다. 고전 고대부터 엘리자베스 시대****까지 연극은 태양 빛에 배우의 그림자가 지면에 드리워지는 장소에서 상연되었다. 그러나 존스의 극장이 확립한 것은 "건물의 내부로 들여온 경관이었다. 그 속에서 조명의 사용

---

* 케네스 올위그(Kenneth Olwig, 1946~   )는 미국의 경관 지리학자이다. 주로 스칸디나비아 경관을 연구해 왔다. 미네소타 대학에서 지리학자 이 푸 투안의 지도 아래 박사 논문을 썼다. 이후 1984년에 자신의 논문을 바탕으로 《자연의 이념적 경관(Nature's Ideological Landscape)》을 출간했다. 현재는 스웨덴 농업 과학 대학 교수로 재직 중이다.

** 프로시니엄 아치(proscenium arch)는 극장에서 무대와 객석 사이를 분리하는 양측의 벽, 그리고 위의 아치 천장으로 된 개구부이다. 관객은 이런 무대 구조로 인해 무대 위를 영화나 액자 속 장면처럼 보게 된다.

*** 이니고 존스(Inigo Jones, 1573~1652)는 영국의 건축가, 무대 예술가이다. 로마의 고전 건축과 이탈리아 르네상스를 영국에 처음으로 소개했다. 또한 가면극의 디자이너로 일하면서 무대 디자인에 크게 공헌했다. 여러 작품에서 영국의 시인이자 극작가인 벤 존슨과 협력했다.

**** 고전 고대(classical Antiquity)는 서양의 고전 문화를 꽃피운 고대 그리스·로마 시대를 이르는 말이다. 엘리자베스 시대는 엘리자베스 1세가 다스린 1558년부터 1603년까지를 뜻한다.

과 공간의 구성은 3차원 공간의 환영을 만들어 냈다. 그 공간은 에테르로 가득한 우주의 무한함 가운데 궁극의 종점까지 관통하는 각자의 동공의 블랙홀로부터 발산된다".⁴⁵ 실제로 고전 시대로부터 물려받은 원형 극장은 **바깥이 안으로** 뒤집혀 있다. 게다가 올위그가 보여주듯이 이 전도를 통해 공기는 **에테르**가 된다. 프로시니엄 무대 뒤**와 같은** 시뮬레이션의 공간을 채우는 공기**처럼** 비물질화된 공기의 일종이다. 그것을 호흡하는 것은 배우 자신이 아니라 그들이 연기하는 등장인물이다. 이에 따라 배우 올리비에는 공기를 호흡하지만, 등장인물 햄릿은 에테르를 호흡한다. 어떤 의미에서 에테르는 앞서 언급한 물질성을 벗어난 물질이라는 역설에 대한 해결책이었다. 그것으로 인해 물질성과 견고성의 융합이 존속할 수 있었다. 비록 에테르라는 개념이 이제는 한물갔다 해도 우리는 여전히 역설과 함께 살고 있다. 변한 것이라고는 의미상의 명백한 변화 없이 '공간'이 '에테르'를 대체해 왔을 뿐이다.⁴⁶

근대 연극은 바람과 날씨의 천체 세계를 내부적으로 구축된 공간으로 바꾸어 놓았다. 그뿐 아니라 열정 넘치는 이니고 존스의 또 한 번의 진두지휘 아래 건축학적 디자인과 도시 계획에서 재생 및 복원이 시도되면서 연극의 세계가 또다시 전도되었다. 실내의 원근법적 공간이 다시 밖으로 나오게 된 것이다.⁴⁷ 이번에는 극장 무대 장치의 미관이 극장 건물 그 자체와 그와 비슷하게 화려한 인근 건물의 정면 외벽이 되었다. 그런 한편 배우가 배역을 맡아 연기를 펼치는 무대는 이제 도시의 단단하게 포장된 도로가 되었다. 그러나 냉정히 말하면, 이 이중의 전도는 세계를 예전 상태로 돌려놓지 않았다. 무대와 무대 배경이 옥외로 나왔을 때, 무대는 그래도 무대였으며 무대 배경은 여전히 무대 배경이었다. 무대 위에서 그리고 배경 앞에서 도시인들은 배우처럼 그들의 역할을 연행할 것을 요구받았다. 무대를 최대로 확장하면 전 세계가 된다. 이후 칸트가 말했듯이 무대 위에서 "우리 기술의 향연이 펼쳐진다".[48] 상기해 보면, 칸트에게 이 무대는 단단한 구체나 지구의 표면을 구성한다. 따라서 존스와 그의 동시대인들에 의한 이중의 전도 때문에 대지와 하늘의 세계 **안에** 거처가 놓인 내부자로서 주민들은 **밖으로** 내던져져 지구 행성의 바깥 표면으로 추방되었다. 그들은 "바깥 곳곳에" 사는 외주민exhabitants이 되었다. 그에 따라 이 사태에 대해 과학적으로 올바른 견해로 판정되는 관점을 규정짓는 작업이 진행된다.[49] 영국의 천체 물리학자 아서 스탠리 에딩턴*은 1930년대에 집필한 글에서 이 관점은 "우리에게 친숙한 세계의 광경을 뒤집는 어떤 것"[50]을 수반한다고 설명한다. 그것은 우리 발밑의 대지를 지구라는 행성으로 대체하는 것이며, 그와 마찬가지로 우리가 호흡하는 공기를 환상의 에테르로 대체하는 것이다.

그렇다면 이것은 기상학이라는 과학과 미학이라는 철학이 각기 다른 입장에서 취하는 [그러나 궤를 같이하는] 세계에 대한 관점이었다. 기상학이라는 명칭이 하늘의 다양한 전조의 의미에 관한 사변에서 나왔음을 상기해 보자. 이것은 매일같이 할 일을 하면서 일상적이

---

* 아서 스탠리 에딩턴(Arthur Stanley Eddington, 1882~1944)은 영국의 천문학자, 물리학자, 수학자이다. 아인슈타인의 일반 상대성 이론을 증명하기 위해 1919년 일식 현상을 연구하는 일식 원정대를 만들기도 했다. 이 일식 실험은 당대 언론사들도 대대적으로 다루었고, 이를 계기로 아인슈타인의 상대성 이론은 대중적으로 큰 인기를 끌게 되었다. 항성과 같은 물체가 복사력과 중력을 평형 상태로 이루고 있을 때 도달 가능한 최대 광도를 의미하는 '에딩턴 한계(Eddington Limit)'는 그를 기리기 위해 명명된 것이다.

고 실천적인 타이밍의 문제에 몰두하는 농부나 선원의 관천망기와 구별되었다. 역사가 블라디미르 얀코비치[*]가 보여 주었듯이, 근세 시대에 "인간의 도덕적 운명에 대한 신의 염려"[51]를 나타내는 기호로 읽힌 '관천망기'는 하늘의 전조에 대한 기상학적 흥미와 공존했다. 그러나 산업 혁명의 여파로 농업과 항해 전통의 지혜는 주변화되었을 뿐만 아니라, 기상학 또한 측정 기구와 표준화된 계측 단위를 통해 수행되는 실험 과학으로 전환되었다.[52] 그리고 이 과학의 핵심 개념은 '대기' 였다. 대기는 대규모의 실험실로 인식되었다. 그리하여 극장의 공간에서 일어난 것처럼 뒤집힌 실험실에서 과학자들은 날씨의 예상치 못한 변화를 측정하고 계산할 수 있는 영역으로 대기를 다룰 수 있었다. 또한 대기는 자연법칙에 따라 작용하는 주지의 물리적 힘으로서 이해할 수 있는 영역이었다. 실제로 셰르진스키가 논평한 대로 측정과 계산을 통해 기상 과학자들은 "날씨를 실내에 들여왔다. 이것은 물질적이고 기호학적인 난폭함을 길들이기 위한 것, 즉 매우 특정한 독해로 날씨를 읽기 위한 것이었다". 특정한 독해란 "협의의 과학 기술"이다.[53] 이 독해에서 날씨는 기후에 포함되어 과학적 목적을 위한 국지적 실례로서 재정의되었다. 그뿐 아니라 공기는 대지와 하늘의 주민 세계를 구성하는 요소로서의 지위, 다시 말해 우리 인간과 여타 존재가 **호흡하는** 무언가로서의 지위를 상실하게 되었다. 공기는 이중으로 전도된 칸트의 우주에 있는 에테르의 공간을 채워 넣는 한낱 가스 상

---

[*] 블라디미르 얀코비치(Vladimir Jankovic, ~)는 맨체스터 대학의 '과학, 기술, 의학 역사 연구소(CHSTM)' 교수이다. 1700년대 이래 날씨와 기후에 관여한 과학적·문화적·사회적 실천들을 연구해 오고 있다. 2000년에 출간한 《하늘을 읽기(Reading the skies)》는 기상학의 역사에서 지리학적 전환의 중요성을 부각한 책이다.

태의 물질이 되었다.

그러나 기상학자에게 대기가 감응 없는 자연의 세계에 속한다면, 미학자에게 분위기는 느낌, 감각, 지각을 지닌 인간 의식의 영역에 놓인다. 따라서 기상학과 미학의 두 '대기; 분위기'는 자연과 인간, 물질성과 감각성, 우주적인 것과 정동적인 것 사이의 익숙한 분할에 걸쳐 있다. 후자의 의미에서 그것은 철학자이자 문예 비평가인 발터 벤야민*이 "아우라$_{aura}$"라고 부른 것 그리고 정신과 의사인 루트비히 빈스방거**의 "기분 공간$_{gestimmter\ Raum}$"과 거의 흡사하다.[54] 철학자 오토 프리드리히 볼노***는 1963년에 '인간과 공간'을 주제로 처음 간행한 논문에서 빈스방거의 선례를 인용한다. 그는 논문에서 지각하는 주체와 지각되는 대상을 구별하는 차이에 대해 기분 공간이 어떻게 존재론적으로 앞서 있는지를 보여 주고자 했다. 볼노에 따르면, "기분

* 발터 벤야민(Walter Benjamin, 1892~1940)은 독일의 철학자, 비평가, 번역가이다. 독일의 관념론, 낭만주의, 마르크스주의, 유대계 신비주의, 신칸트주의 등을 엮은 독특한 사상가였다. 뉴욕의 사회 연구소, 프랑크푸르트학파의 테오도어 아도르노, 막스 호르크하이머와 교류했고, 1940년 그들의 지원을 받아 미국으로 망명을 시도했다. 그러나 스페인 국경 통과가 좌절되면서 스스로 생을 마쳤다.
** 루트비히 빈스방거(Ludwig Binswanger, 1881~1966)는 스위스의 정신과 의사이다. 실존주의 심리학 창시자로 유명하다. 1907년 취리히 대학에서 의학 학위를 받았으며, 당대 유명한 정신 의학자이던 카를 융, 오이겐 블로일러, 지크문트 프로이트 등과 교류했다. 제1차 세계 대전 이후 실존주의 철학에 큰 영향을 받았는데, 이는 이후 그의 독창적인 실존주의적·현상학적 심리학의 밑거름이 된다.
*** 오토 프리드리히 볼노(Otto Friedrich Bollnow, 1903~1991)는 독일의 철학자, 교육 사상가이다. 괴팅겐 대학에서 수학과 물리학을 공부하고, 1925년 물리학 박사 학위를 받았으며, 1931년 교수 자격시험을 통과했다. 1935년부터 1970년까지 튀빙겐 대학에서 현대 철학, 철학적 인류학, 윤리학을 가르쳤다. 생의 철학, 현상학, 실존 철학을 두루 연구했고, 특히 빌헬름 딜타이의 해석학을 발전시켰다.

은 한 개인의 '안'에 있는 주관적인 것도 아니고, 개인과 개인 사이의 '바깥'에 있어서 주변에서 발견될 수 있는 어떤 객관적인 것도 아니다. 기분은 주변과 여전히 분리되지 않은 통합 속의 개인과 관련된다".[*]

볼노가 추측하기로 모든 공간은 우리에게 영향을 주고 우리의 느낌을 붙잡아 두는 각각의 고유한 분위기적 특성이 있다. 즉 불안의 공간에서는 좁고 갇혀 있고 운신의 폭이 제한되는 것 같고, 낙관의 공간에서는 반대로 마치 하늘을 나는 듯이 모든 일이 쉽게 이뤄질 것 같다. 이는 공간의 휘발성을 말해 준다.[55]

좀 더 최근에는 게르노트 뵈메가 벤야민의 아우라 개념을 직접 가져와 명시적으로 분위기 개념을 중심에 둔 미학을 상세히 설명했다. 가령 예술 작품과 같은 사물의 아우라는 앞으로 흘러나와서 그 범위 내에 들어오는 사람들이 '들이마실' 수 있는 실안개와 같다. 벤야민이 무엇을 이야기하는지를 설명하기 위해 뵈메는 푸른 컵을 상상해 보라고 말한다. 그 푸른색은 컵에 붙어 있거나 스스로 싸여 있는 사물처럼 컵 안에 담긴 어떤 것(칸트라면 그것, 즉 물자체라고 말했을)이 아니다. 오히려 컵의 푸름은 그 주변으로 방사된다. 뵈메에게 분위기란 사물이 정동적인 환경 속으로 스스로 쏟아져 나오면서 그 방사 또는 황홀경으로 물들인 공간이다.[56] 볼노와 마찬가지로 뵈메는 분위기가 어떤 의미에서 환경적 특질과 인간의 상태 중간에 있다고 가정한다. 그의 주장에 따르면 분위기는 "감응하는 주체 없이" 존재하지 않으며 "주관적인 경험에서만 지각되지 않는다". 그러나 "주체는 '저 바깥에 있는'

[*] 《인간과 공간》(이기숙 옮김, 에코리브르, 2011), 299쪽 참조. 인용된 본문은 역자가 부분 수정한 것임.

무언가로서, 또 우리를 엄습하고 이끌고 소유하는 어떤 것으로서 분위기를 경험한다".[57] 그렇다면 분위기는 우리가 사물과 우리 자신을 둘 수 있는 안개처럼 자유로이 떠다니는 것이 아니다. 반대로 사람과 사물이 함께하는 것에서부터 분위기가 생겨난다. 즉 분위기는 사물의 특질에 내재하지만 객관적이지 않으며, 감각을 가진 존재에 속하지만 주관적이지 않다.

하지만 분위기에 관한 이 개념에서 가장 인상적인 것은 날씨가 거의 없다는 점이다. 기분 공간에 관한 볼노의 논의에서 날씨 상태가 미치는 영향력이 언급된 것은 사실이다. 특히 그는 우리가 사물과의 접근 및 거리를 지각하는 데 날씨가 어떤 영향을 미치는지에 주목했다. 그렇지만 날씨는 우리의 지각에 영향을 미치는 여러 가능성 중 하나일 뿐이며, 기분 공간의 구성 요소와 **같은 것**이 아니다.[58] 뵈메에 관해 말하자면, 그는 적어도 '대기; 분위기'라는 용어가 기상학에서 기원한다는 것을 알았으며 그것을 "날씨를 운반하는 지구의 공기 겉층"으로 정의하고 있다. 그러나 이 정의는 공기의 영역을 한쪽에 치워 두는 구실에 불과하다. 그가 이 글을 썼을 당시에 모든 유럽의 언어에서 대기가 대지의 공기를 가리키는 것에서 '하늘에 감도는' 기분으로 그 뜻이 은유적으로 확장되어 쓰이고 있었고 용어 본래의 의미는 거의 잊히다시피 했기 때문이다. 그리고 뵈메는 기꺼이 이 흐름을 따른다.[59] 사람들은 호흡하기 위해 공기를 필요로 하지만, 이 사실은 (뵈메에게는) 분위기를 구성하는 데 전혀 필요하지 않다. 분위기는 타자와의 만남과 사물과의 마주침에서 생긴다. 뵈메가 "분위기를 생성하는 예술은 우리 삶의 진정한 극화를 반영한다"[60]고 말하면서 분위기의 가장 정확하고도 전형적인 사례를 **무대 장치**에서 찾은 것은 당연하다. 미학의 분위기와 정치, 스포츠, 도시, 상품, 인격, 자아와 같은 모든 것이 극화되는 근대성의 이중으로 전도된 세계의 연결은 너무나도 명백하지 않은가!

물론 뵈메는 느낌, 지각, 감각을 이야기할 근거가 충분했다. 그러나 인공적으로 개조된 무대 장치의 모조품 바깥에서 호흡할 수 있는 공기 없이 어떻게 사람과 사물 사이에 감정 어린 만남이 일어날 수 있겠는가. 정동의 영역은 기상학의 영역과 완전히 분리된 듯하다. 그 결합을 복원하기 위해서는 첫 번째 전도의 조작을 확장하거나 표면화하기보다 **원래대로 되돌리는** 두 번째 전도가 필요하다. 여기서 전도란 극장을 뒤집어서 세계의 주민에게 대지와 하늘의 충만함을 되돌려주는 것이다. 이것은 올위그가 "**대기지**大氣誌, aerography"라고 부른 것을 도출해 낸다. 대기지는 "사람들이 하늘의 태양 빛에 자신의 그림자를 드리우게 해 주고, 어떤 통제된 이상적이고 구조화된 에테르의 공간 내에 둘러싸이지 않도록 해 준다".[61] 그렇다면 우리는 어쩌면 과학적 기상학이 '대기'라고 이름 붙인 우주의 실험실, 셰르진스키의 표현으로는 "과학 기술의 감옥"에 갇힌 날씨를 다시 한번 풀어 줄 수 있을 것이다.[62] 앞서 살펴보았듯이, 비-전도된 현실의 생활 세계에서 날씨-세계로의 침잠은 온화한 존재, 그러므로 감응하는 존재로서의 우리 실존이 놓인 조건(결과가 아니라)이다. 이 조건을 충족하는 대기 개념에 도달하기 위해서 우리는 동시에 정동적**이면서** 기상학적인 이 용어의 의미를 파악할 필요가 있다. 그리고 이것을 성취하기 위한 첫걸음은 공기라는 요소를 재도입하는 것이어야 한다.

16. 매끄러운 공간에서 부풀어 오르기

마르셀 모스는 사람들과 그들의 행동을 바닷속 문어와 말미잘에 비교하면서, 후자가 바다를 떠다니듯이 전자는 "그들의 환경과 정서 속에서 떠다닌다"[63]라고 말했다. 이 말은 선견지명이었다. 왜냐하면 우리가 밝혀낸 대로 바로 이 환경과 정서(또는 우주적인 것과 정동적인 것이라고 이제는 말할 수 있는 것)의 통합에 대기의 본질이 있기 때문이다. 그리고 그와 더불어 엄밀하게 말하자면 과학적이지는 않지만 순수하게 미학의 주제도 아닌 이 같은 기상학의 지침이 되는 이 관심사야말로 내가 선학을 보완하는 데 필요한 것이다.

이 기상학이 대기 현상에 관한 연구인 것은 분명하지만 대기 현상은 날씨의 현상이지 기후의 현상이 아니며 측정되는 것이 아니라 경험되는 것이다. 그리고 그것은 매질의 유동에 대한 인간의 기분과 의욕의 조절이나 조율에, 또 그 양쪽의 혼합에 등록된다. 우리는 매질이 공기라는 것을 쉽게 인정할 수 있지만, 이 공기는 물리학이나 화학에서 분자 구조로 특정되는 것이 아니고, 호흡하는 인간이나 여타 존재 없이 기체 상태로 완벽하게 존재할 수 있는 것도 아니다. 오히려 공기는 우리가 호흡할 때 우리 주변 세계로 흘러들어 오는 정동적 삶을 실어 나른다. 이 의미에서 공기는 바람과 날씨처럼 경험되는 것이지 기록되는 것이 아니다. 질식할 것 같은 사람은 "숨을 쉴 수 없어. 공기를 줘!"라고 소리친다. 그 사람이 다시 숨 쉴 수 있게 하는 것, 그것이 바로 공기다. 누구는 정말로 공기는 호흡의 이면이며, 이는 빛이 보기의 이면이고 소리가 듣기의 이면인 것과 마찬가지라고 말할는지 모른다. 그러나 볼 수 있다는 것이야말로 빛이고, 들을 수 있다는 것이야말로 소리이다. 이것은 공기, 빛, 소리를 대기 현상으로 정의하는 것이다. 이 장에서 공기를 다루고 이어지는 다음 장들에서 빛과 소리를 다룰 것인데, 내가 이를 통해 보여 줄 것은 대기란 우주적인 것도 정동적인 것도 아니며 그 둘의 융합이라는 것이다.

어디서 시작할까? 한 가지 방법으로 열기구 비행을 생각해 볼 수 있다. 여기서 나는 지리학자 데릭 매코맥*의 연구를 참조한다. 그는 스웨덴의 탐험가 살로몬 아우구스트 앙드레**와 그 동료들의 불운한 원정

---

* 데릭 매코맥(Derek McCormack,　~　)은 영국의 지리학자이다. 브리스틀 대학에서 박사 학위를 받았으며, 2006년부터 옥스퍼드 대학에서 문화 지리학을 가르치고 있다.
** 살로몬 아우구스트 앙드레(Salomon August Andrée, 1854~1897)는 스웨덴의 엔지니어, 물리학자, 극지방 탐험가이다. 스웨덴 왕립 과학 학회의 지원, 스웨덴 국왕 오스카르 2세와 알프레드 노벨 등의 후원을 받아 1897년 7월 11일에 북극으로 원정을 떠났다. 그러나 거센 날씨로 인해 수소 열기구 위에 얼음이 쌓이면서 유빙 위에 착륙하게 되고, 약 두 달간 헤매다가 스발바르 군도의 한 섬에서 사망했다. 그들의 유해는 1930년 노르웨이의 한 탐험대에 의해 발견되어 수습되었다.

을 다루고 있다. 그들은 수소로 가득 찬 열기구를 타고 북극으로 날아가고자 했다. 매코맥은 마지막 장에서 대기가 뜻하는 상반된 두 가지 의미를 언급한다. 이 두 의미는 각각 기상 과학과 미학 철학에 속하는데, 매코맥은 그것들을 하나로 합치는 방법을 보여 주고자 한다. 즉 **동시에** 정동적**이면서** 기상학적**이기도** 한 것으로서 대기를 다시 생각하는 방법을 탐구한 것이다. 그는 열기구 비행이 그 방법을 제공해 준다고 주장한다. 열기구 비행은 대기가 결코 정적이지 않으며 끊임없이 자기를 추월하는 세계 속에서 "일련의 역학적이고 운동적인 정동"이라는 것을 곧바로 드러내기 때문이다.[64] 과학적인 기상학의 '대기'에서는 열기구를 타고 **날아오르는** 것이 불가능하다. 물론 과학은 뜨거운 공기는 상승하고 수소는 다른 기체보다 가벼우므로 뜨거워진 수소로 가득 찬 열기구는 떠오르려는 경향이 강하다는 것을 알려 준다. 그러나 과학은 난다는 것이 어떤 느낌인지는 가르쳐 주지 않는다. 반대로 미학은 휘발성의 기분 공간을 특징지으려고 하지만 열기구를 지면에서 띄우려고는 하지 않는다. 연극 무대 세트장의 에테르로 가득한 대기에서 비행을 재현하고자 한다면, 천장 시설물에 열기구를 매달아야 할 것이다.

주민들이 사는 실제 세계에서 열기구는 비행의 **경험**을 제공한다. 이 경험에서 감응적 의식은 지표면에서는 일어날 수 없는 방식으로 공기 매질의 난류와 뒤섞일 수 있다. 그러나 우리의 정동적 삶이 공기 속에서 영위된다는 것을 깨닫기 위해 그렇게까지 할 필요는 없다. 정동적 삶은 우리가 지면을 따라 직조한 길에서 뒤얽히는 만큼 [지상의] 공기에서도 뒤섞이고 어우러진다. 심지어 실내에서도 우리는 물고기가 물속에서 헤엄치듯이 공기 속을 헤엄치며, 우리 자신과 다른 이들의 행동을 통해 부분적으로 불어오는 외풍에 매 순간 응답한다. 이것을 알기 위한 한 가지 방법은 사람들로 와글와글 북적이는 방 천장에 여느 파티용 풍선을 달아매는 것이다. 말소리를 내기 위해 공기는 어떻게든 성대를 통과해서 흘러가야 한다. 파티에 참석한 사람들의 대화에서 발생한 이 흐름은 방 안의 공기를 휘저어 풍선을 춤추게 한다. 확실히 실내의 대기는 이 화기애애한 공간에 여러 사람이 모이면서 만들어지지만, 이는 그들 모두가 매질의 순환하는 흐름에 참여하고 또 그렇게 그 흐름에 기세를 돋워 주기 때문이다. [우리의 삶이 공기 속에서 영위된다는 것을] 알기 위한 또 한 가지 방법은 비눗방울을 불어 보는 것이다. 비눗방울 불기는 숨 참기와 비슷하지만, 이 숨은 허파 벽에 둘러싸이는 대신에 잠깐이지만 신체 너머를 떠다니며 공중에 매달려 있다 (<그림 16-1>). 이 반투명한 비눗방울에는 깊이 들이마신 후 내뱉은 숨의 모든 열망과 불안이 담겨 있다. 우리가 이 비눗방울을 볼 수 있는 것은 비눗방울이 터져 정동의 짐을 주변에 풀어 놓을 때까지이다. "비눗방울의 수명이 지속하는 동안 비눗방울을 분 자는 자기 자신의 외부에 존재한다. 마치 작은 방울과 함께 떠다니는 시선이 방울을 떠나는 즉시 방울의 수명이 끝날 듯이 그는 방울을 주시한다"[65]라고 페터 슬로터다이크는 쓰고 있다. 그러나 방울이 하나씩 터질 때마다 희망은 사라질 수밖에 없고 다음의 이어지는 매 호흡에서 회복될 뿐이다.

요컨대 기상학적인 것과 정동적인 것의 대립을 초월하기 위해서, 달리 말해 정동적인 기상학과 기상학적인 정동을 만들기 위해서 우리는 대기를 공기라는 요소로 다시 채울 필요가 있다. 이것은 동시에 우리가 거주하는 세계가 고정된 최후의 형태로 결정화된 것이 전혀 아니라 생성하고 유동하고 흐르는 세계, 즉 날씨-세계라는 것을 인정하는 것

〈그림 16-1〉 공기로 다시 채워진 대기
북해 위를 떠다니는 비눗방울. 2012년 9월, 영국 과학 축제 기간에 애버딘 해변에서 촬영. 사진은 테런스 파쿠아슨 제공.

이다. 바로 그러한 세계는 들뢰즈와 과타리가 **홈이 파이기**strié보다 **매끄럽다**lisse는 말로 형용한 공간을 이야기할 때 염두에 둔 것이다.[66] 그들이 말하는 홈이 파인 공간이란 동질적이고 부피가 측정될 수 있는 공간이다. 그 안에는 다양한 사물이 각기 할당된 장소에 배치되어 있다. 반대로 매끄러운 공간에는 어떤 배치도 없다. 오히려 그것은 모든 방향으로 제한 없이 확장되는 연속적인 변화의 패치워크를 제시한다. 매끄러운 공간에서 눈은 사물에 향해 있기보다 그 **사이**를 배회하고, 고정된 표적을 노리기보다 길을 찾아 헤맨다. 즉 **광학적**[시각적]인 것이 아니라 **촉각적**으로 주변 환경과의 지각적 교감을 중재한다. 앞서 극장의 전도를 통해 살펴본 것과 마찬가지로, 광학적 방식에서 세계는 마치 동공을 통과해 망막 뒤편에 투사되는 것으로 여겨졌듯이 마치 정신의 표면 위에 완전한 형체로 드리워진 것처럼 보인다. 이런 종류의 역-투사는 보는 자를 보이는 자로부터 분리하고 멀리 떨어뜨린다는 것을 암시한다. 반대로 촉각적 방식은 반경이 짧고 손으로 직접 만질 수 있다. 그것은 물질 및 토지와 함께 작용하는 정신적인 신체의 참여이며, 감각적 관여의 경로를 따라 토지라는 직물에 '스스로 꿰매는' 것이다. 필경사의 쓰인 글[그려진 선]은 촉각적이지만, 무대 미술가의 텍스트 화면 속 대사[투사되는 선]는 시각적이다.

자, 그러면 시각적인 것과 촉각적인 것의 대립이 눈과 손의 대립을 교차시킨다는 들뢰즈와 과타리의 지적은 매우 타당하다. 시각적 시야와 촉각적 접촉 외에도 우리는 시각적 접촉과 촉각적 시야를 가질 수 있다.[67] 예를 들어 의사의 장갑 낀 손은 임상적으로 [환자를 만져도 그 신체와] 분리되어 있지만, 필경사의 눈은 자수장의 눈이 직물의 실에 사로잡히듯이 자신이 쓴 글의 잉크 흔적들에 사로잡혀 있다. 그러나 매끄러운 공간의 경험은 들뢰즈와 과타리가 시사하듯이 참여의 촉각적 방식에 완전히 포함될 수 있을까? 혹은 이 경험은 단지 사태의 한 측면만을 보여 주는 것일까? 왜냐하면 매끄러운 공간에는 두 측면 또는 두 양상이 있는 것처럼 보이기 때문이다. 한편에서 매끄러운 공간은 내가 **그물망**이라고 부르는 자취들의 빽빽한 뒤얽힘으로 나타난다. 그것은 말하자면 식물이 토양에 뿌리를 내리는 것처럼 생물이 세계를 통과하는 길을 꿰매며 나아갈 때 만들어진다. 그것들은 운동과 성장의 선(들뢰즈와 과타리가 "생성의 선"이라 부른 것)이며, 일관된 방향을 따르지 않고 끊임없이 환경 변화에 반응한다. 바로 이 맥락에서 들뢰즈와 과타리는 매끄러운 공간의 모범적인 물질로서 **펠트**를 다룬다. 날실과 씨실의 규칙적인 줄무늬가 있는 리넨과 달리 펠트는 사방팔방으로 구불구불한 섬유의 소용돌이치는 수렁에서 엉겨 붙는다.[68] 촉각적 지각은 꼭 펠트에 접착된 것처럼 토지라는 직물에 꿰인 이 구불구불함을 따라갈 것이다.

그러나 다른 한편에서 들뢰즈와 과타리는 매끄러운 공간의 위상 기하학을 운동의 선이나 경로가 아닌 바람과 날씨의 "음향과 촉감의 특질"에서 이뤄진 것으로서 묘사한다. 그리하여 소작농이 쟁기로 대지에 홈을 파서 규칙적인 밭고랑의 패턴을 만드는 바로 그 순간 그는 하늘 아래에서 일하며 "바람의 공간에 전적으로 참여한다". 그렇게 그는 매끄러운 공간의 주민으로 남는다. 들뢰즈와 과타리에 의하면, 그곳은 바람이 울부짖고 얼음이 갈라지고 모래가 노래하는 공간이다.[69] 이 광경은 세계에서 가장 활동이 활발한 빙하 지대 가운데 하나인 대규모 산간 지역인 북서 태평양 연안에 사는 틀링깃 사람들의 심금을 확실히 울릴 것이다. 이들을 연구한 민족지학자 줄리 크룩섕크*에 따르면, 틀링깃 사람들은 빙하가 들을 수 있다고 믿는다. 그래서 사람들은 빙하 가까이에서는 적어도 공격하거나 격앙하지 않도록 행동거지를 조심한다. 그러지 않으면 재앙적 결과가 초래될 수 있기 때문이다.[70] 물론 틀링깃 사람들은 빙하가 귀를 가지고 있다거나 귀 없이 들을 수 있다고 생각할 만큼 어리석지 않다. 오히려 빙하가 들을 수 있는 것은

---

* 줄리 크룩섕크(Julie Cruikshank, 1950~)는 캐나다의 인류학자이다. 주로 유콘 지역에서 현장 연구를 했으며, 특히 아타파스카족과 틀링깃족의 생애사를 기록하는 연구를 해 왔다. 2006년에 출간된 《빙하는 듣는가?(Do Glaciers Listen?)》로 전미 인류학 협회(American Anthropoloigcal Association)의 줄리언 스튜어드 상(Julian Steward Award)을 수상했다. 현재는 브리티시컬럼비아 대학 인류학과 명예 교수이다.

틀링깃 사람들의 현상 세계에서 빙하가 지각의 대상(예를 들어 서구 지리학자들에게는 그럴 것이다)이 아닌 소리, 빛, 느낌에 완전히 에워싸이는 경험, 즉 **대기**로서 드러나기 때문이다. 누구도 얼음이 갈라지는 폭발적인 소리, 눈이 멀 정도로 하얀빛(틀링깃 사람들은 이를 일종의 열기로 표현한다), 공기 중의 축축한 한기에 압도되지 않고서는 빙하에 가까이 접근하거나 거주할 수 없다. 음향, 발광, 감지 가능성과 같은 특질의 이 혼합은 빙하가 무엇인지를 함축한다.

이 대기의 출현 속에서 빙하는 지각자의 의식을 온통 물들이기 때문에 지각자들이 들을 때 빙하는 그들을 통해 그 소리 **속에서** 듣는다. 마찬가지로 그들이 보거나 만질 때 빙하는 그들을 통해 그 빛 **속에서** 또 그 느낌 속에서 보고 만진다. 혹독한 하늘 아래에서 소작농이 밭에서 노동할 때도 마찬가지이다. 바람은 자기에 맞서 버티는 신체를 통해 대지를 훑고, 태양은 농부의 쭈글쭈글한 눈을 통해 대지에 내리쬐고, 우르릉거리는 천둥은 그의 불안한 귀를 통해 듣는다. 틀링깃 사냥꾼과 유럽의 소작농 그리고 실로 우리 모두에게 이 대기의 감각에서 매끄러운 공간의 경험은 느낌, 빛, 소리**이며**, 그것들의 수단을 통해 획득할 수 있는 무언가가 아니다. 촉각적 지각이라는 선형의 경로가 펠트 섬유처럼 매끄러운 공간의 직물을 직조한다면, 대기는 그러한 지각을 가능하게 하는 매질을 구성한다. 따라서 매끄러운 공간의 핵심에, 그리고 또 촉각적인 것과 대기로 이뤄진 것 사이에 있는 것은 친밀한 관계이다. 이 관계는 어떻게 이해될 수 있을까? 바로 여기서 우리는 메를로퐁티의 현상학으로부터 도움을 받을 수 있다.

17. 휘감기

메를로퐁티에게 지각의 본질은 흡기와 호기, 곧 능동과 수동의 교대에 있음을 상기해 보자. 그의 관점에서 감응한다는 것은 세계에 열려 있다는 것이며, 세계의 포옹을 받아들이고 자신의 내적 존재 안에서 그 빛줄기와 소리 울림에 공명하는 것이다. 왜냐하면 우리는 우리의 빛의 경험을 볼 수 있고, 소리의 경험을 들을 수 있고, 촉감의 경험을 만질 수 있기 때문이다. 빛을 쬐고 소리에 잠기고 촉감에 몰두하는 감응적 존재는 세계 생성의 전성기를 구가하고 항상 존재하며 세계가 있는 그대로의 모습을 드러내고자 하는 바로 그 순간을 목격한다.[71] 따라서 감응적 세계에는 지각의 대상도 지각의 주체도 존재하지 않는다. 오히려 지각은 메를로퐁티가 말한 대로 "사물이 사물로 되며 세계가 세계로 되는"[72] 생성의 창조적 운동에 내재해 있다. 이때 사물을 지각한다는 것은 동시에 사물에 **의해** 지각된다는 것이다. 즉 보는 것은 보이는 것이며, 듣는 것은 들리는 것이다. 이는 그 외에도 마찬가지다. 양손을 맞닿은 상태라는 전형적인 사례에서 가장 분명하게 이해되는 이 가역성reversibility은 메를로퐁티의 현상학에서 모든 지각에 근본적이다.

그러나 물론 세계의 모든 것이 그 자체로 감응적인 것은 아니다. 빙하는 그 자체로 감응하지 않으며, 나무도 돌도 마찬가지이다. 그러면 여기서 말하는 지각의 가역성은 스스로 감지하는 인간과 그렇지 않은 빙하, 바위, 나무 등의 사물이 마주하는 상황에서 어떻게 유지될 수 있을까? 가령 나무는 어떠한가? 화가 앙드레 마르샹*은 조르주 샤르보니에**와의 대담에서 숲속에서 나무를 바라보는 자가 자기 자신이 아니라는 느낌을 종종 받는다고 말했다. 마르샹이 말하길, "어느 날은 나무들이 나를 지켜보고 있다고 느꼈다".[73] 이러한 경험은 특히 어스름한 새벽이나 황혼에 숲속을 걸어 본 사람이라면 누구라도 낯설지 않을 것이다. 메를로퐁티는 마르샹의 말에 공감하며 자신의 주장을 입증하기 위해 그것을 인용한다. 그는 "화가와 보이는 것 사이에서 불가피하게 서로의 역할이 반전된다"라고 말한다.[74] 화가는 나무를 보고, 나무는 화가를 본다. 고고학자 크리스토퍼 틸리***가 풍경

---

* 앙드레 마르샹(André Marchand, 1907~1997)은 프랑스 화가이다. 해마다 5월 프랑스 파리에서 열리는 전위 미술 전시회 살롱드메(Salon de Mai) 창립자 중 한 사람이다.
** 조르주 샤르보니에(Georges Charbonnier, 1913~1990)는 프랑스 텔레비지옹의 전신인 프랑스 라디오 및 텔레비전(RTF) 대표 프로듀서이자 비평가, 번역가, 작가이다. 레비스트로스, 마르셀 뒤샹, 호르헤 루이스 보르헤스 등 여러 저명인사와 심도 있는 인터뷰를 진행한 것으로 유명했다.
*** 크리스토퍼 틸리(Christopher Tilley, 1955~　)는 영국의 고고학자이다. 케임브리지 대학에서 인류학과 고고학으로 박사 학위를 취득했으며, 고고학자 이언 리처드 호

의 현상학에 관련된 그의 저작에서 이 점에 관한 메를로퐁티의 서술을 참조해 설명한 바와 같이, 나무가 화가를 보는 것은 나무에 눈이 있기 때문이 아니다. 그것은 오히려 "나무가 화가에게 감흥을 주어 그의 마음을 움직이고 나무의 현존 없이는 불가능했을 그림의 일부가 되기 때문이다".[75]

고고학자로서, 그리고 그 외 여러 분야의 전문가로서 틸리는 특히 석조 기념물에 관심이 많다. 틸리에 따르면, 돌을 느낀다는 것은 내 손에 닿는 돌의 손길을 느끼는 것이다. 즉 "나는 돌을 만지고 돌은 나를 만진다". 돌이 그에게 신체적으로 영향을 주고 그의 의식을 구조화하는 바로 그 이유로 그 자신의 행위성을 가진다고 말할 수 있다고 그는 생각한다.[76] 확실히 여기에 따라붙는 가역성은 맞잡은 두 손의 가역성과는 완전히 다르며, 서로의 손이 손가락과 손바닥을 움켜쥐어 타자를 느끼는 다른 사람과 악수에서의 가역성과도 전혀 다르다. 돌은 손처럼 감각을 느낄 수 있게 타고나지 않았다. 그 점에서는 나무도 마찬가지다. 확실히 만진다는 말 자체가 신경으로 활성화된 감각 지각과 표면끼리 접촉하는 물리적 압력을 매우 혼동하기 쉽게 만든다. 객체의 세계, 선 없는 덩이의 세계에서 사물들은 서로를 짓누르거나 서로와 부딪혀 튕겨 나간다. 그리고 이때 철학자 장뤼크 낭시*가 말했듯

더와 함께 후기 과정주의 고고학 이론의 발전에 기여했다. 현재는 유니버시티 칼리지 런던 교수로 재직 중이다.

* 장뤼크 낭시(Jean-Luc Nancy, 1940~2021)는 프랑스의 철학자이다. 파리 대학에서 철학을 전공하고, 1973년 칸트에 관한 논문으로 박사 학위를 받았다. 1980년 정치철학 연구소를 창설했으며, 사회주의 몰락 이후에는 공산주의와 공동체 문제에 골몰했다. 프랑스 스트라스부르 대학의 철학과에서 철학과 미학을 오랫동안 가르쳤다.

이 사물들의 무게감이나 덩어리는 접촉의 압력이 가장 강렬하게 느껴지는 표면으로 솟아오른다. 낚시는 몸체의 무게는 "그것들의 덩이를 표면으로 부양하는 것이다. …… 그것은 보글보글 들어 올려진다"[77]라고 쓰고 있다. 그런데 그것들이 접촉하지만 실제로는 융합하지 않는다면, 이 덩어리들은 서로를 침범하지 않고 각자의 영역을 유지해야 한다. 그것들 사이에는 일정한 공간과 서로 만날 수 있는 경계면이 존재해야 한다. 낚시 다음으로 그레이엄 하먼*은 "만진다는 것은 다른 무언가에 속한 표면을 어루만져 주는 것이다"라고 쓰고 있다. 이 다른 무언가의 덩어리는 만지는 자와 만져지는 자 사이의 침투 불가능한 경계의 머나먼 저편에 영원히 머물러야 한다.[78]

결국 물체들은 무게에 있어서 그것들의 표면을 가로질러 만나 상호작용하고, 반면에 덩어리에 있어서 그것들은 저 멀리 닿을 수 없는 심연 속으로 물러난다.[79] 따라서 객체 지향 존재론에서 가령 고고학자가 비석을 샅샅이 어루만질 때 그의 접촉은 그 자신이 돌로 변하지 않는 한 분리와 고립을 확실히 할 뿐이라는 결론에 이른다. 이는 마치 돌이 고고학자의 관심을 받는 즉시 자신 안으로 움츠러드는 것만 같다. 그렇지만 사실 돌은 한낱 객체가 아니며 움직임의 선을 만들어 낸다. 그 표면은 오랜 세월 대기의 작용을 견뎌 냄으로써, 달리 말해 풍화 덕분에 베일과 같은 질감을 갖게 되었다. 그리고 이 선이 그어진 표

---

* 그레이엄 하먼(Graham Harman, 1968~   )은 미국의 철학자이다. 현대 철학의 사변적 실재론 운동을 선도한 핵심 인물로 널리 알려져 있다. 하이데거와 라투르를 기반으로 한 객체의 형이상학에 관한 연구는 객체 지향 존재론으로 발전했다. 국내에서는《사변적 실재론 입문》(김효진 옮김, 갈무리, 2023)을 비롯한 여러 번역서가 출간되었다. 현재는 로스앤젤레스에 있는 남부 캘리포니아 건축 연구소 철학 교수로 재직 중이다.

면이야말로 고고학자의 손가락을 맞이할뿐더러 이 둘을 함께 감각의 운동 속에 합류하게 만든다. 우리는 이미 지붕의 목재(5장)나 벽의 돌(7장)이 어떻게 내부에서 서로를 서로에게 제공할 수 있는지를 살펴보았다. 다시 말해 그것들이 분절적 접합이 아닌 공감 속에서 '완료된' 결합이 아닌 '연이은' 연결로 어떻게 이어질 수 있는지를 논했다. 따라서 우리는 고고학자의 손과 그가 만지는 돌 사이에 있는 어떤 조응을 확실히 인정할 수밖에 없다. 엄밀히 말해서 돌이 고고학자만큼 감응적 존재가 아니라 해도 그것은 문제가 되지 않는다. 그렇다면 바로 이 제한된 의미에서 자기가 정말로 돌에 **의해** 만져진다고 고고학자 틸리는 주장할 수 있다.

틸리는 나무와 돌과 같은 사물이 "감응하지 않으면서 감각할 수 있다"[80]고 말한다. 여기서 그가 뜻하는 것은 사물이 인간의 신체와 마찬가지로 현상 세계의 일부이며, 따라서 지각 과정에서 신체가 그러하듯이 이미 지각하는 자와 '함께' 있다는 것이다. 화가는 단순히 나무를 관찰하지 않는다. 그는 나무와 함께 그리고 나무의 어렴풋한 현상학적 현전에 이미 심취한 눈과 함께 관찰한다(<그림 17-1>). 그리고 고고학자는 돌을 만지는 것이 아니라 돌과 함께 만진다. 단단함과 부드러움, 거칢과 매끄러움을 이미 알고 있는 손과 함께 만진다. 달리 말해 나무와 돌은 시각과 촉각의 이편과 저편에 동시에 존재한다. 내가 몸으로 나무를 보는 것은 나무가 나를 통해 보는 방식이고, 내가 몸으로 돌을 만지는 것은 돌이 나를 통해 만지는 방식이다. 마찬가지로 앞서 살펴보았듯이 내가 틀링깃 사람이라면 내가 빙하를 듣는 것이 빙하가 나를 통해 듣는 방식이다. 나무, 돌, 빙하는 그 자체로 감응적이지 않다. 그러나 나무, 돌, 빙하가 **감응 속에 잠긴다면** 각각은 자기 자신을 보고 만지고 듣기 위해 가던 길로 되돌아올 수 있다. 이 '휘감기'(이 말은 메를로퐁티의 영감에 충만한 구절에서 따온 것이다)에서 지각하는 자는 그가 지각하는 자와 하나가 된다.[81]

몸, 나무, 돌 그리고 이편과 저편에 동시에 존재하고 그에 따라 지각의 장에 들어오는 모든 것의 통합을 표현하기 위해 메를로퐁티는 만년에 살flesh 개념을 도입한다.[82] 그는 지각하는 행위에서 이미 지각하는 자와 함께 있는 것은 무엇이나 지각하는 자의 신체인 살과 똑같은 살에 속한다고 주장한다. 그러나 이 핵심 개념에는 근본적인 모호함이 남아 있다. 메를로퐁티는 세계가 지각하는 자의 의식을 관통하는 방식이 현실에서 지각하는 자가 세계를 지각하는 방식을 그대로 반전시킨 것이 **아니라는** 생각에 분명 골머리를 앓았을 것이다. 인간처럼 스스로 감지할 수 있는 존재가 자기 손으로 다른 손을 만지는 것은 만져진 손이 만진 손을 만지는 것과 똑같다. 그러나 그도 인정했듯이 세계의 살은 스스로 감지할 수 없다. 그는 사후에 출판된 자신에게 남긴 글에 "그것은 감각적이지만 감응하지 않는다. 그렇지만 나는 그것을 살이라고 부른다"[83]라고 적었다. 문제는 살이라는 하나의 개념이 전혀 다른 두 종류의 '함께 있음'을 함의한다는 것이다. 한편으로는 내가 돌, 나무, 빙하와 **함께** 있음이 있고, 다른 한편으로는 돌, 나무, 빙하가 나와 **함께** 있음이 있다. 두 번째 종류의 '함께 있음'은 정념적이라고 말할 수 있다. 그것은 존재의 들숨, 곧 의식의 침입이다. 그러나 첫 번째 종류는 능동적이며 지각의 표적을 향한 운동으로 표현된다. 그것은 입 밖으로 발화되는 말들처럼 날숨의 흐름에 띄워져 발사된다. 하나는 내가 잠겨 있는 매질 속으로 모으고 끌어온다. 이때 그것은 숨을 내뱉기 전 잠시 참는 순간이나 터지기 직전의 비눗방울과 같은 긴

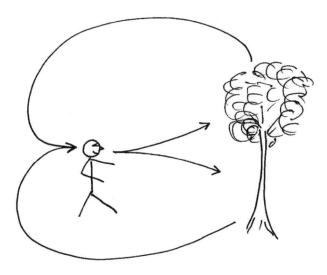

〈그림 17-1〉 내가 나무와 함께 있음과 나무가 나와 함께 있음
이 스케치에서 나는 나무의 현전에 이미 심취한 눈과 함께 나무를 관찰한다. 이러한 내 두 눈을 통해 나무는 휘감아서 자기 자신을 본다.

장감을 유발한다. 또 하나는 성장과 생성의 선을 따라 뻗어 나오며 긴 장감을 풀어 준다(〈그림 17-1〉). 앞서 13장에서 우리는 이 교대를 헤엄치는 자의 평영과 비교했다. 물을 가르듯이 뒤로 내저어진 두 팔은 앞으로 나아가는 추진력을 준비하기 위해 모아진다. 냉정하게 보면 이 교대 동작들은 서로의 반전이 아니다. 이 동작들은 앞뒤로 움직이기보다는 고리처럼 빙글빙글 돈다. 그리하여 두 번째 동작은 그다음 순환을 준비하면서 첫 번째 동작이 개시한 순환의 한 회로를 끝낸다. 그러나 그 동작은 회로를 닫지 않는다. 왜냐하면 신체가 최초의 자세로 돌아오기는 했으나 시공간적으로 **더 나아가** 있기 때문이다.

앞서 이야기한 것과 같이 대기 매질에서 헤엄치는 생물은 교대로 그

추진력의 선을 따라 앞으로 나아가고 매질을 흡수하면서 뒤를 끌어당긴다. 그것은 공기를 호흡하듯이 대기를 들이마시고 바깥으로 숨을 내쉬면서 세계라는 직물에 말, 노래, 이야기, 손 글씨의 선을 꿰맨다. 앞에는 나아갈 길을 느끼는 의식이 있다. 후미를 끌어당기는 것은 생존의 매질을 빨아들인 몸의 무거움이며, 더 정확히는 가령 펜이 움직인 후 종이가 그 얼룩을 남기기 위해 잉크를 빨아들이는 것이다. 이때 활기 있는 생명의 움직임은 밀어내기와 끌어당기기의 교대, 달리 말하면 예상과 회상의 교대 속에서 전개된다. 여기서 마침내 우리는 이전 장에서 제기된 질문의 답을 발견한다. 즉 매끄러운 공간의 중심에서 촉각적인 것과 대기로 이뤄진 것의 관계, 더 간단히 말하면 선과 날씨의 관계를 어떻게 이해해야 할까? 우리는 모든 살아 있는 존재가 그물망의 상호 직조된 선을 따라 세계 속으로 자신을 꿰맨다고 주장해 왔다. 그러나 모든 살아 있는 존재는 또한 필연적으로 대기 속에 잠겨 있다. 그렇다면 살은 그물망인가, 대기인가? 살은 천막의 펠트와 비교될 수 있을까, 아니면 바람과 날씨의 어느 세계의 감촉과 음향에 비교될 수 있을까?

내가 제시하는 답은 교대로 둘 다이다. 그물망과 대기는 말하자면 살의 두 측면, 매끄러움에 대한 위상 기하학의 이중적 양상이며, 내가 바로 전에 구분한 '함께 있음'의 두 감각에 조응한다. 들숨에는 대기가, 날숨에는 그물망이 있다. 주술과 환상의 세계 바깥에서 고리의 회전력은 불가역적이다. 14장에서 보았듯이 그 회전력은 **시간**이다. 만일 세계의 살이 들숨에는 촉각적이고 날숨에는 대기로 이루어진다면, 촉각적인 것의 추진력은 회복을 향하고 대기의 재수집은 해방을 향한다. 이것은 본질적으로 알라딘과 램프의 이야기다. 지니를 대기에 풀어 주려면 낡은 램프를 문질러서(탁월한 촉각적 몸짓) 본래대로 되돌려 놓기만 하면 됐다. 이 이야기에서 시간은 거꾸로 흐른다. 현실 세계에서 시간은 앞으로 흐르므로 생물, 곧 호흡하는 존재는 대기에의 침잠이 증식하는 선을 따라 그물망의 촉각적 연장extension으로 변환되는 장소이다. 그곳에서 날씨는 쟁기꾼이 만든 고랑으로, 바람은 돛단배의 항적航跡으로, 햇빛은 식물의 줄기와 뿌리로 바뀐다. 이것은 참으로 모든 활기 있는 생명에 근본적인 변환이다.

18. 하늘 아래에서

대기의 몇 가지 양상 및 발현으로 되돌아가 보자. 나는 이를 11장에서 '선학과 기상학'이라는 표로 소개해 두었다(<표 11-1> 참조). 간단하게 정리하면, 그것은 호흡, 시간, 기분, 소리, 기억, 색, 하늘이었다. 그래서 무엇을 다뤘으며, 무엇을 더 설명해야 할까? 나는 앞서 **호흡**에 관해, 들숨과 날숨에 관해 상세히 설명했다. 그리고 우리는 연설의 대사나 노래의 가사가 날숨에서 나오고, 연사나 가수가 대사 및 가사를 주기적으로 멈춰야 숨을 들이쉴 수 있다는 것을 알고 있다. 이것 말고 더 알아야 할 것이 있을까? 언어와 음악 각각의 표기법에서 구두점과 쉼표는 강연자나 연주자에게 숨을 어디서 들이쉬어야 하는지 알려 준다.[84] 그러나 적어도 서구의 전통적인 언어 예술 및 음악 예술에서는 들숨의 순간을 경시하는 경향이 강하다. 웅변가가 연설을, 성악가가 노래를, 플루트 연주자가 연주를 배울 때 그들은 숨을 들이쉬는 순간마다 대사, 노래, 연주가 끊어지는 것이 가능한 한 감지되지 않도록 연습한다. 능동이 수동보다, 하기가 겪기보다 항상 우선이듯이, 일시 멈춤은 망설임, 나약함, 우유부단함의 표시로 여겨진다. 이것은 이 책 제3부의 주제이며 여기서 더는 이야기하지 않겠다. 마치 모든 발화나 서체가 끝에서 끝으로 사슬처럼 연결되는 요소들의 통사론적인 결합인 것처럼, 우리는 습관적으로 '분절적 접합'이라는 단어를 '말하기'나 '쓰기'보다 중요시한다. 이것은 관습상의 우선순위가 어디에 있는지를 보여 주기에 충분한 증거이다. 우리는 글쓰기에서 구두점을 소홀히 다루고 선율의 구성에서 악보의 쉼표를 사소한 것으로 치부하는 경향이 있다. 그래서 구두점이나 쉼표를 그저 휴식이나 간격을 메우는 것으로 본다. 그렇지만 사실 잠시 멈추는 것이야말로 말과 노래에 분위기 있는 정동을 더해 줄 것이며, 그것 없이는 삶이 생기를 잃을 것이다. 기계만이 감정 없는 분절적 접합 속에서 멈추지 않고 말하고 연주할 수 있다.

　우리는 호흡에서 **시간**으로 이동해서, 들숨과 날숨의 교대가 시간을 어떻게 나타내는지를 보여 주었다. 이 속에서 시간은 비가역적일 뿐만 아니라 주민의 관천망기를 통해 재연되는 환경의 리듬에 카이로스적으로 조율된다. 게다가 호흡 기관을 통해 공기가 신체 조직과 뒤섞이는 가운데 주변 환경을 속속들이 잘 아는 인간 존재와 여타 생명체는 태어나면서부터 세속적일뿐더러 절제적이다. 그리고 기질은 **기분**의 또 다른 표현이다. 다시 말해 기질이란 대기가 살아 있는 존재의 모든 숨구멍에 스며들어 그 행동에 정동을 더하는 방식이다. 그렇다면 **소리, 기억, 색, 하늘**은 어떠할까? 이제 논할 것처럼 소리란 우리가 하늘빛에서 그 광명을 경험하듯이 대기로 이루어진 매질의 울림을 경험하는 방식이다. 소리가 울릴 때 신체는 반향실과 같은 기능을 한다. 노래를 부르고 악기를 연주할 때 선율은 반향실에서 끌려 **나와**drawn out 그 것을 상연하는 몸짓을 통해 특유의 억양을 갖게 된다. 마찬가지로 이 야기꾼은 기억의 반향에서 서사의 줄기를 끄집어낸다. 소리에서 선율 이 나오듯이 기억에서 이야기가 나온다. 한편에서는 모으거나 상기하 고, 다른 한편에서는 앞으로 나아갈 길을 느낀다. 이것은 색과 선의 관 계에서도 그러하다. 다음에 이어지는 장들에서 나는 어떻게 색이 선 에 분위기[대기]를 입히는지, 또 소리는 어떻게 하는지를 보여 줄 것 이다. 그러나 먼저 나는 대기 현상의 목록 중에서 마지막 항목을 고찰 하고자 한다. 그것은 단연 가장 불가사의한 것, 이름하여 하늘이다.

빅토리아 시대의 감식가이자 예술 평론가인 존 러스킨*은 《근대 화 가론》 제1권에서 '옛 거장들'의 구름 낀 하늘을 그리는 방식을 혹평했 다. 러스킨에 의하면, 그들의 그림에서 하늘은 우리가 **쳐다**볼 수는 있 어도 우리의 시선이 **통과**할 수는 없었다. 마치 하늘은 자기 안에서 다 양하게 모습이 바뀌는 구름으로부터 떨어져 나와 푸름의 균질성 속으 로 물러난 듯했고, 저 멀리 거대한 돔 아래에는 그것들과 별개의 덩어 리로서 구름이 매달려 있는 것 같았다. 러스킨은 이 화가들에 관해 "당 신들은 하늘에 당도하기까지 정말로 먼 길을 가겠지만, 결국엔 하늘 에 세게 부딪힐 것"이라고 말한다. 우리는 이 회화적 관습에 너무나 익

---

* 존 러스킨(John Ruskin, 1819~1900)은 영국 빅토리아 시대의 작가, 철학자, 예술 평론가이다. 그는 특히 J. M. 윌리엄 터너의 작품을 높이 평가했는데, 대표 저작인《근대 화가론(Modern Painters)》(1843)에도 이 내용이 담겨 있다. 그는 이 저작을 통해 예 술미의 순수 감상을 주장하면서, 자신의 예술 사상을 기반으로 다양한 저작을 출간했다. 1860년대에는 경제 및 사회 문제에 뛰어들어 사회 사상가로도 활동했다.

숙한 나머지 그것이 우리 감각에 완전히 틀렸음이 입증되어도 그것을
문제 삼지 않는다. 이 감각적 증거가 우리에게 말해 주는 것은 하늘은
표면이 없고 일단 하늘에 던져진 시선은 끝없이 저 멀리 향해 갈 수 있
으며, 무엇보다 하늘은 균질한 푸름의 존재가 아니라 무한한 변화의
영역이라는 것이다. 러스킨은 이를 다음과 같이 묘사한다.

"[하늘은] 깊고 떨리는, 투과 가능한 공기라는 투명한 기체이며, 이
속에서 당신은 빛이 당신을 속이듯이 짧게 비추는 지점 그리고 검은
수증기의 베일이 드리워진 듯한 희미한 흔적인 어둑한 그림자를 추적
하거나 상상한다."[85]

어쩌면 우리는 하늘을 구겨진 대지의 대기적 유사물이라고 말할 수
도 있다. 대지가 지면에서 융기한다 해도 주름 잡힌 대지는 종이의 구
김살이 여전히 종이**의** 일부인 것처럼 여전히 지면**의** 일부이다. 이와 마
찬가지로 구름은 구겨진 하늘의 습기를 담은 주름이다. 구름은 하늘
의 것이며 그 **안에** 매달린 단절된 물체가 아니다. 왜냐하면 지면이 언
덕과 산에서 떨어져 나와 평평한 토대 속으로 다시 파묻히지 않듯이,
하늘 또한 구름에서 분리되어 균일한 반구 속으로 물러나지 않기 때
문이다.

지면에 관해서 나는 8장에서 심리학자 제임스 깁슨이 선구적으로 제
기한 시각적 지각에 대한 생태학적 접근을 소개했다. 그에게 지면은 가
구가 놓인 방바닥처럼 그 외 모든 것이 쌓여 있는 토대와 같은 것이다.
그리고 하늘은 어떠한가? 깁슨은 지면에 서 있는 자에게 하늘은 구름
이나 천체와 같은 물체들이 떠다니는 듯 보이는 지평선의 원에서 지면
과 만나는 거대한 반구일 것으로 추정했다. 나는 깁슨의 접근에 매우
공감한다. 그 주된 이유는 그가 연구실이라는 인공적 세계가 아닌 우

리의 자연스러운 거주 세계를 우리가 어떻게 지각하는지를 이해하려고 마음먹었기 때문이다. 그는 세계가 "대지와 하늘, 대지 **위** 그리고 하늘 **안**의 물체들, 산과 구름, 불과 석양, 조약돌과 별"로 이루어져 있다고 보았다.[86] 그러나 그 모든 특색과 부동의 기반으로부터 떼어 낸 등방적等方的 표면이라는 깁슨의 지면에 관한 관념을 받아들일 수 없듯이, 하늘에 대해 구름 같은 사물이 매달린 듯 보이는 텅 빈 반구형의 허공이라는 그의 관념 또한 우리가 경험으로 아는 것과 어긋나는 것 같다. 실제로 깁슨이 하늘을 생각하는 방식과 '옛 거장들'이 하늘을 그리는 방식(적어도 러스킨의 해석에서는)에는 묘한 유사성이 있다.

분명 깁슨의 하늘[에 대한 관념]에는 문제가 있었고, 이 문제를 그 자신도 인정했다. 이 모두는 그의 접근법에서 가장 근본적인 교조 중 하나로 거슬러 간다. 즉 볼 수 있는 모든 가능한 사물 중에 빛은 포함되지 않는다는 것이다.[87] 깁슨의 주장에 따르면, 우리가 보는 것은 빛에 의해 **특정된** 사물이지 빛 자체가 아니다. 예를 들어, 탁자와 같은 견고한 가구 주위를 맴돈다고 해 보자. 이때 탁자 표면에서 반사되는 빛의 패턴이 당신의 움직이는 눈에 도달하면서 계속해서 변조할 것이다. 그런데 이 변조의 기저에는 일정한 파라미터 상수가 있다. 깁슨은 이것을 "불변자invariant"라고 부른다. 그의 논점은 보이는 대상의 형태와 질감을 이러한 불변자가 있는 그대로 충분히 명시할 수 있다는 것이다. 여기서 그는 오랫동안 지각 심리학을 지배한 대안적 견해를 반박하고자 한다. 그 견해란 빛이야말로 우리가 보는 **전부**이며(지각하는 자는 망막 내 광수용체의 자극에서 발생하는 감각 외에는 무엇도 받아들이지 않는다), 따라서 감각에 입력된 원재료에 개념적 형태를 부여하는 일은 정신에 맡겨진다는 것이다. 예를 들어 탁자를 지각하려면 '탁자임'의 이미지를 기억 속에서 꺼내 우리 앞에 있는 물건을 자체적으로는 특정할 수 없는 시각 자극에 적용해야 한다.

나는 이 후자의 입장을 옹호하고 싶지 않다. 나의 관점에서 이 입장은 여러모로 신빙성이 떨어지기 때문이다. 그보다 나의 관심사는 논쟁의 양측이 모두 공유하는 **빛이 무엇인지에 관한** 가정을 이끌어 내는 것이다. 깁슨의 표현에 따르면, 빛은 "광자 또는 파동 또는 복사 에너지"[88]이다. 지금 우리가 (고전적인 광학과 함께) 빛이 우리가 보는 **전부**라고 주장하든, 아니면 (생태학적 접근과 함께) 우리는 **결코** 빛을 볼 수 **없고** 빛 속의 패턴만 볼 수 있다고 주장하든, 빛에 관한 우리의 이해는 마찬가지이다. 즉 우리는 여전히 빛이 물리적 원인이고 그 효과는 망막 자극이라고 생각한다. 방사선으로서 빛은 한 근원에서 방출되고, 조명으로서 우리 세계를 비춘다. 주로 태양에서 나오는 방사선은 모든 방향으로 산란함으로써 (기상 과학의 의미에서) 대기 속 입자를 통해 굴절하고 대지의 얼룩덜룩한 질감의 표면에 반사되면서 조명이 된다. 한 점에 모이는 조명이 구조화되는 범위 내에서 빛은 환경의 특색을 규정하는 정보를 운반한다. 그러나 구조화되지 않는 빛은 아무것도 특정하지 않는다. 이때 우리가 보는 것은 공허이다. 깁슨에 따르면 이것이 바로 우리가 청명한 하늘을 응시할 때 생기는 일이다. 경관에서 시선을 들어 지평선을 가로질러 하늘로 향하게 되면, 지형의 분명하지 않은 질감과 표면을 확실히 드러낸 그 구조화된 빛은 이번에는 지형에 반사되어 하늘에 스며 있는 구조화되지 않은 빛에 자리를 내준다. 구조화되지 않은 빛은 반투명한 허공의 지각으로 이어진다.[89]

우리는 이제 깁슨에게 하늘이 왜 이렇게 역설적으로 보이는지 알 수 있다. 만일 빛이 아니라 빛에 특정된 것만을 볼 수 있다면, 또 맑은 날

하늘의 빛이 아무것도 특정하지 않는다면, 우리는 어떻게 하늘을 볼 수 있을까? 실제로 역시나 하늘에는 표면이 없다. 하늘은 어떤 거대한 비눗방울처럼 우리의 삶을 에워싸는, 마법처럼 빛나는 푸른색 돔이 아니다. 반대로 하늘은 열림 또는 투명함 그 자체이다. 거기에는 아무것도 없다. 하지만 볼 것이 없는데도 우리는 어떻게 하늘을 볼 수 있을까? 실제로 깁슨은 "하늘처럼 빛나는 **장**"이 어떻게 지각되는지에 관한 그 자신의 질문에 답을 내놓는다. 그중 가장 수수께끼 같은 답은 "내가 생각하기로는 나는 하늘을 보는 것이며 광도 그 자체를 보는 것이 아니다"[90]이다. 하늘은 빛나지만, 하늘을 지각하는 것은 그 광도를 지각하는 것이 아니다! 그렇다면 궁금한 것은 그 광도를 제하고 나서 하늘에 남는 것은 무엇일까? 우리는 칠흑같이 어두운 밤에 나가 있는 편이 나을 수 있고, 실제로 깁슨이 다다르는 이상한 결론도 그와 같다. 하늘의 주변 빛은 주변의 어둠과 다를 바 없다고 그는 인정한다. 그것은 아무것도 특정하지 않으므로 지각되는 것이 없다. 한낮의 빛나는 하늘은 한밤의 어둠처럼 공허함 그 자체이다.[91]

그런데 깁슨이 이 문제와 씨름하면서 낮과 밤을 구별하는 것이 불가능하지는 않지만 어렵다는 것을 깨달았을 때와 거의 동시에 메를로퐁티 또한 하늘의 미스터리에 관해 숙고하고 있었다. 나는 깁슨과 메를로퐁티가 실제로 만났다고 생각하지 않지만, 만약 만나서 하늘에 관한 대화를 나눴다면 그들은 분명 하늘빛 자체가 지각의 **대상**이 될 수 없다는 데 동의했을 것으로 생각한다. 메를로퐁티는 하늘의 푸름을 관조한다는 것은 우주적 주체가 우주적 대상을 다루듯이 그것에 대항하려는 것이 아니고, 감각적 경험의 원재료를 푸름이라는 어떤 추상적 관념에 동화시킴으로써 그것을 인지적으로 파악하려는 것도 아니라고 말했으리라.[92] 하늘은 물리적 우주의 대상도 아니고, 관찰자의 정신에 있는 개념도 아니다. 여기서 우리의 두 주인공의 합의는 끝나고 의견이 갈렸을 것이다. 깁슨이 계속해서 하늘과 그 광도를 분리할 것을 주장한다면, 메를로퐁티는 그 둘이 하나이며 같은 것이라고 답했을 것이다. 메를로퐁티는 하늘을 보는 것이란 **안에서**부터 그 광도를 경험하는 것과 다름없다고 말했을 것이다. 그는 "나는 하늘 그 자체이다. 나, 곧 하늘은 한데 모이고 통합된다. 나의 의식은 이 무한한 푸름으로 물들어 있다"[93]고 단언한다. 따라서 하늘의 광도는 복사 에너지의 조명 산란이라기보다는 존재의 정동 작용이다. 그리고 바로 이 우주적인 것과 정동적인 것의 혼합 속에서 하늘은 대기의 발현으로 구성된다.

그러나 하늘의 광도를 파악하기 위해서 우리는 빛에 관한 또 다른 이해가 필요하며, 다음 장에서 나는 이것이 무엇인지를 상세히 설명할 것이다. 다만 하늘을 마무리하기 전에 나는 이 대담에 심리학자 깁슨과 철학자 메를로퐁티 외에 또 한 사람을 초대하려고 한다. 그는 바로 음악학자 빅토르 주커칸들*이다. 주커칸들 역시 하늘을 올려다보는 경험에 매료되었다. 그가 이에 관해 쓴 글은 메를로퐁티의 몇몇 글을 거의 그대로 따온 듯하다. 주커칸들은 하늘 쪽을 응시하면서 "저 너머의 것"을 보지 않는다. 그는 자신이 보는 것은 "경계 없는 공간이며, 그곳에서 나는 나 자신을 잃는다"라고 말한다. 새삼스러울 것은 없다! 그러나 여기에는 놀라운 점이 있다. 하늘을 관조하면 하늘이 우

---

* 빅토르 주커칸들(Victor Zuckerkandl, 1896~1965)은 오스트리아의 음악가이다. 음악 평론가, 음악 이론 강사 및 교수로도 활동했다. 국내에서는 교양학부 학생들을 위한 음악 입문서에 가까운 《음악이란 무엇인가》(서인화 옮김, 민속원, 2010)가 출간되었다.

리에게 **보는** 것의 의미에 대해 우리가 알아야 할 모든 것을 알려 준다고 메를로퐁티가 설명한 것처럼 주커칸들은 그가 한 경험, 즉 하늘을 올려다보는 경험이 바로 **듣기**가 의미하는 것이라고 주장한다![94] 물론 우리가 보는 것은 순수한 광도이며 듣는 것은 명음도*이다. 그리고 하늘을 그 광도와 동일시하기 위해서는 고전적인 광학과는 매우 다른 빛에 대한 이해가 필요하듯이, 하늘을 그 명음도와 동일시하기 위해서는 음향 과학에서 통용되는 식견과는 또 다른 소리에 대한 이해가 필요하다. 과학에서 빛과 소리는 모두 어느 한 근원에서 방출되어 수신자에게 포착되는 에너지 자극이다. 관습적으로 그것들의 경로는 둘[근원과 수신자]을 연결하는 직선으로 도표화된다. 다음 장에서 만일 빛과 소리를 대기의 현상으로 간주한다면, 두 경우 모두 근원에서 수신자로 빛이나 소리가 직선으로 방출되지 않는다는 것을 보여 주고자 노력할 것이다. 그것은 오히려 근원과 수신자의 사이-안 영역에서 바람과 너무나 흡사하게 소용돌이친다.

---

* 명음도(sonority)는 소리를 청지각적으로 인식할 수 있게 하는 세 자질인 음높이, 지속, 강도의 복합적인 정도를 뜻한다.

19. 햇빛과 함께 보기

어두운 밤 깁슨과 함께 야외에 있다고 상상해 보자. 위로는 구름 한 점 없는 하늘에 별들이 반짝거리고 지상에는 이웃집 창문에서 전등 불빛이 새어 나온다. 당신은 별빛과 전등빛을 본다. 혹은 그렇다고 단언한다. 그러나 깁슨은 그렇지 않다고 한다. 그는 "단 한 점의 빛이 없었으면 암흑이었을 이곳의 빛은 '빛'이 아니다. 그것은 아주 먼 광원 또는 가까운 발광체를 특정한다"라고 말한다.[95] 그러나 빛이 어떻게 '빛'이 아닐 수 있느냐고 당신은 묻는다. 물론 별은 아주 멀리 있고 전등은 아주 작다. 우리가 이 사실을 아는 것은 천문학자들이 별에 관해 이야기해 준 덕분이며 일상생활이 전등에 관해 가르쳐 준 덕분이다. 또한 우리는 별이 지면에 내려앉지 않는다는 것과 집이 하늘로 날아오르지 않는다는 것을 안다. 이 모든 이유로 우리는 전등과 별을 혼동할 것 같지는 않다. 그런데도 우리는 전등과 별을 빛과 혼동하는 것에 대해서는 대수롭지 않게 여긴다. 깁슨이 말하는 세계에서 당신이 목격하는 천공의 별들은 알고 보면 당신이 보지 못하는 빛에 의해 '특정된' 작은 알갱이일 뿐이다. 그리고 당신이 집에서 보는 전등은 마찬가지로 전구일 뿐이며, 다른 무엇보다 사람들이 집에서 스위치를 켠다는 사실이 이를 말해 준다. 이 세계에서 별은 하늘에 떠 있지만 빛을 내지 않고, 전등은 천장에 매달려 있지만 불을 밝히지 않는다. 빛은 별과 전등을 당신의 지각의 문 앞까지 배송해 주면서도 당신이 그것들을 안으로 들여오는 순간 마법처럼 사라지는 배달원과 같다.

1889년 6월, 화가 빈센트 반 고흐는 내가 방금 이야기한 것과 거의 비슷한 상황에 있음을 깨닫고 자신이 본 것을 그림으로 그렸다(<그림 19-1>). 이 그림이 우리의 마음을 사로잡는 이유는 바로 별 아래에 있는 **듯이 느끼는** 우리의 경험과 일치하고, 이 경험을 곱씹을 수 있는 수단을 제공해 주기 때문이다. 아마도 우리는 이 그림에서 우리가 달리 알지 못했을 경험의 깊이를 발견할 것이다. 그 즉시 두 가지가 명백해진다. 첫째, 밤하늘은 균질하지 않으며 별을 덜어 내고도 비어 있지 않다. 그것은 초승달의 빛 아래에서 희미하게 윤곽이 드러나는 풍경과 공명하는 흐름으로 휘몰아친다. 둘째, 별 자체는 창공에 있는 비활성의 알갱이가 아니다. 그와 반대로 별들은 **고동친다**. 다시 말해서 별들의 빛은 단지 우리 의식의 대상으로서 별을 실어 나르는 배달원, 곧 투사投射의 매개물로만 이해되지 않는다. 오히려 우리는 별빛을 내부로부터 정동으로서 느낀다. 휘몰아치는 광활한 창공에 잠겨 우리는 여전히 한 곳에 뿌리박혀 있을 테지만 그런데도 마치 우리의 몸과 마음이 그 흐름에 휩쓸리는 듯하다. 그렇다면 고흐는 그저 별을 그리는 것이 아니다. 그는 별에 사로잡힌 화가다. 그는 별빛과 **함께** 보고 그린

〈그림 19-1〉 빈센트 반 고흐의 〈별이 빛나는 밤De sterrennacht〉, (1889년 6월) 뉴욕 현대 미술관. 캔버스에 유화, 29×36˝(73.7×92.1센티미터). 릴리 P. 블리스 유증. 일련번호: 472.1941 © 2014. 디지털 이미지, 뉴욕 현대 미술관, 뉴욕/스칼라, 플로렌스.

다. 이 때문에 별들은 무한히 멀리 떨어져 있으면서도 그와 동시에 영혼에 가닿을 수 있다.

시각은 나무에서 사과를 따듯이 하늘에서 별을 잡아챌 수 있도록 손 닿을 거리에 별을 놓아두지 않는다. 우리 또한 줄을 던져 별을 낚아채지 않는다. 오히려 메를로퐁티가 말하듯이 시각은 "내가 나에게서 부재하기 위해 주어진 수단이다". 제자리에 서서 밤하늘을 향해 두 눈을 뜨는 것은 어느 연속체를 따라 가까이에서 멀리까지 자신의 존재를 확장하는 것이 아니다. 존재가 두 극으로 쪼개져 있음을 발견하는 것이다. 존재의 한 극은 신체에 자리하고, 다른 한 극은 대개 천공에 있다. 후자는 별과 어우러지며 날렵한 정령처럼 관심의 초점을 옮겨 가며 이 별에서 저 별로 휙휙 날아다닌다. 그렇지만 실제로는 이 두 극은 하나다. 메를로퐁티는 그 이유에 대해 그것들의 분열이 종결되는 순간 "나는 나 자신으로 되돌아온다"라고 말을 잇는다.[96] 우리는 놀랍게도 반짝이는 별이 우리 자신의 눈이라는 사실, 즉 우리가 별을 그저 볼 뿐만 아니라 별과 **함께** 본다는 사실을 발견한다. 고흐가 그린 것은 천체 투영관에서 흔히 상영되는 총체로서의 하늘의 파노라마가 아니다. 그의 그림은 화가가 본 것을 **재현한** 것이라고 할 수 없다. 오히려 그것은 우주로 열리면서 폭죽 세례처럼 폭발하는 듯한 시각의 탄생을 선과 색으로 상연한다.

메를로퐁티가 쓰고 있듯이, 감각의 능동과 수동이 만나는 곳마다 혹은 우리의 관심이 세계 속에 풀리는 곳마다 일종의 불꽃이 점화된다.[97] 밤하늘은 그러한 수천 개의 불꽃으로 반짝거릴 것이며, 그 불꽃들은 우리의 눈에 불을 밝히는 동안 타오를 것이다. 어떤 것들은 환히 타오르고, 어떤 것들은 점차 사그라진다. 그림 속에서 당신은 화가의 관심이 별에서 별로 이리저리 옮겨 가며 펼쳐지는 그 길을 따라갈 수 있다. 조금 전 화가의 관심은 캔버스 위쪽의 별들과 함께 있었지만, 지금은 지평선에 더 가까이 있는 눈부시게 환한 별로 내려왔다. 그림에서 하얗게 빛나는 이 빛은 파동이나 광자로 이해되는 물리적 우주의 복사 에너지도 아니고, 안구 뒤 동굴 같은 머리뼈 속 공간에 갇힌 의식의 소란이나 동요도 아니다. 빛은 점광원點光源과 수신자를 연결하는 직선의 형태로 이동하지 않는다. 그보다 그것은 불꽃처럼 시각의 두

극, 즉 천공과 신체 각각에 자리한 것의 융합 속에서 그 두 극을 연결하는 선과 직교하는 방향으로 폭발한다.

그렇다면 모든 별은 그로부터 광선이 사방팔방으로 펼쳐지는 중심축이 아니고, 그 빛(과 다른 별들의) **주변과 사이에서** 선회하는 두 눈의 시선과 협력하며 소용돌이치는 빛의 회전축이다. 이 소용돌이는 우리가 기울이는 관심의 시간적 이동에 조응한다. 특정 별에 관심이 집중되는 동안 빛은 그 주위를 팽팽하게 회전하지만, 관심이 흩어지면 빛 또한 흩어진다. 여기저기서 별-불꽃은 이미 사그라져 느슨해지고 쇠잔한 소용돌이만 남는다. 그리고 이것이 바로 고흐가 그리는 방식이다! 그는 그림에 관한 이 생각을 오래전부터 품고 있었다. <별이 빛나는 밤>을 캔버스에 담기 1년도 더 전인 1888년 4월에 고흐는 친구 에밀 베르나르*에게 보낸 편지에서 그의 목표는 그 자신의 상상력과 예술을 통해 "우리의 시야 속에서 끊임없이 변화하며 전광석화처럼 스쳐 지나가는 현실에 대한 단 한 번의 짧은 시선보다는 우리가 지각할 수 있는 것 이상으로 우리를 고양하며 위로하는 자연"을 깨닫는 데 있다고 썼다. 그리고 "예를 들어 별이 빛나는 하늘이 내가 시도해 보고 싶은 바로 그런 모습이다"라고 덧붙였다.[98] 그의 야망은 고정된 관점에서 우주를 바라보는 듯이 한 컷의 스냅 사진을 만드는 것이 아니었다. 오히려 고흐의 야망은 그러한 관점이 우리를 우리 자신에게서 분리하는 바로 그 순간에 우리를 우주**와** 통합하는 시각적 의식의 시간적 전개를 포착하는 데 있었다는 것은 명백하다. 이렇듯 빛은 고흐에게 분

---

* 에밀 베르나르(Émile Bernard, 1868~1941)는 프랑스의 후기 인상주의 화가이다. 반 고흐, 폴 고갱, 폴 세잔 등과 교류했으며, 19세기 후반의 문예 운동과도 관련이 깊다.

열/융합 반응의 결과였다. 그리고 그것은 우리에게도 마찬가지이다.

물론 복사 에너지의 입사入射가 없다면 혹은 망막 속 광수용체의 자극이 없다면 빛을 경험할 수 없지만, **존재의 정동 작용**으로서, 즉 빛나는 세계에 주거하는 경험으로서 빛은 어느 쪽으로도 환원될 수 없다. 그렇지만 이 경험은 완전한 현실이다. 우리는 이것을 마치 회화사를 극도로 예민한 정신의 과잉 자극에서 발생한 일탈로 치부할 수 없듯이 환상으로 일축할 수 없다.[99] 다른 한편으로 시각 장애인의 눈에 보이지 않는 현실도 부인할 수 없다. 빛은 시각 그 자체의 불꽃, 즉 우주를 향해 열리는 시각적 의식의 탄생이라는 바로 그 이유에서 눈이 보이는 자에게는 현실이다. 따라서 화가는 세계가 자신을 드러내려는 찰나 미끄러지는(파도 언덕을 타는 것 같은) 순간에 영원히 서 있다. 그래서 그의 의식의 영속적 탄생은 동시에 세계의 영속적 탄생이다. 그것은 매 순간 화가의 눈이 최초로 세계를 향해 열리는 것과 같다. 그리고 이 열림에서 시야, 곧 밤하늘 전체는 화가의 관심 영역과 합쳐진다. 우리의 지각 속에서 별은 우리 존재의 핵심에서부터 그리고 우주의 가장 먼 곳으로부터 한 번에 빛을 발산한다. 별은 빛을 내고 그와 동시에 손짓을 보낸다. 바로 이 밝게 비추며 손짓한다는 의미에서, 혹은 정동적인 것과 우주적인 것이 결합한다는 의미에서 빛은 대기[분위기]의 현상으로 간주할 수 있다. 이 특수한 의미에서 빛은 물리적이지도 않으며 영적이지도 않다. 빛은 대기적[분위기적]이다. 고흐는 그의 그림에서 우리에게 밤하늘의 대기를 선사했다. 나는 고흐의 그림보다 이것을 더 잘 표현한 것을 보지 못했다.

깁슨과 함께 밤을 사색하고 그만큼의 충분한 휴식을 취한 후 당신은 자리에서 일어나서 태양이 이미 떠올라 짙푸른 하늘에 밝게 빛나고 있음을 발견한다. 당신이 태양을 똑바로 보려 하거나 태양을 반사하는 반질반질한 표면을 보려 한다면, 당신은 그 강렬함에 눈이 부시거나 심지어 눈이 멀 수도 있다. 빛이 우리가 보지 못하는 한 가지임을 보여 주기로 마음먹은 깁슨은 저 상황이 그의 사고가 풀어 가야 할 하나의 과제라는 것을 인정한다. 태양의 눈부심과 빛남, "이것들 자체가 빛의 감각이 아닐까?"라고 깁슨은 묻는다. 그러나 그는 이 물음에 부정적으로 답할 수밖에 없었다. 아니다. 우리가 지각하는 것은 눈의 과잉 자극으로부터 유발되는 고통과 유사한 상태이다. 이것은 몸에 대한 사실일 뿐 세계에 대한 사실이 아니다.[100] 세계에 대한 사실은 태양이 하늘에 매달린 둥근 물체라는 것이다. 이처럼 태양은 그 빛을 통해 우리에게 전달되지만 실제로는 빛을 내지 않는다. 우리는 태양의 형태를 보는 것일 뿐 태양의 빛을 보는 것이 아니다. 그런데 깁슨의 결론은 당신의 경험과 일치하지 않는다. 당신에게 태양은 그저 하늘에 떠 있지 않다. 태양 또한 빛을 내고 손짓을 보낸다.

태양을 똑바로 보는 것은 그 자체의 빛으로 보는 것이다. 혹은 요한 볼프강 폰 괴테*의 시적 언어로는 "만일 눈이 태양과 같지 않다면, 태양을 볼 수 없다".[101] "태양과 같은"이라는 말로 괴테는 태양과 안구 양쪽에 공통하는 구 형태를 강조하려는 듯이 형식적 유사성의 관계를 암시하려 한 것이 아니다. 오히려 그의 요점은 하늘에서 (손짓하며) 빛나는 태양과 우리 눈에 (빛줄기로) 비치는 태양이 같다는 것이다. 태양은 우리가 **함께** 보는 것이다. 햇빛과 함께 보는 것은 바람을

---

* 요한 볼프강 폰 괴테(Johann Wolfgang von Goethe, 1749~1832)는 독일의 시인, 소설가, 극작가이다. 자기 체험을 바탕으로 한 고백과 참회의 작품을 썼다. 희곡 《파우스트》, 소설 《젊은 베르테르의 슬픔》, 자서전 《시와 진실》 등 수많은 저서를 남겼다.

느끼는 것과 같다. 그것은 우리가 잠겨 있는 매질의 난류 및 고동과 함께 우리 자신의 의식이 어우러지는 정동적인 혼합이다. 바람 역시 회오리와 소용돌이를 형성하면서 비틀리고 회전한다. 바람은 아무 방향에서나 올 수 있지만 그 방향이 바람의 출발 지점이 아니며, 바람이 내 뺨을 쳤다고 해서 그것이 바람의 도착으로 기록되는 것도 아니다. 오히려 바람은 어디론가 가는 길목에서 내 피부를 스치고, 나는 내 몸을 몸의 자세와 운동 속에서 느끼듯이 바람을 느낀다. 나는 바람을 들이쉬고 다시 내쉬며 그 흐름 속에 소용돌이를 만든다. 이와 마찬가지로 나는 빛줄기와 함께한다(<그림 19-2>).

이러한 이유로 빛줄기는 광선과 범주적으로 구별된다. 광선은 한 근원에서 방출되며 관습적으로 직선으로 묘사된다. 그러나 빛줄기는 사물 주변과 내부를 휘감는다. 빛줄기는 직진하지 않는다. 빛줄기는 자기가 속한 대기와 마찬가지로 사이-안의 영역에 서식한다. 그리고 바람이 우리의 느낄 수 있는 능력을 구성하는 것과 마찬가지로 태양의 빛줄기는 우리의 볼 수 있는 능력을 구성할 정도로, 바람처럼 우리 의식 내부에 스며들어 이를 온통 물들인다. 이 맥락에서 메를로퐁티는 햇빛과 시각의 관계를 일종의 공생 관계로 묘사했다. 그는 "외부가 우리를 침입하는 방식", 그리고 "이 침입에 맞서는" 우리의 방식을 이야기한다.[102] 그러나 메를로퐁티가 공생이라고 쓴 데에서 나는 **조응**이라는 용어를 선호한다. 괴테가 역설했듯이 태양을 보려면 눈이 벌써 그 빛에 응답해야 한다. 그러나 반대로 말해서 태양은 눈이 그렇게 응답할 수 있는 세계에서만 빛날 수 있다. 그러므로 눈과 태양은 함께 응답함으로써 조응한다.

에스토니아 태생의 생물학자이자 생물 기호학 창시자인 야콥 폰 윅

⟨그림 19-2⟩ 빛줄기

《마리 드 부르고뉴의 시도서(The Hours of Mary of Burgundy)》의 부분을 확대. 이 작품은 니콜라스 스피에린크, 리벤 판 라뎀 등이 제작에 참여했으며 1477년의 것으로 추정된다. 어떻게 빛줄기가 출발점도 목적지도 없는 소용돌이치는 궤도에서 두 눈을 관통하는지 주목해 보자. 그림 속 빛줄기는 여인의 오른손 동작에서 분명히 알 수 있듯이 한 가닥의 실로서 묘사되고 있다. 여인의 오른손은 방추를 가지고 실감개에서 실을 뽑을 때와 똑같이 엄지와 검지로 실을 잡고 있다.

스퀼*은 1940년에 출간한 《의미의 이론$_{Bedeutungslehre}$》에서 앞선 논의를 근거로 괴테의 통찰이 반만 형태를 갖추었다고 주장했다. 괴테의 통찰이 완전하기 위해서는 "태양이 눈과 같지 않다면, 어떤 하늘에서도 빛날 수 없다"라는 추론을 덧붙여야 한다는 것이다.[103] 폰 윅스퀼의 주장은 하늘 그리고 그 하늘을 비추는 천상의 빛으로서의 태양은 눈이 달린 생물의 현상계에만 존재할 수 있다는 것이다. 물론 여기서 태양은 엄밀히 물리적인 의미에서 핵반응에 의해 갈가리 찢기는 천문학적 물체로 이해된다. 그렇다면 태양을 보는 생물이 없더라도 적어도 그 빛 속에 태양이 존재한다고 말할 수 있을 것이다. 이것은 실제로 깁슨의 생태학적 주장이었다. 즉 빛은 존재하는 데 눈이 필요하지 않다. 빛은 그 **관계성**을 확립하는 데 눈이 필요할 뿐이다.[104] 그러나 폰 윅스퀼로서는 광채 속 태양이 물리적 실체가 아닌 현상 세계에서의 명백한 현전으로서 이해되어야만 했다. 그리고 이 의미에서 괴테가 말했듯이 눈이 오로지 태양과의 조응 덕분에 앞을 볼 수 있는 것처럼, 우리가 하늘에서 지각하고 우리의 경험 세계를 비추는 태양은 눈과의 본질적인 조응을 통해서만 존재할 수 있다.

이로써 우리는 내가 **분열/융합 반응**이라 부르는 모든 지각을 추동하는 것으로 되돌아갈 수 있다. 데카르트주의 입장(이에 따르면 내적 주관은 자신과 하나이면서 우주와는 분리되며 그 의미를 감각 소여에

---

* 야콥 폰 윅스퀼(Jakob von Uexküll, 1864~1944)은 에스토니아 태생의 생물학자이다. 근육 생리학과 동물 행동학 연구에 주력했다. 당대의 기계론적 관점과는 다른 새로운 생물학적 관점에 관심이 있었고, 각 생명체가 자신을 둘러싼 환경을 지각하는 방식을 연구했는데 이는 이후 '환경 세계(Umwelt)' 개념으로 발전된다. 그는 각 생명체에게는 자신을 둘러싼 환경 세계가 있으며, 그곳에서 생명체는 기계적인 법칙에 따라 수동적으로 행위하는 객체가 아닌 주체로서 자리한다고 주장했다. 그리고 이 세계 안에서 주체는 여러 객체와 의미론적 관계를 형성한다. 그의 생물 기호학 이론은 생물학 분야뿐만 아니라 현상학이나 해석학과 같은 철학 연구에도 지대한 영향을 끼쳤다. 국내에서는 《동물들의 세계와 인간의 세계》(정지은 옮김, 도서출판 b, 2012)를 비롯한 몇몇 번역서가 출간되었다.

투사한다)과는 반대로 메를로퐁티를 따르는 우리의 결론은 보는 자는 자기 내부에서 우주와 하나이지만 자기 자신으로부터 분리된다는 것이다. 이 결론은 간단한 실험을 통해 쉽게 증명할 수 있다. 두 눈 사이에 한 손가락을 대고 이마의 단단한 표면을 만져 보자. 그렇다. 당신은 분명 여전히 거기 있으며, 에테르 속으로 사라지지 않았다. 하지만 다시 생각해 보면 그리 확실하지 않다. 왜냐하면 당신은 당신의 시야에서 손가락이 이마의 표면을 치는 것이 아니고 오히려 허공에 그림자를 드리우는 유령 같기도 한 시야의 방해물로서 어른거린다는 사실을 발견하고서 당혹해할 것이기 때문이다. 이상하지 않은가? 당신은 어떻게 여기, 있어야 할 곳에, 당신의 집인 당신의 신체에 있으면서, 그와 동시에 당신의 신체를 망령으로 되돌려주는 대기의 세계에서 주민으로서 살아갈 수 있는가? 저 실존적 회의에 지각의 원동력이 있다.

우리가 발견한 것은 분열/융합 반응의 대기적 산물로서의 빛은 광학이라는 과학에 익숙한 우리의 앎과는 매우 다른 법칙을 따른다는 것이다. 첫째, 빛은 광선처럼 직선으로 이동하지 않고 불꽃이나 그 연기 고리처럼 휘돈다. 둘째, 빛은 어느 천상의 근원에서 방출되지도 않고 눈의 수용체를 통해 기록되지도 않지만, 천공을 배회하듯이 보는 자가 기울이는 관심의 시간적 조응에 따른다. 그것은 바람과 같다. 보행자가 지팡이로 바람을 찌르며 바람에 몸을 맡길 때 바람이 그의 몸 안에 있듯이, 곧 닥쳐올 폭풍을 알리는 천둥이 그의 귀에 울려 퍼지듯이, 앞선 사례로 돌아가서 돌이 고고학자의 손안에 있듯이, 융합에 있어서 별과 태양은 나와 **함께** 내 두 눈 속에 있다. 돌이 돌과 같아지는 손을 통해 촉감을 느낀다면, 천둥이 천둥 친 귀를 통해 듣는다면, 태양과 별 또한 (휘감으며) 태양 같으면서 별에 사로잡힌 두 눈을 통해 본다. 그러나 분열에 있어서 나는 나 자신으로부터 도망쳐 저기 밖 우주 속에, 자연의 힘 속에 있다. 나는 그것들과 **함께**(태양과 별과 함께, 바람과 폭풍과 함께, 돌과 함께) 있다. 그 한편으로 내 몸은 유령이 되어 간다. 내 논의의 다음 단계는 융합과 분열의 이러한 교대 혹은 들숨과 날숨의 교대를 색과 선의 교대로 이해하는 것이다.

20. 선과 색

당신은 하늘을 소묘할 수 없지만 색칠은 할 수 있다. 적어도 이는
깁슨의 견해였다. 소묘는 선으로 구성된다. 그리고 깁슨에 따르면 이
선은 소묘 화가가 눈여겨보고 표면에 그려 넣으려는 환경의 특징적 윤
곽을 나타낸다. 환경의 특색은 입체각의 내포된 계열로서 눈에 기록된
다. 이에 따라 나무와 같은 사물의 윤곽은 더 큰 입체각에 대향한다.
그 큰 입체각 안에는 분간되는 한에서 [시야를 한정하는] 가림막의 가
장자리로서 나뭇잎과 나뭇가지에 대향되는 훨씬 더 작은 입체각이 수
없이 많이 내포되어 있다. 이 일련의 입체각은 깁슨이 "에워싼 광배열
ambient optic array"이라 부른 것을 구성한다. 그는 이 배열에 명시되
지 않는 것은 소묘될 수 없다고 주장한다. 다시 말해 선화線畫는 모서
리, 가장자리, 가림막의 가장자리(이를테면 나무 몸통이나 철탑과 같
은 수직의 원통형 물체에서), 철사, 금이 가거나 갈라진 틈, 대지와 하

늘을 구획하는 지평선 혹은 수평선을 명시할 수 있다(<그림 20-1>).
그러나 소묘는 음영, 질감 또는 결정적으로 표면의 색상을 명시**할 수
없다.** 다만 이러한 특질의 '갑작스러운 불연속성'을 그릴 수 있을 뿐
이다.[105] 게다가 표면의 부재로 인해 반투명을 소묘할 수 없다. 따라서
구름이나 달처럼 하늘에 떠 있는 것들의 윤곽은 눈에서 대향하는 입
체각에 의해 명시되므로 누구라도 소묘할 수 있지만, 하늘 그 자체는
낮에든 밤에든 누구도 소묘할 수 없다.

　깁슨은 고전적인 광학과 결부된 소묘에 관한 보다 전통적인 관점을
단호히 거부한다. 고전적인 광학에 따르면, 제도사는 마음속에 그려
둔 이미지를 종이 위에 정신적으로 투사하고 그다음 물리적으로 그 이
미지의 윤곽을 따라 그린다. 그렇지만 제도사의 작업에서 종이와 맞닿
은 연필심의 연필 끝은 그의 눈 위에 있는 광선이라는 연필 끝을 거꾸
로 쥔 것으로서 그 역할을 한다. 따라서 움직이는 손이 좇아가는 선은
움직이는 눈에 의해 광배열에서 추출된 불변자의 기록으로서 나타난
다. 이 정도로 깁슨은 상당히 데카르트적이다. 실제로 데카르트 자신
은 그림보다 동판화를 선호했다. 메를로퐁티는 이 선호의 전제를 판
화[의 속성]에서 찾는다. 판화는 사물을 외부, 곧 외피를 통해 드러낼
때 "대상의 형식을 보존한다"는 것이다.[106] 즉 판화는 깁슨이 말한 소
묘가 해야 하는 바로 그 방식으로 불변자를 기록한다.

　이러한 이해에서 보기와 그리기는 둘 다 들뢰즈와 과타리의 "화이
트월/블랙홀 시스템"에 참여한다.[107] 블랙홀은 주관성의 자리이다. 이
자리에 (근대성을 특징지은 세르의 작업을 떠올려 보면) 경관이 그 총
체성으로서 빨려 들어간다. 세르는 "이 블랙홀이 세계를 빨아들인다"
라고 말한다.[108] 데카르트적 지성은 블랙홀의 배후에 혹은 내부에 감

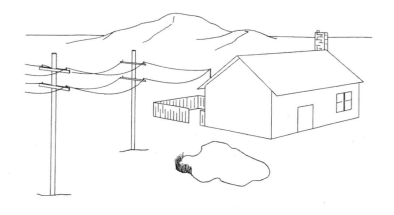

〈그림 20-1〉 선의 가능한 의미 몇 가지
모서리, 가장자리, 가림막의 가장자리, 철사, 틈새, 스카이라인, 지평선. 깁슨의 《시각
적 지각에 대한 생태학적 접근(The Ecological Approach to Visual Perception)》
(1979: 288)에서 인용.

춰져 고립되고 자족적인 채로 잠복해 있다. 반대로 화이트월은 의미
의 평면이다. 그 위에는 문장으로든, 선으로 표현된 디자인으로든, 영
화에서처럼 이미 포착된 이미지로든 그에 표현된 지성의 구성물이 투
사된다. 여기서 화이트월은 **스크린**이다. 빌렘 플루서가 특징짓고 또 6
장에서 소개한 대로 주민의 다양한 경험이 바로 그 질감으로 직조되
는 천막의 '스크린 벽'과 달리, 화이트월은 이론상 질감이 없고 그 위
에 드리워지는 형태와 파편에 철저히 무관심하다. 예를 들어 영화관
의 스크린은 그 표면 위에 투영되는 움직이는 이미지에 아무런 영향
을 받지 않는다. 이 영상 속 움직임은 흰 스크린에 투사되지만, 그 천

에 직조되지 않는다.[109]

화이트월/블랙홀 시스템과 함께 세계 속 사물의 표면에서 반사되는 하얀빛은 보는 동안 검은 동공에 수렴한다. 한편 그리는 동안 숨겨진 주체의 정신으로부터 나오는 으레 검은 선은 손을 거쳐 종이의 하얀 표면 위에 새겨진다. 이 시스템에서 색은 피상적이고 사람의 눈을 기만하기까지 한다. 불변의 형태를 명시하는 새겨지거나 그려지는 선의 강력함과는 대조적으로 색은 유혹하거나 매혹하는 힘이 있으며, 장식과 치장, '화장'의 역할을 할 뿐으로 쓰기나 그리기에서처럼 사고의 과정을 전달하지 않는다.[110] 인류학자 마이클 타우시크*는 "진리는 우리 철학자들에게 흑백으로 다가온다. …… 모양과 형태, 윤곽과 인장. 그것이 곧 진리이다. 색은 또 다른 세계이다. …… 사치, 과잉, 충전물, 장식품이다"라고 말한다. 타우시크가 사고의 "경계 감시자"라고 부르는 선과 인장으로 우리는 색을 가둬야 한다.[111]

그러나 고흐의 <별이 빛나는 밤>으로 돌아가 보면, 선과 색의 이 구분은 혼란스러워진다. 그것은 온통 선으로 구성되어 있으면서도 모든 선이 채색되어 있다. 타우시크의 말을 빌리면, "유화의 두꺼운 늑골로부터 혈장처럼 흘러나오는 …… 날것의 에너지"로 고동친다. 여기서 메를로퐁티가 언급한 대로 "깊이, 색, 형태, 선, 운동, 윤곽, 관상은 존재의 모든 갈래이며 …… 어떤 것도 그 외 나머지를 좌우할 수 있다".[112]

---

* 마이클 타우시크(Michael Taussig, 1940~   )는 오스트레일리아의 인류학자이다. 주로 남아메리카, 콜롬비아, 볼리비아에서 현장 연구를 수행해 왔으며, 식민주의, 노예제도, 물신숭배, 미학 등 다양한 주제를 아우르며 독창적인 연구를 펼쳐 오고 있다. 국내에서는 《미메시스와 타자성》(신은실·최성만 옮김, 길, 2019)이 출간되었다. 현재는 컬럼비아 대학 교수로 재직 중이다.

그것들은 정보를 기록하는 것과 기분을 전달하는 것 사이에서 뚜렷하게 나타나는 문제나 목적에 답하려는 것이 아니며, 합리적 정신과 미성숙한 세계 또는 사고와 감정의 구분 너머의 저편에 서는 것도 아니다. 이것은 우리의 일상적인 사고방식에 상당한 변화를 요구한다. 아이작 뉴턴* 이래 우리는 복사 에너지로서 빛이 파장 길이의 일정한 범위 안에서 생기고 파장이 프리즘에 의해 차별적으로 굴절되면 스펙트럼의 모든 색이 드러난다는 관념에 익숙해 있다. 그것들이 재결합해서 합치면 '무색'의 흰색이 된다. 따라서 색은 스펙트럼에 나타나는 띠와 동등하다. 그러나 내가 여기서 논하듯이 한편으로는 복사 에너지의 파장이, 다른 한편으로는 그에 반응하는 눈의 광수용체 능력이 바로 빛을 경험하는 조건이면서도 빛 자체에 가닿지 못한다면, 우리는 또다시 질문해야 한다. 색**이란** 무엇인가? 파장이 아닌 정동의 차이로 색을 설명할 수 있을까?

이것은 물론 오래된 문제이다. 이 문제는 괴테가 1810년에 쓴《색채론Theory of Colours》에서 뉴턴[의 광학 이론]을 정면으로 비판한 그 유명한 논의에 뿌리를 두고 있다. 괴테에게 색은 물리적 정보가 아니라 조응의 한 현상이다. 그리고 모든 색은 정동적인 것과 우주적인 것, 지각하는 자와 지각되는 자의 특별한 혼합이다. 색은 그 혼합이 가장 농밀할 때 검은색이다. 빛은 가장 강렬할 때 흰색이다. 검은색에서 흰색으로 이어지는 이 연속체에서 색은 기본적인 항목이고 빛이 색

---

* 아이작 뉴턴(Isaac Newton, 1642~1727)은 영국의 물리학자, 천문학자, 수학자이다. 광학 연구로 반사 망원경을 만들고, 뉴턴 원무늬를 발견했으며, 빛의 입자설을 주장했다. 만유인력의 원리를 확립했으며, 《자연 철학의 수학적 원리》를 비롯한 수많은 저서를 남겼다.

을 조절한다. 그 반대가 아니다. 괴테는 "어두워지거나 흐려지는 흰색은 노란색이 되어 가고, 검은색은 밝아지면서 청색이 되어 간다"라고 말했다.[113] 우리는 이것을 고흐의 그림에서 볼 수 있는데, 그림에서 지평선과 가장 가까이에 있는 가장 밝은 별은 하얗게 빛나고, 천정을 향한 별들은 달과 마찬가지로 점차 바래져 노란색에 가까워진다. 그와 동시에 밤하늘에 있는 가물거리는 빛들은 검정에서 푸른 색조로 바뀐다. 이 배색에서 색은 어둠을 비추는 불빛일 뿐 무지개 스펙트럼이 아니다. 이 점에서 깁슨은 색맹이었다. 기억하다시피 시각적 지각에 관한 깁슨의 이론에서는 낮을 밤과 구별할 수 없고 빛을 어둠과 구별할 수 없기 때문이다. 고전적 광학에서 복사광의 모든 스펙트럼 색은 동공의 블랙홀을 통해 볼 때 프로젝션의 화이트월 위에 균등하게 배열된다. 그러나 괴테의 이론에서 모든 색은 파장을 측정할 수 있는 양적 변이의 척도에 있는 것이 아닌 **정동적 강도의 질적 연속체**에 있는 검은색과 흰색 사이에 놓인다. 즉 '정도의 차이'라기보다는 '차이의 정도'를 나타낸다(<그림 20-2>)[114]. 괴테와 마찬가지로 고흐에게도 블랙홀은 무無의 장소가 아니라 무한한 밀도의 장소이며, 그로부터 색은 우리의 시각적 인식의 점화 장치로서 폭발한다.

이에 따라 하늘과 천체의 색을 포함한 모든 색이 분열/융합 반응의 산물이라는 결론에 이른다. 결국 선과 색 사이에는 흑백 대립이 없다. 이것은 마치 내부에서 생겨난 검은 점의 동공 운동이 백광을 구성하는 빛깔에 이미 온통 물든 외부 표면 위에 흔적을 남기는 것과 같다. 오히려 모든 선은 색을 가진다. 아니, 더 나은 표현으로는 모든 선이 색**이다**. 그리고 모든 색은 선을 따라 나아간다. 색으로 칠해지든 선으로 그려지든 글로 쓰이든, 선은 마치 석탄 타르에서 다양한 합성 색

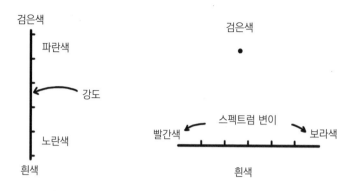

〈그림 20-2〉색의 변이

왼쪽은 괴테에 따른 검은색에서 흰색으로 이어지는 [빛의] 강도의 연속체를 보여 준다. 파란색은 검은색에 가깝고, 노란색은 흰색에 가깝다. 오른쪽은 뉴턴을 따라 색이 빨간색에서 보라색에 이르는 스펙트럼으로 배열되며, 이것들 모두 흰색으로 합쳐진다. 검은 점은 동공이다.

소가 쏟아져 나오듯이 정동적인 것과 우주적인 것의 융합에서 쏟아져 나온다. 타우시크는 "색은 걷는다. 그리고 걸어감에 따라 색은 변한다"라고 말한다.[115] 그러므로 색은 생각을 겉치장하거나 그 형식을 갖추는 단순한 장신구가 아니라 사고의 원천이 되는 바로 그 매질이다.

중세 시대의 채색 필사본부터 오늘날 서적의 무자비한 흑백 구성에 이르기까지 책자의 역사를 생각해 보면 주목할 만한 것이 있다. 그것은 바로 과거의 필사본이 채색하려고 노력했다는 점뿐만 아니라 현재의 필사본이 채색하지 **않기** 위해 노력한다는 점이다. 즉 한때 인간의 상상력에 의해 영감이 불어넣어진(숨을 불어넣은) 것의 엄연한 잔재로서 검은 표시를 남기기 위해 그 사상으로부터 매질을 박탈한다는 것

197

이다.[117] 이제 근대 작가는 문장에 기교를 부릴 때마다 색상의 상실과 함께 원고의 한 줄 한 줄에서 빠져나간 어떤 느낌을 메우려 한다는 것을 환기하게 된다. 그러나 백지 위에 흑으로 아무리 많은 단어를 써 내려간다 한들 그러한 상실을 메울 수 없다. 내가 여기서 상세히 설명한 포괄적인 의미에서의 대기처럼, 색은 우리 내부로 들어와 우리가 행하고 말하고 그림 그리고 글을 쓸 때 그 모든 것이 특정한 정동 및 성향과 함께하도록 만든다. 백과전서파의 드니 디드로*는 "소묘는 모든 생명체에 형태를 부여한다. 그러나 색은 그것들에 생명을 준다"라고 말한다.[117] 그리하여 색은 선에 대기[분위기]를 부여한다. 그렇다면 소리도 똑같이 할까? 이것은 다음 장에서 풀어 갈 질문이다.

---

* 드니 디드로(Denis Diderot, 1713~1784)는 프랑스의 철학자, 예술 비평가, 작가이다. 1740년대 초 번역과 함께 문필 활동을 시작했다. 영국에서 발간한 근대 최초의 백과사전을 프랑스어로 번역해 달라는 의뢰를 받은 그는 번역이 아닌 새로운 백과사전 제작을 제안했다. 그리고 《백과전서(Encyclopédie)》의 설립자이자 편집자가 되어 1772년 총 35권의 대사전을 발간했다. 이는 이후 프랑스 대혁명의 사상적 토대가 되었다.

21. 선과 소리

음악의 심리학 그리고 더 일반적으로는 청각적 지각의 심리학에서는 시각 연구에서 전개된 것과 거의 같은 논쟁을 벌여 왔다. 한쪽에는 자극의 빈곤이라는 정통적인 관념에 기대는 사람들이 있다. 이들은 우리가 무엇을 듣는지 이것저것으로 식별할 때 그 자체로는 대상을 명시하기에 충분하지 않은 청각적 감각의 원재료에 문화적 기억의 퇴적물로부터 끌어낸 우리 자신의 개념적 형식을 부과한다고 주장한다. 다른 한쪽에는 깁슨의 이론에 노골적으로 호소하는 사람들이 있다. 이들은 깁슨이 빛에 관해 말한 그대로 우리가 듣는 모든 것에서 소리는 그 안에 없다고 주장한다. 이들은 우리가 듣는 것은 불변자라고 말한다. 물론 우리는 이 불변자를 원하는 방식대로 해석할 수 있지만, 이 모든 해석은 현실의 직접적인 지각에 근거한다. 이 이론가들에게는 시각적 지각의 불변자가 빛 자체가 아니라 빛 속의 패턴이듯이 청각적 지각에서도 그와 마찬가지이다.

후자의 관점에서 소리는 (빛처럼) 지각의 문을 두드리지만 진입하는 순간 소멸하는 배달원과 같이 행동한다. 듣는 자가 알아채는 것은 소리가 아닌 음향 환경의 형태와 패턴이다. 그래서 우리는 우리가 들은 것을 보고하라고 누군가 요청하면 대개 소리 자체가 아닌 우리 주의를 끄는 사물이나 행동을 이야기하게 되는 것 같다. 예를 들면, 여기에서 개가 짖는다, 저기에서 자동차 엔진이 돌아간다, 거기에서 첼로가 연주된다. 각각의 경우 정확한 식별은 소리 자체를 듣는 데 있지 않고 소리 내의 관련 불변자를 인식하는 데 있다. 음악학자 에릭 클라크*는 바로 이 깁슨의 접근법을 채택해서 "음악은 조옮김과 기타 변환 아래에서 물질의 인식된 동일성 가운데 불변성에 대한 명확한 사례를 제공한다"라고 주장한다.[118] 그에 따라 특정 주제나 모티프는 펼쳐지는 [음악] 작품의 변조와는 상관없이 음높이 간격이나 시간 배율의 확정적 패턴으로 선택될 수도 있다.

요컨대 고전적인 음향학의 관점에서 보면 우리는 음악(수용된 청각 자극에 정신적 가공을 거쳐야만 형태를 갖추는 음악)이 아닌 소리를 듣는다. 반면 깁슨의 관점에서 보면 우리는 소리가 아닌 음악(변환 아래에서 주변 소리의 불변 구조로 이루어지는 음악)을 듣는다. 그러나 양쪽의 접근 모두 소리에 관한 물리학자의 정의, 즉 매질의 기계적 진동에서 출발한다. 그렇다면 소리가 존재하기 위해 귀 달린 생물이 반드시 있을 필요는 없다. 잘 알려진 수수께끼를 인용하면, 숲속에서 쓰

---

* 에릭 클라크(Eric Clarke, 1955~　)는 영국의 음악학자이다. 옥스퍼드 대학 음악학과 교수로 재직하며, 음악 심리학, 음악 이론, 음악 미학, 기호학 분야를 연구하고 있다.

러지는 나무는 그 소리를 듣는 자가 있든 없든 상관없이 소리를 낸다. 귀와 청각은 소리와의 관련성을 확립하지만, 소리의 존재는 확립하지 않는다. 그러나 소리가 뒤죽박죽 섞인 데다가 분산되어 있어서 그 안에서 어떤 구조도 전혀 분간할 수 없다면 어떻게 될까? 그렇다면 우리는 깁슨이 하늘을 쳐다볼 때 자신이 무엇을 보는지 궁금해하던 것과 거의 같은 상황에 놓여 있음을 깨달을 것이다. 그리고 우리는 깁슨의 생태학적 접근과 모순되지 않도록 우리가 듣는 것은 소음이며 명음도 자체가 아니라는 대답을 해야 할 것이다. 그리고 또 우리는 하늘의 광도와 관련해서 궁금해하던 것과 마찬가지로 일단 명음도가 제거되면 소음에 무엇이 남을지를 궁금해할 것이다. 소음이란 그 자체로 분산된 소리인가, 아니면 소리가 우리에게 전달해 주는 어떤 것인가? 우리는 소음을 듣는 것이며 소리를 듣는 것이 아니라고 말할 수 있을까?

그러나 소음이 아무것도 명시하지 않는다면, 무음無音도 마찬가지 아니겠는가! 실제로 이 접근을 따라 그 논리적 귀결에 이르면, 깁슨이 낮과 밤을 구별할 수 없었듯이 우리도 소리를 무음과 구별할 수 없을 것이다. 이 양극단에서 문자 그대로 아무것도 들을 수 없을 것이다. 소음은 소용돌이치는 안개 혹은 눈보라의 화이트아웃과 같을 것이며, 무음은 한밤의 칠흑과 같을 것이다. 이 모든 것은 앞선 대화, 곧 메를로퐁티와 주커칸들이 나누는 가상의 대담에 깁슨을 끌어들였을 때의 대화로 우리를 돌려보낸다. 저 대담에서 우리는 메를로퐁티에게 하늘의 빛이 지각의 대상이 아니고, 그와 마찬가지로 주커칸들에게 하늘의 소리는 지각의 대상이 아니라는 것을 알았다. 그러나 빛과 소리 그 어느 것도 관찰자와 청자에게 추출하도록 남겨진 세계에 대한 정보를 전달하는 단순한 매개체가 아니다. 빛과 소리는 경험의 특질 자체이다. 메를로퐁티는 보는 가운데 "나는 빛**이다**"라고 말할 것이고, 주커칸들은 듣는 가운데 "나는 소리**다**"라고 말할 것이다. 물론 복사 에너지 없이 빛은 있을 수 없고, 물질적 매질 내의 진동 없이 소리는 있을 수 없다. 그리고 수용체와 신경 접속을 가진 눈과 귀가 없으면 볼 수도 없고 들을 수도 없다. 그럼에도 경험의 특질로서 소리와 빛은 그것들의 물리적, 생리학적, 신경학적인 전제 조건으로 환원될 수 없다.

그렇다면 [저 가상의 대담에서] 메를로퐁티가 빛과 시각에 관해 말하려던 순간에 끼어들어 소리와 청각에도 그와 비슷한 것이 작용하는지 물어보자. 메를로퐁티에게 빛은 정동적인 것과 우주적인 것의 양극단, 즉 신체와 천체의 두 극이 융합하면서 일종의 폭발을 일으킬 때 점화하는 시각의 불꽃이었음을 상기해 보자. 끊임없이 부서지는 파도처럼 시간의 흐름 속으로 나아가는, 불붙은 도화선처럼 이리저리 튀는 저 폭발 속에 우리의 시각적 의식의 부단한 탄생이 있다. 그것은 다시금 우리를 산산이 날려 버린다. 그리하여 우리는 우리 신체가 있을 곳에 자리를 잡고 서 있는 채로 그와 동시에 우리의 관심이 시야의 가장 먼 곳을 방랑하듯이 천상과 지상을 배회한다. 그리고 불꽃처럼 빛은 방출원을 수용체와 연결하는 것이 아니라 대기적인[분위기적인] 사이-안 속에서, 다시 말해 방출원과 수용체의 연결선과 직교하는 방향으로 터져 나온다. 빛이 이렇다면, 소리의 경우는 어떠할까?

나는 이론상으로 같은 주장을 할 수 있다고 생각한다. 실제로 청력에는 신체와 천체의 양극(한쪽은 감각하고 다른 한쪽은 감각된다)이 존재하고, 이 양극이 충돌할 때 소리의 경험이 만들어진다. 그리고 정동적인 것과 우주적인 것의 융합(이 속에서 들리는 것은 우리 자신의 청력이라는 것이 판명된다)에서 생겨난 저 소리는 우리를 나누는데,

그렇게 해서 우리는 마치 꿈결처럼 우리 집인 우리의 신체 속에 존재함과 동시에 우주 속으로 드넓게 존재하게 된다. 이 의미에서 소리는 확성기에서 귀로 이동하는 것과 같이 음원에서 수용체로 이동하지 않는다. 오히려 소리는 제방 사이를 흐르는 강물처럼 음원과 수용체 사이에서 소용돌이치고 그 과정에서 나타나는 장애물 주위를 에워싸며 와류를 형성한다. 각각의 와류는 청각적 의식의 중심을 이룬다. 소리는 주커칸들이 표현한 대로 "저기서 나와 내 쪽을 향해 그리고 나를 통과해서"[119] 흐른다. 만일 내가 개울물 속 와류라면 흐르는 물에 대해 이와 같이 말할 것이다. 요컨대 소리는 (마치 빛처럼) 분열/융합 반응의 결과물이다. 이 결과가 고전적인 음향학에서 전해 내려오는 관점과 어떻게 다른지는 재차 강조할 가치가 있다. 고전적인 음향학에 따르면, 귀는 (소리 생산에 관계하기보다 소리의 수용체로서) 물리적 자극을 환경에서부터 유기체의 역치를 가로질러 바깥에서 안쪽으로 전달한다. 이 속에서 물리적 자극은 감각 자극으로 다시 나타난다. 이 때 내면적 주체는 그 자신과 하나이면서 우주에 대해 분리된다. 반대로 분열/융합 모델에서 지각하는 자는 우주와 하나이지만 자기 자신에게서 분리된다.

이때 빛처럼 소리는 물리적이거나 영적이지 않고 대기적이다. 빛이 대기적인 이유는 그것이 빛을 비추고 그와 동시에 손짓을 보내기 때문이라고 앞서 살펴봤다. 그것이 빛을 비추는 이유는 혼의 활기이기 때문이다. 그것이 또 손짓인 이유는 멀리서부터 길을 비추기 때문이다. 소리에 대응하는 말은 무엇일까? 우리는 (종소리의, 천둥의, 웃음소리의) 울림peals을 이야기한다. 울림은 호출하고 경고하고 주의를 끈다. 그리고 울림은 무언가를 요청한다는 뜻의 동사인 **호소하다**appeal

와 어원학적으로 직접 연결되어 있다. 장뤼크 낭시가 고찰한 대로 부름에는 "호흡, 날숨, 흡기, 호기"[120]가 있다. 따라서 우리는 빛이 손짓하듯이 소리가 부른다고 말할 수 있다. 멀리서 울리는 종소리는 봉화의 불에 상응한다. 그렇다면 빛줄기에 대응하는 것은 무엇일까? 그것은 **피치[음높이]**일 것이다. 특정한 피치로 내지르는 것은 던지는 것이며 세계에 풀어놓는 것이다. 따라서 빛이 비치고 손짓하듯이 소리는 내지르고 울린다. 이것이 실제로 무엇을 의미하는지를 알기 위해서 예시를 하나 들어 보겠다. 내가 사용하는 예시는 악기를 연주하는 것이다. 악기 연주를 예시로 든 이유는 나 자신의 경험에서 가장 친숙하기 때문이다. 내 경우에는 첼로이다.

케이스에 보관된 첼로는 사물일 뿐이다. 내가 보기에 첼로는 아름답고 멋질뿐더러 대단한 기교로 만들어진 물건이다. 그러나 첼로를 바라보기만 해서는 그 이상으로 알아낼 것이 별로 없다. 악기는 자기를 연주해 달라고 간청한다. 그런데 내가 연주를 시작하는 순간 악기는 폭발할 것만 같다. 쉽게 알아볼 수 있고 한결같은 실체이던 것이 공명하는 공기와 짝을 이뤄서 한 다발의 정동 이상의 무엇이 되며, 활의 털, 로진, 금속 현, 나무, 손가락을 다 합한 것 이상의 무엇이 된다. 그것들을 한데로 묶으면 소리는 갈라진 틈을 통과하듯이 분출한다. 내가 연주를 계속한다면 분출은 멈추지 않을 것이고 소리는 계속 흐를 것이다. 이 폭발의 관점에서 악기는 우주적 규모를 획득한다. 그것은 무한대의 청각적 대기로 폭발적으로 퍼진다. 실제로 나의 첼로에서 일어나는 일은 내가 하늘을 쳐다볼 때 일어나는 일과 놀랄 만큼 닮았다. 나는 하늘 위를 바라보면서 (주커칸들이 창공에 잠겨서 듣는다는 것의 의미를 발견했을 때 느낀 것처럼) 하늘의 광활함에 녹아들었다고 느끼겠지만, 내 이마를 손가락으로 가볍게 두드림으로써 나는 여전히 내 집인 나의 신체에 있음을 확인할 수 있다. 이와 마찬가지로 첼로를 연주할 때도 나는 내 손가락을 지판 위에 올려 두고 그 단단하고 강한 저항의 표면을 느낄 수 있다. 그래, 나는 여기에 있고 여기에 나의 첼로가 있다. 그렇지만 폭발의 관점에서 손가락은 환영의 존재이다. 그것은 아무것도 만지지 않지만 스스로 꾀여 청각의 영역 한가운데로 들어온다.

이 뒤늦은 반응에는 융합과 분열 사이의 반작용이 존재하고, 그로부터 경험된 소리가 솟아오르는 것처럼 보인다. 그리고 그것은 첼로와 같은 악기를 연주할 때 앉아 있으면서도 날아오르는 기묘한 조합을 설명하기도 한다. 나는 바로 여기 의자에 앉아 있으면서도, 메를로퐁티가 표현했듯이 "나에게서 부재하기" 위한 수단을 가질 수 있다. 그래서 손가락은 전혀 다른 두 가지 방식으로 동시에 나타날 수 있다. 연주라는 촉각적 공간에 신체적으로 나타나며 그 즉시 폭발의 대기적 공간에는 환영으로 나타난다. 그렇다면 연주하기란 연주자가 자신을 삼키는 듯한 소리의 울림에 공명하면서도 악기로부터 피치를 올리는 것이다. 이를 염두에 두면 우리는 선의 문제로 되돌아갈 수 있다. 소리의 선**이란** 무엇일까? 빛과 관련해서 우리는 광선과 빛줄기의 구별을 주장해야만 했다. 소리의 경우에 전송의 선과 피치의 선 사이에 만들어지는, 이와 비교할 만한 구별이 있을까? 예를 들어 요한 제바스티안 바흐의 무반주 첼로 모음곡 3번의 오프닝을 생각해 보자. 나는 그것을 다음과 같이 그릴 수 있다.

이 선은 특정 악구를 연주하는 청각적 그리고 근감각적 경험의 결합을 서예적으로 재상연하고자 하는 시도에서 그렸다. 그러나 내가 저 악구를 악기로 연주할 때 과연 이 선은 소리의 선인가? 우리는 이 선이 음악적이고 정말로 선율적이라는 데 모두 동의할 수 있다. 그런데 만일 당신이 청각적 지각에 대한 생태학적 접근을 지지한다면, 이것을 소리의 선이라 부르는 것은 심각한 오류라고 결론지어야 할 것이다. 이 선은 소리 안의 불변적 패턴일 뿐 소리 그 자체는 아니라고 말해야 할 것이다. 당신이 대안으로서 인지적 접근을 선호할지라도 결과는 다르지 않다. 왜냐하면 그때 당신은 선이 소리의 정신적 과정에서 생겨나고 역시나 소리 그 자체가 아니라고 말해야 하기 때문이다. 소리의 선이 무엇인지 설명해 달라고 누군가 부탁을 한다면, 당신은 음원(음악가의 수중에 있는 악기와 같은)과 수용체(귀를 가진 듣는 자와 같은)를 포함한 도표를 그려서 공기 내 진동을 통해 한쪽에서 다른 한쪽으로 이 선을 따라 소리가 전송된다고 설명하면서 음원과 수용체를 연결하고자 할 것이다. 따라서 소리의 선은 한 방향으로 향하고, 음악의 선은 다른 한 방향으로 향한다. 즉 두 선은 패턴이 투사의 매개물(이를 통해 패턴이 얻어지거나 분간된다)과 다르듯이 완전히 다른 차

원에 존재할 것이다. 그 결과 우리가 음악을 들을 때 들을 수 없는 한 가지는 소리이다. 하지만 만일 우리가 소리에 집중한다면, 그때 우리는 음악을 놓치게 된다.

앞서 나는 근대성의 전도를 이야기하면서 전도의 조작 가운데 끊임없이 구성되는 생물의 선이 세계 속에서 그 자신의 길을 만들어 갈 때 관중의 눈에 어느 한 장면으로 보이는 총체적 구성을 전달하는 투사의 매개물에 어떻게 포위되는지를 기술했다. 분명 이것은 정확히 음악적 소리의 작곡과 연주에서 일어나는 일이며, 단 한 가지 차이는 관중이 아닌 청중의, 눈이 아닌 귀에 전달된다는 것이다. 그것은 마치 음악이 소묘와 함께 화이트월/블랙홀 시스템에 참여하는 것과 같다. 그리하여 작곡가의 내이內耳에서 비롯되는 완성된 악곡은 백지 위로 투사된 후 연주의 순간 그 운동을 타고 역으로 청자의 귀에 있는 블랙홀로 되돌아간다. 투사의 매개물로서 소리는 음악 자체에서 어떤 역할도 하지 않는다. 소리는 단순히 악기에서 귓구멍까지 [음악을] 운반하는 전송 수단이다. 그리고 당연히 이것은 정확히 서구 기보법의 고전적 관습에서 음악이 나타나는 방식이다. 이 기보법에서 검은 점과 선은 흰 종이 위에 복잡한 패턴으로 배열된다. 음악은 흰색-위-검은색으로 이루어진다. 소리가 음악에서 제거되면, 음악의 선은 색이 빠져나간 소묘되거나 색칠된 선과 같은 운명을 겪게 된다. 음악의 선은 불변성의 껍데기로 환원된다. 다음의 악보는 바흐 모음곡 3번 오프닝의 악절 부분이다.

이때 피치는 어떻게 될까? 피치 역시 색의 영역에서 빛이 광선으로 환원되는 것과 거의 같은 방식으로 변환된다. 피치는 이제 강도(강도를 통해 소리는 당겨지거나 던져진다)가 아닌 진동 주파수의 스펙트럼이다. 색과 마찬가지로 피치는 스펙트럼화되어서 오선보의 등위 면에 배열된다. 그래서 정량 기보법에 담기지 않는 소리의 서수적인 [음정] 특질을 포착하기 위해 피치 및 진폭과 나란히 세 번째 항목, 즉 음색을 도입할 필요가 있었던 것이다.[121] 그러나 내 안의 음악가는 저항한다. 왜냐하면 이것은 내가 앉아서 연주할 때 느끼는 방식이 아니다. 내가 활로 현을 켤 때 소리가 무음에서 당겨져 나오듯이 피치를 당기는 것만 같다. 모든 소리는 무음에서 흘러나온다. 이것은 앞 장에서 살펴본 대로 모든 색소가 타르의 검정에서 쏟아져 나오는 것과 같다. 피치와 타르? 그것들은 다름 아닌 하나이다. 따라서 무음이란 소리의 부재가 아니다. 오히려 무음은 가장 농축된 소리이다. 세계의 고요는 매우 농밀하고 꽉 차 있고 서로 단단히 맞물려서 아무것도 움직일 수 없다. 태풍의 눈이 아닌가! 들을 수 있는 소리는 지각판이 이동하기 시작할 때 깨지고 갈라지는 틈에서 생긴다. 이로 인해 사물들은 서로 맞물리지 않고 어긋난다. 경첩의 삐걱거림, 엉성한 창틀에서 새어 나오는 외풍의 휘파람, 시계 탈진기의 째깍거림, 서까래에 있는 쥐들의 종종걸음, 봄의 해빙 등에서 소리는 나온다.

모든 소리는 무음이라는 정체에서 도망치는 것이므로 도주자이다. 그 선은 들뢰즈와 과타리가 "도주선lines of flight"이라고 부른 것이다.[122] 여느 선과 마찬가지로 그것들은 음원과 수용체를 직선으로 연결하지 않고 사이-안 속에서 소용돌이친다. 소리가 변한다는 것은 소리가 생성되는 폭발의 힘을 통해 어떻게, 그리고 얼마나 멀리 소리가 나아가느냐는 것이다. 무음은 검고 소음은 희다. 모든 소리는 (모든 색처럼) 이 양극단 사이에 있는 강도의 연속체 어딘가에 위치한다. 소리는 피치의 변조이며(피치가 소리의 변조라기보다), 말하자면 모든 소리는 분열/융합 반응의 산물이다. 노래로 불리든 악기로 연주되든 소리는 타르의 검정에서 색이 쏟아져 나오듯이 피치의 무음으로부터 쏟아져 나온다. 이때 음악 또는 선율의 선과 소리의 선 사이에는 어떤 대립도 없다. 내가 연주할 때, 나의 첼로에서 흘러나오는 선은 소리의 선이며, 그것은 당신이 귀 기울일 때 듣는, 그리고 함께 듣는 소리의 선이다. 소리는 색이 그러하듯이 선에 생명을 불어넣는다. 소리는 대기의 한 현상이다.

미주

제2부

11

1. 선학에 대한 소개는 Ingold(2007a) 참조.
2. 전도에 대해서는 Ingold(2011: 68-70, 145-8) 참조.
3. Bergson(1911: 134). [역주] 《창조적 진화》(황수영 옮김, 아카넷, 2005), 199쪽. 인용된 본문은 역자가 부분 수정한 것임.
4. Ingold(2011: 147-8) 참조.
5. Lévi-Strauss(1969)와 Mauss(1954: 78) 참조. [역주] 《증여론》(이상률 옮김, 한길사, 2002), 277쪽 참조. 인용된 본문은 역자가 부분 수정한 것임.
6. Certeau(1984: xviii-xix) 참조.

12

7. Klee(1961: 105).
8. Macfarlane(2009). [역주] 맥팔레인에 따르면, 고대 영어 'writan'은 '돌에 룬 문자를 새기는 것'이라는 구체적인 의미를 지니고 있다.
9. Elkins(1996: 234).
10. Derrida(1993: 3).
11. Careri(2002: 150).
12. Widlok(2008: 60).
13. 아서 코넌 도일의 《셜록 홈스의 회고록》에서 인용했다(Doyle 1959: 146).
14. Ingold(2007a: 68-71).
15. Certeau(1984: 134-5).
16. 이 구절은 Engels(1934: 34 그리고 178)에서 인용한 것이다. [역주] 《자연변증법》(윤형식·한승완·이재영 옮김, 중원문화, 2007), 29쪽, 185쪽. 인용된 본문은 역자가 부분 수정한 것임.

17. Ingold and Lee Vergunst(2008: 7-8) 참조.

13

18. Ingold(2007a: 39-71).
19. Brown(1978: 6, 강조는 인용자). [역주] 《트래커》(김훈 옮김, 랜덤하우스 코리아, 2008), 20~21쪽. 인용된 본문은 역자가 부분 수정한 것임.
20. Low(2007: S75-7).
21. Rose(2000: 52-6, 92-5).
22. Bachelard(1983: 162). [역주] 《물과 꿈》(이가림 옮김, 문예출판사, 1980), 303쪽. 인용된 본문은 역자가 부분 수정한 것임.
23. Hopkins(1972: 27).
24. Sloterdijk(2011: 44).
25. Merleau-Ponty(1964: 167). [역주] 《눈과 마음: 메를로퐁티의 회화론》 (김정아 옮김, 마음산책, 2008), 61쪽. 인용된 본문은 역자가 부분 수정한 것임.
26. Gibson(1979: 16).

14

27. Irigaray(1999: 8).
28. Gosden(1999: 152) 참조.
29. Olsen(2003: 88).
30. Gibson(1979: 16).
31. Macauley(2005: 307).
32. Sloterdijk(2011: 298).
33. 햇빛과 그림자와 관련해서는 Baxandall(1995: 120-5) 참조. 빗속에서 지 표면을 듣는 것과 관련해서는 Hull(1997: 26-7, 120) 참조. 바람을 만지는 것과 관련해서는 Ingold(2007b: S29) 참조.
34. Serres(1995a: 27).

35. Mostafavi and Leatherbarrow(1993: 112). [역주] 《풍화에 대하여: 건축에 새겨진 시간의 흔적》(이민 옮김, 이유출판, 2021), 122~123쪽 참조.

36. Mostafavi and Leatherbarrow(1993: 16). [역주] 위의 책, 11쪽. 인용된 본문은 역자가 부분 수정한 것임.

37. Connor(2010: 176).

38. Szerszynski(2010: 24).

39. Hill(2012: 2-3, 319-20).

15

40. Ingold(2011: 99-114).

41. Böhme(1993: 117-18).

42. Bille and Sørensen(2007: 275-6).

43. 그 폭넓은 문헌 중 일부를 소개하자면 다음과 같다. Adey et al.(2013), Anderson(2009), Ash(2013), Augoyard(1995), Böhme(1998), Edensor(2012), Stewart(2011), Thibaud(2002) 참조. 그 밖에도 새로운 학회지 《분위기: 감각 환경, 건축 및 도시 공간의 국제 저널(Ambiances: International Journal of Sensory Environment, Architecture and Urban Space)》이 2013년에 출간되었다.

44. Serres(1995b: 80).

45. Olwig(2011a: 526).

46. Olwig(2011b: 306) 참조.

47. Olwig(2011b: 312-13) 참조.

48. Kant(1970: 257) 8장 참조.

49. Vosniadou and Brewer(1992: 541).

50. Eddington(1935: 40).

51. Jankovic(2000: 37).

52. Hill(2012: 150-1).

53. Szerszynski(2010: 21).

54. Benjamin(2008: 22), Binswanger(1933).
55. Bollnow(2011: 217). [역주] 《인간과 공간》(이기숙 옮김, 에코리브르, 2011), 309쪽 참조.
56. Böhme(1993: 121).
57. Böhme(2013: 3).
58. Bollnow(2011: 218). [역주] 《인간과 공간》(이기숙 옮김, 에코리브르, 2011), 300쪽 참조.
59. Böhme(2013: 2).
60. Böhme(2013: 6).
61. Olwig(2011a: 529).
62. Szerszynski(2010: 25).

16
63. Mauss(1954: 78, 그리고 1923-4: 182) 2장 참조. [역주] 《증여론》(이 상률 옮김, 한길사, 2002), 277쪽 참조. 인용된 본문은 역자가 부분 수정한 것임.
64. McCormack(2008: 414, 418).
65. Sloterdijk(2011: 17).
66. Deleuze and Guattari(2004: 523-51). [역주] 《천 개의 고원》(김재인 옮김, 새물결, 2001), 907~953쪽 참조.
67. Deleuze and Guattari(2004: 543-4). [역주] 위의 책, 939~940쪽 참조.
68. Deleuze and Guattari(2004: 525). [역주] 위의 책, 909쪽 참조.
69. Deleuze and Guattari(2004: 528, 531, 그리고 421) 참조. [역주] 위의 책, 915쪽, 918쪽, 734쪽 참조.
70. Cruikshank(2005).

17
71. Ingold(2011: 69).

72. Merleau-Ponty(1964: 181). [역주] 《눈과 마음: 메를로퐁티의 회화론》(김정아 옮김, 마음산책, 2008), 115쪽. 인용된 본문은 역자가 부분 수정한 것임.

73. Charbonnier(1959: 143).

74. Merleau-Ponty(1964: 167).

75. Tilley(2004: 18).

76. Tilley(2004: 17).

77. Nancy(2008: 93). [역주] 《코르푸스: 몸, 가장 멀리서 오는 지금 여기》(김예령 옮김, 문학과지성사, 2012), 93쪽. 인용된 본문은 역자가 부분 수정한 것임.

78. Harman(2012: 98).

79. Bogost(2012: 77).

80. Tilley(2004: 19).

81. Merleau-Ponty(1968: 140). [역주] 《보이는 것과 보이지 않는 것》(남수인·최의영 옮김, 동문선, 2004), 209쪽 참조.

82. Merleau-Ponty(1968: 248-51). [역주] 위의 책, 357쪽 참조.

83. Merleau-Ponty(1968: 250). [역주] 위의 책, 360쪽 참조. 인용된 본문은 역자가 부분 수정한 것임.

18

84. Parkes(1992). Ingold(2007a: 23-4, 95-6) 또한 참조.

85. Ruskin(2004: 11-12). 이 구절은 1843년에 처음 출간된 러스킨의 《근대화가론》 1권 '하늘에 관한 진실'이라는 제목의 장에서 인용했다.

86. Gibson(1979: 66, 강조는 원저자).

87. Gibson(1979: 54).

88. Gibson(1979: 55).

89. Gibson(1979: 48-52).

90. Gibson(1979: 54, 강조는 원저자).

91. Gibson(1979: 52).

92. Merleau-Ponty(1962: 214) 참조. [역주] 《지각의 현상학》(류의근 옮김, 문학과지성사, 2002), 328쪽 참조.

93. Merleau-Ponty(1962: 214). [역주] 위의 책, 328쪽.

94. Zuckerkandl(1956: 344). 나는 다른 글에서 메를로퐁티와 주커칸들의 주장을 더욱 상세하게 비교했다(Ingold 2000: 266-9).

19

95. Gibson(1979: 54).

96. Merleau-Ponty(1964: 186), Ingold(2000: 263) 또한 참조하라. [역주] 《눈과 마음: 메를로퐁티의 회화론》(김정아 옮김, 마음산책, 2008), 136쪽. 인용된 본문은 역자가 부분 수정한 것임.

97. Merleau-Ponty(1964: 163-4). [역주] 위의 책, 43쪽 참조.

98. Soth(1986: 301)에서 인용. 반 고흐의 첫 시도가 완전히 성공적인 것은 아니었다. 1888년 9월에 그린 〈론강의 별이 빛나는 밤에〉에서 그는 관습에 굴복해 각 별을 점으로 묘사했고, 그 점에서 노란색의 짧은 광선이 짙푸른 하늘로 내뿜어져 나갔다. 과학사가인 오마르 나심Omar Nasim이 주장했듯이 고흐가 프랑스에서 천문학을 대중화한 니콜라 카미유 플라마리옹Nicolas Camille Flammarion의 나선형 성운 삽화에 익숙해졌고, 이것이 그의 후기 작품에 나타난 소용돌이에 영감이 되었으리라는 점은 그럴듯하다. 여하간 "일반적으로 가깝고 우주적으로 먼 것이 한 관점에서 그려지는, 인간의 상상력과 지각의 확장"을 수반하는 한에서 고흐의 별이 빛나는 밤에 대한 묘사가 플라마리옹의 공상과 어떤 유사성이 있다는 나심의 발언은 분명 맞는 말이다(Nasim 2013: 118-21).

99. Ingold(2000: 265).

100. Gibson(1979: 55).

101. Luke(1964: 282)에서 괴테의 말.

102. Merleau-Ponty(1962: 317). [역주] 《지각의 현상학》(류의근 옮김, 문

학과지성사, 2002), 476쪽 참조.

103. Uexküll(1982: 65). [역주] 《동물들의 세계와 인간의 세계》(정지은 옮김, 도서출판 b, 2012), 219쪽 참조.

104. Gibson(1966: 222). [역주] 《지각체계로 본 감각》(박형생·오성주·박창호 옮김, 아카넷, 2016), 358쪽 참조.

20

105. Gibson(1979: 287).

106. Merleau-Ponty(1964: 172). [역주] 《눈과 마음: 메를로퐁티의 회화론》(김정아 옮김, 마음산책, 2008), 77쪽. 인용된 본문은 역자가 부분 수정한 것임.

107. Deleuze and Guattari(2004: 186). [역주] 《천 개의 고원》(김재인 옮김, 새물결, 2001), 321쪽.

108. Serres(1995b: 80), 15장 참조.

109. 의아하게도 플루서(Flusser 1999: 57)는 천막의 직조된 스크린 벽이 주민의 경험을 저장하는 것과 동일한 방식으로 필름-스크린이 투사된 상을 저장하고 텔레비전 스크린이 전자기적으로 전송된 이미지를 저장한다고 보았다. 내가 보기에 이는 진실에서 완전히 벗어나 있다.

110. Roque(1994).

111. Taussig(2009: 17-18).

112. Taussig(2009: 54), Merleau-Ponty(1964: 188). [역주] 《눈과 마음: 메를로퐁티의 회화론》(김정아 옮김, 마음산책, 2008), 146쪽. 인용된 본문은 역자가 부분 수정한 것임.

113. Goethe(1840: 206, §502). [역주] 《색채론》(장희창 옮김, 민음사, 2003), 182쪽. 인용된 본문은 역자가 부분 수정한 것임.

114. 질적 그리고 양적 변이의 구분에 관한 이 명료한 공식화를 제공해 준 리카르도 네미로프스키에게 감사하다.

115. Taussig(2009: 36).

116. Taussig(2009: 251).

117. Taussig(2009: 22)에서 인용.

21

118. Clarke(2005: 35).

119. Zuckerkandl(1956: 277).

120. Nancy(2007: 20).

121. 음색의 어원과 중요성에 관한 논의는 낭시(Nancy 2007: 39-43)를 참조할 것. 다음을 고려해 보라. "음색을 논할 때 그는 분해(decomposition)로부터 나오지 않는 것을 정확히 가리키고 있다. 설사 음색을 음높이, 지속, 강도와 구분하는 것이 참되고 또 가능하다 할지라도 음색 없이는 음높이도 그 외 다른 것들도 없다(색 없이는 그 어떤 선도 표면도 없는 것처럼)"(2007: 39-40).

122. Deleuze and Guattari(2004: 323). [역주] 《천 개의 고원》(김재인 옮김, 새물결, 2001), 555쪽 참조. 인용된 본문은 역자가 부분 수정한 것임.

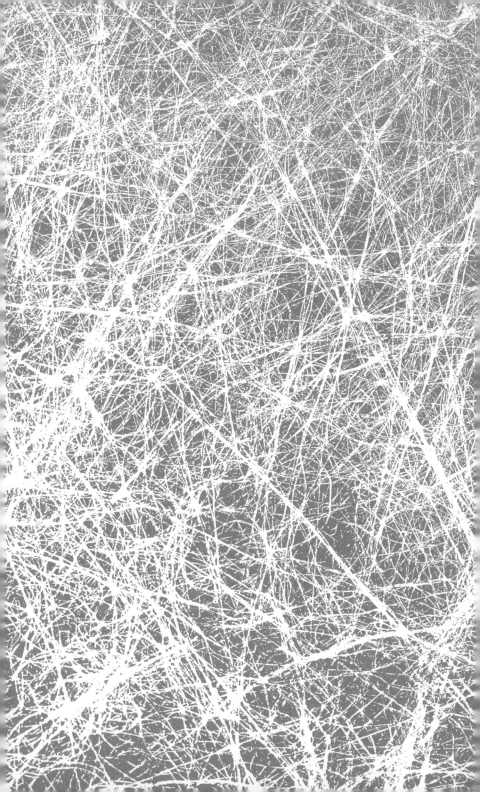

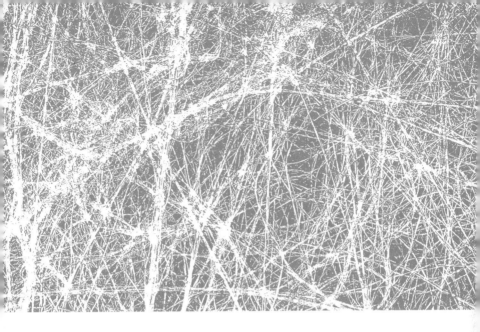

제3부 인간하기

Part Ⅲ Humaning

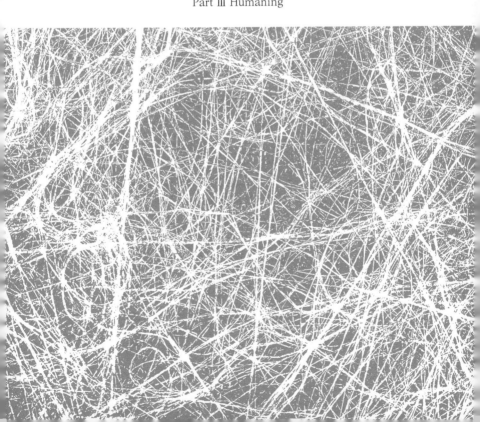

22. 인간이라는 것은 하나의 동사이다

때는 1885년 7월, 장소는 맥그레거산. 미국의 제18대 대통령인 율리시스 S. 그랜트는 퇴임 후 회고록을 집필하고 있었다. 그랜트는 임종 직전 그의 명을 재촉하는 인후암으로 인해 말을 할 수 없게 되자 주치의인 존 H. 더글러스에게 연필로 다음의 쪽지를 써서 건넸다.

"실은 나라는 것은 인칭 대명사가 아니라 하나의 동사라고 생각한다. 동사란 있기, 하기, 겪기를 의미하는 어떤 것이다. 나라는 것은 이 세 가지 모두를 의미한다."[1]

그랜트가 그로부터 며칠 후 사망했기 때문에 이 난해하리만치 현명한 몇 줄의 글을 썼을 때 그가 정확히 무슨 생각을 했는지는 알 수 없다. 그렇지만 이 책의 제3부이자 마지막 부분에서 나는 그가 의미했을 수도 있는 것에 대해 몇 가지 되짚어 보려고 한다. 왜냐하면 나는 그의 말이 분명 인류학에서 가장 오래되고 가장 근본적인 문제에 대해 심오한 해법을 요약하고 있다고 생각하기 때문이다. 우리 자신을 우리가 인간이라고 생각한다는 것은 정확히 무엇을 의미하는가?

그로부터 500여 년 전 마요르카섬에서는 작가이자 철학자이며 신비주의자인 라몬 률[2]*이 같은 문제에 몰두하고 있었다. 률 자신의 말에 의하면, 그는 1232년 귀족 가문에서 태어나 음유 시인의 방탕한 삶을 살다가 어느 날엔가 그의 마지막 연인을 위해 연가를 짓는 중에 십자가에 매달린 예수의 환상을 보았다. 그 후 며칠 동안 반복적으로 나타난 환시에 두려움을 느낀 그는 마침내 방탕한 삶을 청산하고 남은 생을 기독교의 가르침과 학문에 바치기로 결심했다. 당시 마요르카는 지중해 세계에서 상업의 중심지이자 이슬람교, 유대교, 기독교 사상의 용광로였다. 무슬림과 유대인에게 기독교의 진리를 설파하려면 세계 교회의 정신으로 무장해야 한다는 것을 깨달은 률은 9년 동안 강도 높은 연구에 몰두했다. 이 연구에는 그가 사들인 무슬림 노예에게 아랍어를 배우는 것도 포함돼 있었다. 그런데 그 후 이 노예와 사이가 틀어지고 말았다. 사라센 노예는 신성 모독죄로 투옥돼 결국 옥중에서 목을 매었는데, 이로써 률은 그의 운명을 결정지었을 끔찍한 책임에서 벗어날 수 있었다(<그림 22-1>). 이 연구는 비범할 만큼 다작을 남긴 그의 긴 생애의 초석이 되었다. 그는 평생 라틴어와 아랍어는 물론 모국어인 카탈루냐어로 약 280권의 책을 저술했다. 《신논리학 Logica Nova》은 1303년 일흔한 살의 률이 이탈리아 제노바에서 집필

---

* 라몬 률(Ramon Llull, 1232~1315)은 마요르카 왕국의 철학자, 신학자, 과학자, 시인이다. 보편 논리로서의 기독교 교리를 증명하기 위한 논리 체계를 고안했다. 그의 저작은 스페인의 미술가 살바도르 달리, 아르헨티나의 작가 호르헤 루이스 보르헤스 등의 작품에 영향을 끼쳤다고 알려져 있다.

한 그의 후기작 중 하나이다.

이슬람 문화와 과학에 관여하면서 크게 영감을 얻은 륨은 이 저작에서 역동적인 우주를 우리에게 제시한다. 이 우주에서 모든 것(모든 개체 혹은 실체)은 그 특유의 활동 덕분에 그 자체로 존재한다. 륨에게 사물이란 그것이 행하는 것이다. 예를 들어, 불의 본질은 타는 것이다. 정확히 말해서 불을 타오르게 하는 것 혹은 불에 의해 뜨거워지는 것은 우연적이거나 부수적인 문제이다. 아마도 우리는 물을 데우기 위해 나무를 태우겠지만, 나무도 물도 불의 존재에 필수적인 것은 아니다. 필수적인 것은 연소가 계속되어야 한다는 것이다. 마찬가지로 순백은 이런저런 물체를 하얗게 할 수 있지만, 백화가 계속될 때는 순백만이 존재한다.[3] 그러나 사물이나 실체의 실존을 그 활동과 구별할 수 없다는 것을 라틴어로 표현하기는 쉽지 않다. 또는 일반적으로 동사를 서술부에 놓고 그렇게 해서 인과적인 행위자로서 사람과 사물을 그것들이 일으키는 효과로부터 범주적으로 분리하는 것은 어떤 언어에서도 정말로 잘 표현되지 않는다. 륨은 이것을 표현해 내기 위해 그에게 익숙한 아랍어 동사의 형태를 본떠 새로운 단어를 고안해야만 했다. 이러한 신조어 중 하나는 륨이 인간을 정의하는 문제에 착수할 때 등장한다. 만약 다른 모든 것에 통용되는 것이 인간에게도 통용된다면, 그때 인간은 인간 특유의 활동에 의해 마찬가지로 정의되어야 할 것이다. 인간이 존재하는 곳에서 무엇인가가 계속되어야 한다. 그러나 무엇이?

한 번 더 말하면, 륨은 새로운 동사를 발명해야 했다. 그것은 [라틴어로] 'homificare', 즉 '인간화하다'이다. 륨의 수수께끼 같은 정의에 따르면, 'Homo est animal homificans', 즉 인간은 인간화하는 동물

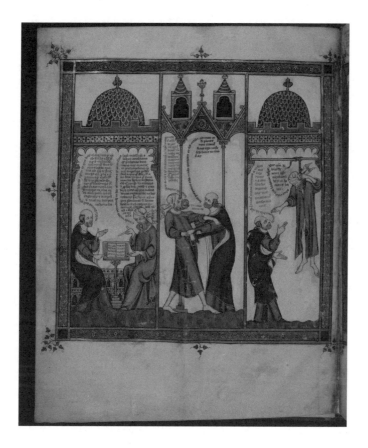

〈그림 22-1〉 라몬 률과 사라센 노예 이야기

이 세 폭짜리 회화의 서자판(書字板)은 노예로부터 언어 교습을 받고(왼쪽), 노예의 신성 모독 혐의에 관한 언쟁에 참여하며(가운데), 옥중에서 올가미로 목을 매단 노예를 발견하는(오른쪽) 률의 모습을 묘사하고 있다.《라몬 률의 작품에 관한 짧은 설명(Breviculum ex artibus Raimundi Lulli)》에서 복원했다. 카를스루에 바덴 주립 도서관의 허가를 받아 게재한다. 서가 번호 St Peter perg. 92, Fol. 3v.

이다.[4] 인간이 무엇을 행한다는 것인지 혹은 어떻게 그것을 시작한다는 것인지는 분명하지 않다. 다만 인간이 존재하는 언제 어디서나 인간화가 계속된다는 것이다. 인간은 자기 자신을, 서로를, 동물계와 식물계를, 그리고 정말로 우주 전체를 인간화한다.[5] 이렇듯 그의 긴 생애의 말년에서 라몬 륄은, 실로 그로부터 5세기 후의 율리시스 S. 그랜트와 마찬가지로 인간의 문법적 형태를 명사든 대명사든 주어의 형태가 아닌 동사의 형태로 생각한 것 같다. 륄이 의도한 의미에서 인간이 인간화한다는 것은 인간이 세계를 **인간답게 만드는** 것이 아니다. 다시 말해서 그것은 (서구적 전통을 인습적으로 따르는 어느 한 존재론이 그러하듯이) 미리 형성된 자신의 질서를 자연이라는 주어진 기질에 덧붙이는 것이 아니다. 오히려 그것은 공동의 생활 세계라는 도가니 속에서 자신의 실존을 만들어 내는 것이다. 인간의 인간성은 **선험적인** 조건으로서 처음부터 주어지는 것이 아니라 생산적 성취로서 나타난다. 한 가지 덧붙이면, 이는 삶이 계속되는 한 언제까지나 인간이 끊임없이 움직여서 일해야 한다는 것이며 그런데도 최종 결말에 절대 도달하지 않는다는 것이다.

이러한 관점은 20세기 스페인 철학자 호세 오르테가 이 가세트*의 저작과 공명한다. 1935년 스페인 내전이 일어나기 직전에 쓴 <체계로

---

* 호세 오르테가 이 가세트(José Ortega y Gasset, 1883~1955)는 스페인의 철학자이자 저술가이다. 관념론과 실재론의 이원적 구분을 넘어서는 삶의 철학에 천착해 온 그의 관심은 실존주의 및 현상학과 문제의식을 공유한다고 평가받는다. 그의 연구는 객체지향 존재론을 주창한 미국의 철학자 그레이엄 하먼에게 영향을 주었다고 알려져 있다. 국내에서는 《대중의 반란/철학이란 무엇인가》(김현창 옮김, 동서문화사, 2009)를 비롯한 다수의 번역서가 출간되었다.

서의 역사History as a system>라는 저명한 논문에서 당시 아르헨티나의 부에노스아이레스에서 망명 생활 중이던 오르테가는 인간적인 삶의 문법적 형태는 동명사의 그것이라고 주장한다. 인간의 삶은 항상 만들어지는 중이며 "**이뤄져야 할 것**faciendum이지 **이뤄진 것**factum 이 아니다".[6] 이러한 이유로 오르테가는 인간 본성에 호소하는 것이나 그도 아니면 인간의 정신에 호소하는 것은 잘못된 판단이라고 생각했다. 인간의 신체나 혼 또는 마음이나 정신에 관해 이야기한다는 것은 그것이 생겨나는 과정에서부터 이미 고정된 최종 형태로 결정되어 있다는 것을 전제한다. 이는 실제로는 절대 도달할 수 없는 결말을 그 기원에 놓는 것이다. 왜냐하면 실제로 인간의 삶이 존재하는 데에는 일어나는 것만 있기 때문이다. 즉 "우리에게 주어진, 인간의 삶이 존재할 때 **있는** 유일한 것은 각자가 스스로 삶을 해내야 한다는 것이다. …… 삶이란 과업이다". 그러므로 삶은 **존재하는** 것이 아니라 **존재해 가는** 것이다. 정말로 오르테가가 서술한 대로 우리 자신을 인간 존재로 언급하는 우리의 관습적인 방식은 어느 정도 부조리하다. 어떻게 존재해 갈 수 있다는 것인가? 그것은 우리에게 멈추지 않고 이동하면서 그와 동시에 한 장소에 서 있으라고 요구하는 것과 같다.[7]

그렇다면 우리는 '존재'라는 말을 '생성'이라는 말로 바꿔야 할지 모른다. 만드는 중인 삶의 예증으로서 우리는 우리 자신을 오히려 ['인간 존재'가 아니라] '인간 생성'으로 불러야 하지 않을까? 오르테가는 어느 흥미로운 여담에서 그 외에는 대체로 공감을 표한 위 세대의 한 철학 저술가를 비판적으로 언급하면서 저 대안을 제외한다. 그 저술가는 바로 앙리 베르그손이었다. 베르그손에게도 그것[삶]은 일어나는 것 자체였다. 모든 것은 운동, 성장, 생성이었다. 그것들은 겉으로 사물의 고정된 형태로 보이지만 생명 활동 과정의 외피다. 베르그손이 말하길 존재는 자기 만들기, 즉 [프랑스어로] "l'être en se faisant [자신을 만드는 존재]"에 있다. 그렇지만 베르그손의 어휘에서 자기 만들기se faisant는 생성devenir(즉 '되기'에서 유래한)의 또 다른 표현일 뿐이었다. 그와 반대로 오르테가는 자신을 만든다는 인간의 과업에는 단순한 생성 이상의 것이 있다고 주장한다. 삶을 만든다는 것은 단지 살아가는 것 이상이라는 것이다. 인간이란 문자 그대로 자기 자신의 제작자이다. 즉 인간은 **자기 제작자**이다.[8] 그저 자기 본성에 있는 그 무엇을 생성할 뿐인 다른 동물과 달리 인간은 (오르테가의 주장에 따르면) 무엇으로 존재**해 갈지**를 반드시 결정해야 한다. 인간 존재의 완전한 실현은 언제나 연기되며 언제나 아직 아니다. 오르테가는 '인간'이란 '아직 아닌 존재', 또는 한마디로 '열망'이라고 말한다.[9] 그리고 인간은 사물을 열망하기 때문에 그 열망을 달성하는 데에서 또 어려움에 직면한다. 동물에게 삶은 어렵지 않다. 왜냐하면 동물은 즉시 얻을 수 없는 것에 손을 뻗지 않기 때문이다. 그렇다고 동물이 손에 넣는 것이 쉬운 것이라고 말할 수는 없다. 쉬움과 어려움의 차이는 동물과는 아무 관련이 없다. 그러나 인간은 열망 대상에의 도달과 파악 능력의 장악 사이에 사로잡혀서 언제까지나 삶에 몰두한다.

다른 방식으로 표현하면, 동물의 지평에는 과거도 미래도 없이 끝없이 진화해 나가는 지금만이 존재하는 것과 달리, 인간적인 삶의 운동은 시간적으로 뻗어 나간다. 저 앞에는 열망의 '아직 아님'이 있고, 후미에 따라오는 것은 파악의 '이미 거기'이다. '아직 아님'과 '이미'가 동시에 있음으로써 인간은 그 성립에서부터 자신에 앞서 있다고 말할 수 있다. 여타 생명체는 자신이 행하는 것을 하기 위해 그 자신이어야 하지만, 인간은 순서가 반대다. 인간은 자신이 인간이기 위해 자신이 행하는 것을 해야 한다. 비행이 새를 만들지는 않지만, 발화는 우리를 인간으로 만든다. 인간은 존재하기보다 생성한다고 말하려는 것이 아니다. 오히려 인간의 생성은 끊임없이 인간의 존재를 앞지른다는 것이다. 내가 제안하는 바는 륄이 인간을 인간화하는 동물로서 이야기했을 때 바로 이 점을 염두에 두었다는 것이다. 나아가 우리가 우리 인간 자신에 대해 우리가 그저 자신의 삶을 사는 것이 아니라 그 삶을 **이 끈다**고 말할 때 아마도 우리 대부분 마음의 이면에는 이 점이 있으리라 나는 생각한다. 따라서 륄의 인간화와 오르테가의 자기 제작에 공통하는 것은 그것들이 모두 삶을 이끄는 것에 관해서라는 점이다. 이 것은 그러나 답변으로서는 처음의 질문에서 다시 시작하자는 것이다. 질문은 다음과 같았다. 우리 자신에 대해 우리가 인간이라고 생각한다는 것은 무엇을 의미하는가? 지금까지 우리가 해 온 모든 것은 이 질문을 또 다른 질문으로 대체하는 것이었다. 즉 삶에 대해 삶이란 이끌어지는 것이라고 이야기한다는 것은 무엇을 의미하는가? 뒤이어서 이야기할 내가 제안하는 답변은 삶을 이끈다는 것은 **선을 펼쳐 놓는다**는 것이다.

23. 인간 발생론

인간 존재는 자기 제작자라고 오르테가는 말했다. 인간은 자신을
만들거나 짓는다. 그러나 인간은 또한 성장한다. 모든 살아 있는 존
재와 마찬가지로 인간은 개체 발생*의 과정을 겪는다. 인간은 자신을

---

* 독일의 생물학자 에른스트 헤켈(Ernst Haeckel, 1834~1919)이 발생 반복설(Recapi-
tulationtheory)을 주장하며 고안한 개념이다. 개체 발생(ontogenesis 또는 onto-
geny)이란 난자와 정자가 융합되어 만들어진 접합체가 성체와 같은 형태를 가진 개체로
성장하는 과정을 가리키는데, 이는 한 생물종의 발생 및 진화에 대한 역사를 이르는 계통
발생(phylogeny)과 대비된다. 헤켈은 종의 개체가 배아 발생 단계에서 해당 종의 진화
과정을 재연한다는 증거를 제시했고, 하위 동물의 발생 마지막 단계에 새로운 형질이 추
가되며 상위 동물이 발생한다는 일원론을 주장했다. 헤켈이 남긴 유명한 말 "개체 발생은
계통 발생을 반복한다"는 이와 같은 그의 주장을 요약적으로 제시하며 진화 이론 내에서
오랫동안 영향력을 발휘했다. 하지만 1998년 과학 학술지 《사이언스》에 그가 제시한 증
거 사진의 조작을 인정하는 논문이 게재되며 그의 이론은 폐기되었다.

성장시키고, 그 성장이 타자의 존재와 행위에 조건 지어진 까닭에 서로를 성장시킨다. 확실히 '서로를 성장시키는 것'은 어떤 사회생활에도 알맞은 적절한 정의이다. 그런데 인간을 만드는 것과 인간이 성장하는 것의 관계란 무엇인가? 무엇이 먼저 오는가? 여기서 내가 논하려는 것은 인간다움의 관습적인 개념이 만들기 안에 성장하기를 괄호 쳐서 두는 반면, 우리가 륄에게서 가져온 인간화하기라는 대안적인 관념은 이 우선순위를 역전시켜서 만들기가 성장하기의 과정에 끼어들어 순간순간 구두점을 찍는다는 것이다(<그림 23-1>). 이것은 문화와 육성의 상대적인 선행성이라는 관점에서 또 다른 식으로 표현된다.* 우리는 육성을 자연에 의해 제공된 물질에 대해 이미 존재하는 문화적 형태의 투사로 생각할 것인가, 아니면 문화를 육성 과정에서 나타나는 속성들의 총합으로 생각할 것인가? 여기서 나는 후자의 관점으로 향한다. 결국 문화란 본래의 의미에서 만들어지는 것이라기보다 성장하는 어떤 것(곧 배양되는 어떤 것)이 아니던가?

[앞에서 제시한] 첫 번째 선택지는 연속성과 변화라는 일상 언어에 이미 전제되어 있는데, 이 언어에서 연속한다는 것은 어느 한 안정된 상태에 존속한다는 뜻이며 변화한다는 것은 한 상태에서 다른 한 상태로 이행한다는 뜻이다. 이것은 "아이고, 많이 컸네" 증후군이라고

---

* 잉골드는 본서 서문에서 언급한 엘리자베스 할람과 함께 《만들기와 자라기: 유기체와 인공물에 관한 인류학 연구(Making and Growing: Anthropological Studies of Organisms and Artefacts)》(2014)를 편찬하고 서문을 썼다. 편서 서문에서 육성은 돌봄과 자양분을 제공하는 만들기의 감각으로 제시된다. 좋은 양털을 얻기 위해서 양을 돌보고, 좋은 명주실을 얻기 위해 누에를 세심하게 살피는 것이 육성의 대표적인 예이다(Hallam and Ingold 2014: 3 참조). 23장의 전반적인 논의는 위에서 언급한 책에서 상세하게 다루어진다.

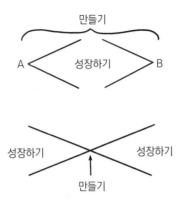

〈그림 23-1〉 만들기-안-성장하기(위)와 성장하기-안-만들기(아래)

불릴 수 있는 현상에서 그 전형이 발견된다. 생각해 보면 어렸을 때 먼 친척이 다행히도 드물게 우리 집을 방문했고, 친척이 오랜만에 우리를 보고 그때마다 처음 던지는 감탄의 말이 "아이고, 많이 컸네!"였다. 친척은 마지막으로 본 우리의 모습을 기억하고, 지금 본 우리의 변화된 모습에 큰 충격을 받는다. 성장은 이 친척에게 그때와 지금 사이의 간격을 메워 주고 예전과 현재의 겉모습 차이를 설명해 준다. 그러나 우리에게 그리고 우리 주변 사람들에게 성장은 늘 계속된다. 우리는 성장을 변화, 즉 A에서 B로의 변천으로서가 아닌 삶 그 자체로서 머릿속에 기입한다. 그렇지만 우리의 것인 이 삶은 중요한 사건에 의해 그 때그때 구두점이 찍힌다. 우리는 돌이켜 보며 그러한 사건을 자신의 이력에서 형성적 순간, 즉 오늘날의 우리라는 인물을 우리에게 만들어 준 계기로서 기억한다. 이 의미에서 만들기는 **통과 의례**와 유사하고, 만드는 자는 문턱에 서 있는 자로서 그가 담당하는 사람과 물질이 삶과 성장의 한 국면에서 다음 국면으로 수월하게 넘어가게 한다. 동아프리카 은뎀부 사람들의 입사식에 관한 저술에서 인류학자 빅터 터너*는 다음과 같이 관찰한 바 있다. "소녀를 여성으로 **성장시키는** 것은 존재론적 변환을 일으키는 것이다. 이것은 단순히 불변의 실체를 어떤 기계적인 힘과 유사한 것으로 한 지점에서 다른 지점으로 옮기는 것이 아니다."[10]

혹은 인류학자 브로니슬라브 말리노프스키**가 그의 가장 저명한 연구 《서태평양의 항해자들Argonauts of the Western Pacific》에서 묘사한 트로브리안드 군도의 카누 건조자에 대해 생각해 보자. 그는 숲에서 성장하던 나무를 파도를 타는 배로 바꾸는 데 중요한 역할을 한다. 카누 건조자의 일은 형상이 없는 원재료(원목)로 시작해서 형태를 잘 갖춘 인공물(카누)로 끝내는 것이 아니다. 혹은 카누가 건조자의

---

* 빅터 터너(Victor Turner, 1920~1983)는 영국의 인류학자이다. 동아프리카 은뎀부에서 수행한 조사를 바탕으로 종교, 의례 및 연행, 상징 문화에 관한 인류학 연구서를 출간해 사회적 드라마(social drama), 커뮤니타스(communitas) 등의 개념을 제안했다. 국내에서는 《상징의 숲》(장용규 옮김, 지식을만드는지식, 2020), 《제의에서 연극으로》(김익두·이기우 옮김, 민속원, 2014), 《인간 사회와 상징 행위》(강대훈 옮김, 황소걸음, 2018) 등이 출간되었다.
** 브로니슬라브 말리노프스키(Bronislaw Malinowski, 1884~1942)는 폴란드 태생의 영국 인류학자이다. 남태평양 트로브리안드 군도에서 장기간 거주하며 수행한 조사를 바탕으로 섬 주민 집단 내 의례와 주술, 친족, 결혼 제도, 농업 경제 등을 분석하며 심리적 기능주의를 중심으로 문화를 해명하고자 노력했다. 그의 연구는 인류학 연구의 방법론 및 이론적 기반을 마련했다고 평가받는다. 국내에서는 《산호섬의 경작지와 주술》(유기쁨 옮김, 아카넷, 2012), 《서태평양의 항해자들》(최협 옮김, 전남대학교출판부, 2013) 등이 출간되었다.

자귀 끝에서 형태를 갖춰 가며 최초의 무정형에서 최종 형태로 '성장하는' 것이 아니다. 카누 건조자의 과제는 오히려 (숲속 나무의) 생명과 성장의 한 방식을 끝내고 (해상의 배라는) 또 다른 방식의 개시를 준비하는 것이다. 섬사람들은 나무에서 카누로의 변신을 애벌레에서 나비로의 변신에 빗댄다. 통나무의 속을 파내는 일에 착수하기 전 카누 건조자는 자신의 의도를 이렇게 선언한다.

"나는 자귀를 잡을 것이며, 내리칠 것이다! 나는 내 카누로 들어갈 것이며, 그대를 날게 할 것이다. 오 카누여, 나는 그대를 뛰어오르게 할 것이다! 우리는 나비처럼, 바람처럼 날 것이다. 우리는 안개 속으로 사라질 것이며, 소멸할 것이다."[11]

일단 속이 파인 카누는 마지막 준비를 위해 해변으로 이송되어야 한다. 출발 준비를 위해 마을에서 해변까지 열을 지어 이동하는 일렬의 남성들을 떠올려 보라. 그들은 수많은 다리가 달린 애벌레의 형태를 띤다. 그들은 걸음을 멈춘다. 그리고 잠시 (땅, 바다, 하늘이 수렴되는 그곳에서) 모든 것은 고요하다. 그 후 갑작스럽게 분출되는 활동과 함께 카누는 궤도에 오르고, 말린 판다누스 이파리로 꿰매진 카누의 세모난 돛이 펼쳐진다. 해변에서 번데기 단계에 진입한 애벌레는 완전히 날아오를 수 있는 나비의 모습으로 등장한다. 나비의 날개는 돛이고, 그 눈은 뱃머리부터 뱃전까지 조각되어 있다.[12]

한 가지 사례를 더 검토해 보자. 항아리와 아기의 차이는 무엇일까? 답은 뻔하다고 생각할지 모른다. 당연히 항아리는 도공에 의해 만들어지는 반면, 아기는 어머니의 자궁 안에서 그리고 태어난 후에는 가정의 품 안에서 성장하고 길러지기 때문이다. 전자는 인공물이고 후자는 유기체이다. 이것은 우리에게 분명해 보일 수 있다. 그러나 우리는 많은 사회에서 항아리가 인체에, 때로는 신생아나 유아의 체형에 빗대어진다는 것을 알고 있다. 이렇듯 명백한 의인주의擬人主義의 특질을 왜 항아리에 귀속시키는 것일까? 아르헨티나 서북부에서 고고학자들은 상당수의 항아리를 발굴했는데, 그것은 소위 '라칸델라리아 La Candelaria' 문화권 사람들에 의해 제작되었으며 그 연대는 서기 1000년까지 거슬러 간다. 그중 많은 항아리는 이제 막 형성되기 시작한 태아의 팔다리를 닮은 돌출부를 가지고 있다. 어떤 것은 얼굴이 있고 어떤 것은 얼굴이 없다. 라칸델라리아 도공들이 그들의 작품으로 무엇을 성취하려 했는지 우리는 절대 알 수 없다. 그러나 같은 지역의 현대 아메리카 원주민에 대한 민족지는 그들의 시선에서 항아리와 아기가 그리 다르지 않다는 것을 말해 준다. 실제로 항아리는 아기처럼 성장하고 아기처럼 길러진다.[13] 인간 부모가 태내 생활로부터 세계 내 새로운 생활로 아기의 수월한 이행을 돕듯이, 도공은 땅속 생활로부터 항아리로서의 새로운 생활로 점토의 수월한 이행을 돕는다. 인간의 손이 아기를 어루만지고 달래는 것과 같은 방식으로 도공의 손은 점토를 쓰다듬는다. 이렇게 손을 쓰는 모든 것, 이러한 양육으로 인해 마치 성장하는 아기의 형태가 나타나듯이 항아리의 형태가 나타난다.

여기서 형태는 의인주의 개념이 암시하듯이 인간 문화의 고차원적인 원천으로부터 점토라는 '자연적인' 물질로 부여되는 것이 아니다. 오히려 형태는 도공의 어루만지고 달래는 손으로부터 생겨난다. 이때 도공은 문자 그대로 자신의 작품을 통해 새로운 생활 주기의 개시를 알린다. 형태가 물질에 적용된다기보다 어떻게 해서 인간관계의 영역 내에 출현하는지를 묘사하기 위해서 우리는 정말로 새로운 단어, '인간-개체 발생적anthropo-ontogenetic'과 같은 용어가 필요하다. 그러나 이 단어는 너무 길고 거추장스러우므로 다음부터 나는 이것을 **인간 발생적**anthropogenic이라는 말로 축약하고자 한다. 이 용어를 통해 내가 의도하는 특수한 의미에서 인간 발생론은 만드는 것도 성장하는 것도 아니며 '성장하기-안-만들기'의 한 종류이다. 한 벌의 옷을 뜨개질하는 것은 이 의미에서 인간 발생적이라고 볼 수 있다. 옷의 모양은 입을 사람의 몸 형태에 따라 재단되지만, 이 모양은 연속되는 실 가닥을 표면으로 바꾸는 실뜨기와 고리 걸기의 수많은 세밀한 몸짓에서 생겨난다. 그런데 이것이 신체와 어떤 차이가 있다는 것일까? <시편>에는 "주는 내 몸의 모든 기관을 만드시고 어머니의 태에서 나를 베 짜듯이 지으셨습니다"라고 쓰여 있다. 우리는 같은 자궁 안에서 짜인 선들이 그 뒤 친족과 인척이라는 관계를 형성하는 속에서 어떻게 각자의 길을 가는지를 이미 살펴보았다.[14] 앞서 언급한 것과 동일한 구절에서 지금 우리에게 눈에 띄는 것은 <시편>의 저자가 자궁 안 태아의 성장과 편물의 인간 발생적 과정을 명확하게 비교한다는 것이다.

이 《성경》 문헌이 가리키듯이, 성장하기-안-만들기의 퍼스펙티브 perspective는 우리 자신이 수신자인 전통과 동떨어져 있지 않다. 근세 유럽의 공예 기술자들 사이에서 다양한 물질을 함께 뜨거나 짜는 것과 같은 신성한 창조의 이미지는 그들 자신의 활동에 영감과 이상을 제공했다. 빵, 버터, 꿀처럼 인간의 신체를 살아가게 하고 성장하게 하는 음식과 같은 물질은 또한 그들의 직업을 부양했고, 그 반대로 공예의 물질이 신체에 대한 의료와 그 외 처방으로 흘러 들어갔다.[15] 신체에서도 공예 작품에서도 물질은 그 기질에 조응하는 특정한 균형과 비율에 따라서 함께 섞인다. 이것은 자연을 모방하는 기술이었으며, 이 모방은 자연의 형태를 재생산하는 것이 아니라 자연의 과정을 탐구하는 속에서 이뤄졌다. 만약 인공물과 유기체에 유사성이 있다면, 그것은 전자가 후자의 이미지를 본뜨기 때문이 아니라 유사한 과정이 유사한 결과를 만들어 내기 때문일 것이다. 항아리와 아기도 마찬가지이다. "아이고, 많이 컸네" 증후군의 만들기-안-성장하기와 조응하는 세계의 의인주의적 인간다움humanising과 대조적으로, 우리는 이렇듯 인간 발생적인 인간화humanifying에 도달했다. 이것은 소녀를 여자로 바꾸는 은뎀부 입사식의 성장하기-안-만들기에서, 그리고 그러지 않았다면 대지를 기어다닐 운명이었을 사람들을 바람과 파도의 부유하는 대기 속으로 해방한 트로브리안드 군도의 카누 건조자의 작업에서 분명하게 드러난다.

그런데 최근의 인류학 문헌에서 의인주의 개념은 '퍼스펙티브주의 perspectivism'의 기조 아래 또 다른 의미로 통용되고 있다. 이것은 주체 위치의 교환(저 주장에 따르면, 이것은 아메리카의 토착 원주민과 북극권 사람들의 존재론적 이해에 공통한다)을 가리키는데, 예를 들어 동물을 쫓던 중 방향을 잃은 인간 사냥꾼이 결국에 인간 공동체에 필적하는 이전 사냥감 공동체의 손님으로서 자신을 발견할 때 주체 위치의 교환이 일어날 수 있다. 이 교환에서 사냥감 또한 동물의 가면을 벗고 인간으로서 사냥꾼 앞에 나타난다. 여기서 의인주의는 형상과 지면이 반전되듯이 남자와 여자의 사회로부터 동물들의 사회로 '뒤집히는' 가운데 퍼스펙티브의 교환으로부터 생긴다. 후자의 퍼스펙티브에서는 이제 전자가 비인간으로 나타난다. 퍼스펙티브주의의 사고를 인류학 이론에 선구적으로 도입한 인류학자 에두아르두 비베이루스 지 카스트루*는 이러한 부류의 **의인주의**를 이른바 '질료 형상론' 생산 모델의 인간**중심주의**라고 그 자신이 부르는 것과 비교한다. 이 모델은 우리 근대인이 고대 그리스로부터 유산으로 물려받은 것이며, 이 모델에 따르면 인간의 관념 영역에서 유래하는 디자인이 자연 세계의 주어진 물질성에 부여된다.[16]

우리가 볼 때 이 대조는 의인주의와 인간중심주의 사이에 있는 것이 아니라 두 종류의 의인주의 사이에 있는데, 그중 하나(교환-안-변신)는 퍼스펙티브의 반전을 수반하고 다른 하나(만들기-안-성장하기)는 형상에서 질료로의 일방향적인 이행을 수반한다. 그러나 어떤 선택지도(인간이 모습을 바꾸는 것이나 인간이 모습을 부여하는 것이나) 인간 형태 자체의 발달 중요성은 간과된다. 존재론적 비교에만 초점을 맞춤으로써 개체 발생, 곧 인간 형태의 **성장**은 무시되어 왔다. 그러나 개체 발생 없이는 비교할 존재론도 있을 수 없다.[17] 또다시 문법적 범주에 문제가 생긴다. 비베이루스 지 카스트루에게 존재가 인간의 겉모습을 띠는 것이라면 그때 존재는 의도와 행위성의 힘을 지닌 주어/주체여야 한다. 이것은 비인칭의 문법적 형태가 적용되는 목적어/대상과는 반대로 적절한 인칭 대명사를 통해 다뤄지게 된다.[18] 그러므로 동물들의 공동체에서 자신을 발견한 사냥꾼은 자신을 초대한 주인을

* 브라질의 인류학자인 에두아르두 비베이루스 지 카스트루(Eduardo Viveiros de Castro, 1951~)는 브라질 국립 박물관에서 인류학을 수학했다. 아마존 투피계 인디오인 아라웨테 부족에 대한 장기간의 현지 조사를 바탕으로 우주론적 퍼스펙티브주의와 다자연주의 개념을 제안하며 인류학 내 존재론적 전회(ontological turn)를 이끈 대표적인 학자로 평가받는다. 현재 브라질 국립 박물관 교수로 재직 중이며, 탈식민주의에 근간한 타자성의 재조명, 민족 형이상학으로서의 인류학, 인류세와 인간성 등에 대한 활발한 학술 활동을 전개하고 있다. 국내에서는 《식인의 형이상학》(박이대승·박수경 옮김, 후마니타스, 2018), 《인디오의 변덕스러운 혼》(존재론의 자루 옮김, 포도밭출판사, 2022) 등이 출간되었다.

'당신'으로 지칭할 것이다. 그러나 그 인간성이 말하자면 공동 생활의 도가니에서 계속해서 건설 중인 '아직 아닌' 존재나 열망하는 존재가 살아가는 세계에서는 행하는 자와 행위 사이에 또는 사고하는 자와 사고 사이에 분리란 있을 수 없다. 행위성은 행위에서 아직 빠져나오지 않았고, 지향성은 의식에서 여전히 벗어나 있지 않다. '주어' 자체는 존재하지 않고 또 그에 상응해 '목적어' 자체도 존재하지 않는다. 그렇다면 무엇이 존재할까? **선들**이 있다. 앞 장에서 우리가 찾아냈듯이 선이 취하는 문법적 형태는 명사(목적어의 경우)도 대명사(주어의 경우)도 아닌 동사이다. 이것은 의인주의가 아닌 **인간 발생론**의 세계이다.

24. 하기, 겪기

　이제 성장하기-안-만들기로서 이 인간 발생론 개념을 발전시키기 위해 또 다른 한 쌍의 용어를 도입하고자 한다. 그것은 곧 **하기**와 **겪기**라는 동사이다. 나는 이 한 쌍의 용어를 미국의 신학자 헨리 넬슨 위먼*이 1961년에 출간한 《신앙의 지적 근거Intellectual Foundations of Faith》라는 저작에서 가져왔다. 이 저작에서 위먼의 관심은 특히 인간의 삶이 어떤 의미에서 창조적일 수 있는지를 이해하는 데 있었다. 그는 창조성에 대해 두 종류 혹은 두 의미를 구별할 필요가 있다고 주장했다.[19] 한편에는 사람들이 **행하는** 것에서 표현되는 창조성이 있다.

---

* 헨리 넬슨 위먼(Henry Nelson Wieman, 1884~1975)은 미국의 철학자이자 신학자이다. 철학자 화이트헤드의 과정 철학으로부터 영향을 받고 창조적 전진을 실현하는 창조성으로서의 신론에 몰두했다. 미국 신학에 경험 신학 및 종교적 자연주의를 도입했다고 평가받는다.

이 의미에서 한 개인이 "그의 상상력에 이미 포섭된 새로운 디자인에 따라 무언가를 구성할" 때 그는 창조적이다. 이것은 창조성이 혁신성과 동일시될 때 가장 잘 상기되는 의미이다. 이 창조성은 최종 생산물, 즉 위먼이 "창조된 선善"으로 부른 것에서 행위자의 머릿속에 있는 전례 없는 아이디어, 즉 행위자의 활동에서 구현된 아이디어를 되돌아봄으로써 발견된다. 여기서 하기는 만들기이며, 수행이 생산으로 이어지는 것과 같다. 그것에는 미리 정해진 결말이 있다.

그렇지만 다른 한편에는 "공동체에 있어서 점진적으로 인격을 창조하는" 창조성이 있다. 위먼의 논점은 사람들이 하는 일의 우연성의 배후에, 그리고 이러한 하기들이 만들어 내는 다양한 종류의 생산물이나 창조된 선의 배후에 '창조적 선'이 있다는 것이다. 이 '창조적 선'은 인간의 삶 자체에 내재해 있으며 관계 속에서 인격을 창출하는 능력 안에 있다. 이러한 종류의 창조성은 "인격에 의해 경험되지만, 인격이 할 수 없는 것"이라고 그는 말한다.[20] 그것은 머릿속 아이디어와 함께 여기서 시작해 완성된 인공물과 함께 저기서 끝나는 것이 아니다. 오히려 시작도 끝도 없이 내내 계속된다. 이것이 사회생활의 창조성이다. 사회생활이란 개인이 하는 어떤 것이 아니라 개인이 겪는 무엇이라는 것이다. 그것은 타자의 존재와 그 활동을 통해 확립되는 관계의 영역 내에서 발달과 성숙의 다양한 역사(출생에서 유년기와 아동기를 거쳐 성인기와 노년기에 이르기까지)를 겪으면서 인간 존재가 성장하고 양육되는 과정이다. 그리고 결정적으로 이 성장은 힘과 신장뿐만 아니라 지식, 즉 상상력과 관념 형성의 작용에 있다.

청년 시절 위먼은 앙리 베르그손의 철학 저술의 열렬한 독자였고 이후 베르그손과 동시대를 산 영국인 앨프리드 화이트헤드*의 저서에 관한 연구와 출간을 이어 갔다. 끊임없이 자기를 능가하는 생물의 능력을 기술하기 위해 '합생合生, concrescence'이라는 용어를 고안한 이가 바로 화이트헤드였다.[21] 생명의 세계에서 구체적이고 창조된 사물뿐만 아니라 합생하며 점차 고조되는 사물이 존재한다고 화이트헤드는 주장했다. 혹은 오히려 이 동일한 세계를 두 가지 방식으로 볼 수 있다. 그중 하나는 밖에서 보는 방식으로 모든 유기체를 진화된 디자인의 살아 있는 체현으로 간주한다. 다른 하나는 안에서 보는 방식으로 유기체의 성장과 형상(즉 유기체의 계속되는 존재 또는 **개체 발생**)의 발생적 운동과 함께한다. 위먼에 의한 하기의 창조성과 겪기의 창조성의 구별, 창조된 선과 창조적 선의 구별은 확실히 화이트헤드와 같은 것을 설명하고 있다.

나아가 창조성은 한 인물의 특징적인 행함에서가 아니라 공동체 내 인격의 창출에서 발견되는 것이라는 위먼의 관념은 베르그손과 공명한다. 베르그손은 1911년의 저작 《창조적 진화Creative Evolution》에 다음과 같이 썼다.

"우리가 무엇을 하는지는 우리가 누구인지에 달렸다고 말하는 것이 옳다. 그러나 여기에 덧붙여 우리는 어느 정도까지는 우리가 행하는 것이며, 우리는 끝없이 자기 자신을 창조하고 있다고 말해야 한다."[22] 우리 자신에 대한 이 끝없는 창조는 행해지기보다 겪어지는 창조성이라는 위먼의 관념에 정확히 대응한다. 게다가 베르그손이 간절히 강조했듯이 그 과정은 되돌릴 수 없다. 그러므로 이 의미에서 창조성을 이해하는 것은 그것을 전진적으로 읽어 내는 것, [다시 말해] 뒤돌아서 최종 생산물을 최초 디자인에 회고적으로 귀속시키는 것이 아니라 세속의 존재들을 실제로 만들어 내는 관계와 과정의 전개 속에서 읽어 내는 것이다. 베르그손과 더불어 개체 발생에는 시간이 걸린다는 사실을 깨닫는다는 것이다. 이 시간은 지속으로서의 시간이다. 즉 잇따르는 순간들의 연속이 아니라 현행과 이어지는 과거의 연장이다. 베르그손은 "지속이란 미래를 침식하며, 전진함에 따라 팽창하는 과거의 부단한 과정이다"라고 말한다.[23]

이제 우리는 초기 근사치로서 만들기가 성장하기인 것 그대로 하기는 겪기라고 가정해 볼 수 있다. 그러나 그렇다면, 똑같은 질문이 제기된다. 겪기가 하기 안에 포함되는가? 아니면 하기가 겪기 안에 포함되는가? 첫 번째 질문부터 시작하겠다. 우리가 "아이고, 많이 컸네" 증후군에서 이미 발견한 것처럼, 이 질문에서 우리는 **변화**의 수사를 곧바로 떠올린다. 어떤 물건이 한 상태에서 다른 상태로 넘어갈 때, 우리는 그것이 물질적 변화를 겪는다고 말한다. 사람들이 한 상태에서 다른 상태로 넘어갈 때, 그들은 사회적 변화를 겪는다고 말한다. 행성계가 한 상태에서 다른 상태로 넘어갈 때, 그것은 지구적 변화를 겪는다고 말한다. 실제로 기업 금융, 거대과학, 국가 권력이 상호 간에 강화하는 의제에 의해 굴러가는 세계 속에서 변화의 패러다임은 아마도 사상사에서 비할 바 없이 가장 강력한 헤게모니를 누려 왔을 것이다. 따라서 패러다임에 내포된 겪기의 의미를 이해하는 것은 매우 중요하다. 이 의미에서 겪기는 수동적이다. 다시 말해 그것은 행함에 있어서 사물**에 대해**, 사람에 대해, 지구에 대해 행해진 것의 결과이다. 그것은 겪는 자에게 환자나 피해자, 혹은 실험 대상자의 역할을 부여하는 **테스트**이다. 어쩌면 이 테스트는 겪는 자를 처음부터 이미 설계된 프로젝트나 규약의 실행에 얽매인 사용자나 소비자로 볼지도 모른다.

이는 저항의 가능성을 부정하지 않는다. 그러나 우리는 변화를 완고하게 거부하거나 영구성과 안정성에 호소하는 방식으로 저항하지 않는다. 그러한 저항은 겪기와 피해자성(행함의 **대상이 되는** 것)의 융합을 지지하게 되고 그러한 융합에 도전하지 않게 된다. 인간의 삶에 내재한 창조성을 강조할 때 위면의 목적은 정확히 겪기에 가정되는 수동성에 이의를 제기하는 것이었다. 모든 겪기가 하기 안에(상상력에 이미 포섭된 디자인 안에) 한정된다면, 그 안에 창조는 없으며 오직 집행만이 있을 뿐이다. 위면의 주요한 통찰은 겪기가 적어도 인간의 사회생활 내에서 언제나 하기를 초과한다는 것이었다. 이 의미에서 겪기는 수동적이지 않고 능동적이다. 이는 마르크스와 엥겔스가 표현했듯이 인간 존재가 자기 삶의 단순한 집행자가 아니라 **생산자**라는 사실을 말해 준다.[24] 사람은 살아가면서 많은 일을 한다. 이러저러한 목적을 달성하고 목표를 실현한다. 그러면서도 모든 목적이나 목표는 그 실현 속에서 계속 나아갈 가능성을 확립한다. 따라서 모든 하기는 이끌어지는 삶의 한순간일 뿐이다. 위면을 따른다는 것은 하기를 겪기 안에, 그리고 창조된 선의 생산물을 사회생활인 창조적 선 안에 위치 짓는다는 것이다. 그러나 그것은 또한 한나 아렌트의 정치 철학을 따른다는 것이다. 그녀는 인간의 조건에 대한 논의를 전개하면서 위면과 거의 같은 결론에 도달한다.

아렌트에 의하면 특히 인간적 삶의 특출 난 특징은 그 삶이 이야기로 말해질 수 있거나 자서전을 펴낼 수 있는 사건들로 가득하다는 것이다. 이끌어지는 삶(혹은 아리스토텔레스가 목적 없이 전진하며 자연의 순환에 매여 있는 동물적 삶인 '조에zōē'와 구별해서 '비오스bios'라고 부른 것)에서 모든 사건은 한순간의 하기이며 한마디로 말해 한 행동이다.[25] 그리고 우리가 오르테가의 저작을 통해 앞서 제시한 열망의 '아직 아님'과 파악의 '이미 거기'의 구별과 흡사한 것으로서 아렌트는 고대 그리스어와 라틴어 모두에서 '행동하다$_{act}$'에 관한 두 개의 단어가 있다는 점을 언급한다. 즉 그리스어에서는 'archein'과 'prattein'이 있고 라틴어에서는 'agere'와 'gerere'가 있다. 각 쌍에서 전자('archein', 'agere')는 본래 개시나 착수라고 하는, 일을 실행한다는 의미를 나타냈고, 그에 반해 후자('prattein', 'gerere')는 일을 잡아 맡아서 끝낸다는 것을 의미했다. 그런데 아렌트가 보여 주듯이 두 언어 모두 용법의 역사에서 이 의미들이 바뀌었다. 일을 실행에 옮기는 자는 특권적인 **지도자**$_{leader}$가 되었고 그의 일이란 명령을 내리는 것이었다. 반면 명령을 떠안은 자는 **신민**$_{subjects}$이 되었고 그의 유일한 의무는 그 명령을 실천에 옮기고 집행하는 것이었다. 이렇듯 지도자는 최상위의 행하는 자이고, 신민의 운명이란 주인이 하달한 것은 무엇이든 겪는 것이라는 관념이 생겨났다.[26]

하지만 자기의 숙련을 내세우는 지도자의 주장은 근거 없는 망상일 뿐이다. 그 역시도 필연적으로 사회생활의 참여자일뿐더러 그의 강함과 위상은 그에게서 홀로 유래하는 것이 아니라 타자들이 그에게 빌려준 것에서 나온 것이며 그것 없이 그는 아무것도 성취할 수 없기 때문이다. 그러므로 겪기를 하기 안에 포함하는 것은 허울에 불과하며 타자인 저들이 어쩔 수 없이 지배를 받아들이게 하는 것인데, 이 허울은 정반대, 즉 하기가 언제나 겪기에 포함된다는 것을 은폐한다. 혹은 아렌트의 표현으로는 행동하는 자들과 당하는 자들이 따로 있지 않다. 오히려 행함과 당함은 항상 함께한다. 그것들은 동전의 양면이다.[27]

행동의 선두(거기서는 베르그손이 표현했듯이 행동은 미래의 '아직 아님'을 침식하며, 나아가면서 팽창한다)는 그러므로 겪기이다. 반면 숙련은 저 선두의 자각, 즉 수행 중의 파악의 국면을 뒤따른다. 그렇지만 우리가 이것을 인정하자마자(만물의 행함을 우리가 집합적으로 겪는 삶의 흐름 속에 되돌려 놓자마자) 하기 그 자체의 미묘하게 바뀐 의미를 우리가 이미 만들기의 의미와 관련해서 찾아낸 것과 유사한 방식으로 찾아낸다. 이것은 왜 하기와 겪기의 구별에 관한 위먼의 구절이 만들기와 성장하기에 관한 우리의 구별에 초기 근사치로서만 대응하는지를 말해 준다. 왜냐하면 만들기가 성장하기에 포함되듯이 하기가 겪기 안에 포함된다면, 이때 하는 것(실제로는 만드는 것)은 예시된 디자인에 따라 구성하는 것이 아니라 오히려 사물을 문턱 너머로 이동시키는 것, 사물을 준비하는 것, 또는 새로운 삶을 위해 사물을 대비시키는 것이기 때문이다. 그것은 실로 문자 그대로 **밖으로 가져가는**carry out 것이며, 여기서 '가져가다carry'는 본래 '한 장소에서 다른 장소로 나르다'를 뜻한다.[28]

아렌트 자신은 이 단계를 밟지 않고 "자기 자신과 자기 활동의 주인이기에 자연 전체의 주인으로서의" **호모파베르**homo faber(즉 도구를 만들어 사용하는 인간)의 시각을 견지한다.[29] 내 생각에 인간의 노동이나 기량의 영역에서 숙련에 대한 이러한 강조는 아렌트가 그와 마찬가지로 단호하게 주장한 것과 확실히 어긋난다. 그 주장이란 인간관계의 영역에서 행동하는 자는 그의 행함을 만들어 내는 유일한 자가 결코 아니고 그런 의미에서 "그저 '행하는 자'가 아니라 언제나 그리고 동시에 당하는 자"(혹은 위먼을 좇아 겪는 자라고도 말할 수 있다)이다. 노동자 또한 비인간 타자를 포함한 타자에 둘러싸인 존재이며, 그의 숙련은 저 타자들이 말하자면 '봐준' 덕분에 그에게 보증된 것에서 나온 것이 아니던가? 우리는 사물에 **대해** 무언가를 하기 전에 항상 사물과 **함께** 하지 않는가? 이것은 정말로 앞 장의 결론이었다. 앞 장에서 우리는 인간 발생적인 성장하기-안-만들기로서 인간의 장인 정신의 관점을 논했다. 그 속에서 형태는 외부로부터 물질적인 기반에 부여되어 생겨나는 것이 아니라 조응의 영역 안에서 물질을 정성 들여 육성하는 것에서 생겨난다. 이제 우리는 이러한 성장하기-안-만들기가 겪기-안-하기의 특수한 예증이라는 것을 알 수 있다. 나아가 이를 통해 우리는 겪기-안-하기에 관해 22장에서 도입한 인간화 개념과의 추가적인 연관성을 확립할 수 있다. 성장하기-안-만들기가 의인주의적이기보다 인간 발생적인 것처럼, 겪기-안-하기 또한 인간다움의 운동이 아니라 인간화의 운동이다. 간략히 말하면, 인간 발생론이 의인주의에 대응되듯이 인간화는 인간다움에 대응된다(<표 24-1> 참조).

인간화 : 인간다움 :: 인간 발생론 : 의인주의	
만들기-안-성장하기	성장하기-안-만들기
의인주의	인간 발생론
하기-안-겪기	겪기-안-하기
인간다움	인간화

〈표 24-1〉 인간화 : 인간다움 :: 인간 발생론 : 의인주의

25. 미로와 미궁[*]

 나는 이제 우리의 인간화하는 존재를 말하자면 두 다리 위에 올려
놓고 이 존재가 걷기 시작할 때 무슨 일이 일어나는지 상상해 보고자
한다. 앞서 나는 걷기를 그리기와 비교했다. 인간화하는 존재, **인간화
하는 동물**animal homificans은 걸음 하나하나가 삶을 이끄는 사건,
곧 인간하기humaning의 사건인 곳에서 발걸음을 내디딜 때 어떤 종
류의 선을 따라 그을까? 우리는 우리 보행자의 삶이 시작되는 유년기
부터 시작해 볼 수 있다. 잉글랜드의 초등학교에서는 어린이들이 짝을
지어 걸어가는 행렬을 '악어 대형'이라고 칭한다. 내 어린 시절에는 확
실히 그랬다. 이것은 교사가 한 학급을 한 지점에서 다른 지점으로 무
사히 인솔하기 위해 쓰는 대형이다. 아이들은 두 줄로 나란히 열을 지

<small>* 본 장에서 'maze'는 미로(迷路), 'labyrinth'는 미궁(迷宮)으로 옮겼다.</small>

어 걸어야 한다. 아이들이 조금이라도 주의가 분산됐을 때 안전을 유지해 차량이나 행인과의 충돌을 피할 수 있다. 그렇지만 악어 대형의 행렬 자체는 학습이 아니다. 학습은 오직 목적지에서만, 교사가 학급의 아이들을 불러 모아 그 앞에 설 때 비로소 이뤄진다. 그런데 같은 아이들이(부모나 보호자와 동행하든, 친구와 동반하든, 혼자든) 집에서 학교로 가고 또 되돌아오는 길에서 그들은 완전히 다른 방식으로 걷는다. 서두르고 어슬렁거리고 깡충거리다가 터벅터벅 걸으면서 아이의 주의는 빛과 그림자의 숨바꼭질부터 날아가는 새와 개 짖는 소리, 꽃향기, 물웅덩이와 낙엽까지, 그리고 달팽이나 상수리 열매와 같이 하찮게 보이는 무수한 것들, 떨어진 동전, 널브러진 쓰레기 등 모든 것에 **사로잡혀 있다.** 혹은 동행하는 어른의 관점에서 보면 아이의 주의는 **산만하기 그지없다.** 이렇게 사소한 것들은 거리를 꼬마 탐정이 한시도 땅에서 눈을 뗄 수 없는 흥미진진한 장소로 만든다.[30]

등교하는 아이에게 거리는 미궁이다. 손끝에 눈이 있는 필경사, 필기자, 제도사처럼 아이는 언제나 호기심에 차서 구불구불한 길을 따라가지만 길을 조망할 수도 없고 그 끝을 엿볼 수도 없다. 아이에게 주어진 과제는 [다니던 길의] 흔적을 놓치지 않는 것이다. 그래서 아이는 스스로 정신을 바짝 차려야 한다. 발터 벤야민은 20세기에 접어들 무렵 베를린에서 보낸 어린 시절을 애틋하게 떠올리면서 티어가르텐 공원 안과 주변에서 교량, 화단, 조각상 받침대(가까이 다가갈수록 그 위에 올려져 있는 동상보다 더 흥미롭던), 덤불숲 사이에 숨은 매점과 함께 그가 좋아 놀던 아리아드네의 실*을 생생하게 묘사한다. 벤야민은 여기서 그가 처음으로 훗날에야 표현할 말을 찾게 된 것을 경험했다고 말한다. 그 말은 '사랑'이었다.[31] 하지만 사람은 성장하면서 그와 같은 어린 시절의 순진무구함을 제거하는 법을 배운다. 규율이 호기심을 먹어 치우듯이 악어 대형이 탐정을 집어삼킨다. 잃어버린 것을 회복하기 위해서는 도시를 넘어서 아직 훈련되지 않은 힘이 관리하는 숲, 들, 산으로 산책을 가야 한다. 어른이 도시의 거리를 시골길을 걸을 때와 같은 예민함으로 한 번 더 파악하기 위해서는 어느 정도의 노력이 든다고 벤야민은 말한다. 이를 성취하기 위해서는(미궁을 되돌려 놓고 그 속에서 자신을 풀어내기 위해서는) "거리의 이름은 마른 잔가지가 뚝 부러지는 소리처럼 도시의 방랑자에게 말을 걸어야 하고, 도심 속 골목은 산골짜기처럼 분명하게 하루의 시간대를 반영해야 한다". 이 기술을 어린 시절 잃었고 만년에 비로소 다시 습득했다는 것을 벤야민은 인정한다.[32]

도시에서 일하는 우리 대부분에게 거리는 미궁이 아니다. 우리는 거리를 걷지만, 그것은 길을 따라 거리가 드러나서라기보다 거리를 따라 한 지점에서 다른 방문 지점으로의 이동이 행동을 유도하기 때문이다. 우리는 여전히 거리에서 길을 잃을 수 있지만, 이 상실은 어디에도 없는 곳으로 가는 길의 발견이 아니라 이미 정해진 목표 달성의 차질로 경험한다. 우리는 여기서 저기로 가고자 하고, 길을 잘못 들거나 막다른 골목에 부딪히면 좌절감을 느낀다. 이때 도시의 쇼핑객이나 통근자에게 거리는 미궁이라기보다는 미로다. 엄밀히 말해 미로는 외길

* 크레타섬의 공주 아리아드네는 연인 테세우스가 반인반수 괴물 미노타우로스를 죽이기 위해 미궁에 들어갈 때 그에게 실뭉치를 건넨다. 미노타우로스를 죽인 테세우스는 풀어 둔 실을 따라 미궁의 입구로 돌아와 아리아드네와 다시 만나 무사히 탈출한다. 이 그리스 신화에서 유래한 '아리아드네의 실'은 어려운 문제를 해결하는 실마리 또는 위험한 상황을 벗어나기 위한 열쇠를 의미한다.

이 아니라 자유롭게 이용 가능한 복수의 선택지를 주지만 그것들 대부분이 막힌 길로 이끈다는 점에서 미궁과 다르다.[33] 또한 미로는 장벽으로 구획되어서 바로 앞의 길 외에는 시야가 가려져 있다는 점에서도 미궁과 다르다. 그렇다면 미로는 미궁과 달리 세계를 향해 열려 있지 않다. 반대로 미로는 둘러싸여 있으며, 그 안의 재소자들을 자유와 필연의 거짓된 이율배반 안에 옭아맨다. 지상이든 지하든, 거리에서 길을 찾든 지하철로 가든 도시의 보행자들은 벽과 고층 빌딩이 양옆에 늘어선 통로의 미로를 잘 지나가야 한다.

일단 특정한 대로에 진입한 도시 보행자에게 그것을 따라 계속 나아가기 외에 다른 대안은 없다. 왜냐하면 그 길은 양측이 벽으로 막혀 있기 때문이다. 나는 파리 외곽에 있는 베르사유궁 정원을 최근에 방문해 같은 경험을 할 수 있었다. 정방형의 각 정원에는 보행자 도로가 나무들로 만들어진 양측의 높은 벽에 가로막혀 일직선으로 뻗어 있고, 동상이나 분수를 에워싼 작은 숲으로 이어졌다. 이 정원 안에서 나는 압도적인 폐소 공포증을 느꼈다. 그러나 베르사유궁의 그것과 같이 정연한 정원의 수목 벽이나 앨리스가 거울 나라에서 마주친 산울타리로 사각형의 칸이 나눠진 체스판과 달리 도시의 벽은 보통은 노골적으로 드러나 있지 않다. 오히려 도시의 벽은 광고, 쇼윈도의 상품 진열 등으로 빈틈이 없다. 그것들은 보행자에게 선택 가능한 곁길을 알려 주고, 보행자는 기회가 생길 때만 자신의 욕망을 채운다. 갈림길이 있을 때마다 결정이 내려져야 한다. 왼쪽으로 갈지, 오른쪽으로 갈지, 아니면 직진할지를 정해야 한다. 이에 따라 미로를 빠져나가는 여정은 결정한 지점에서 일단락되는 이동의 통계학적 순서로 재현될 수 있다. 그래서 모든 이동은 그에 앞선 결정에 근거한다. 이것은 기본적으로 게임과 같은 전략적 경영이라 말할 수 있다. 이는 보행자들 그리고 심지어 운전자들이 붐비는 거리나 지하철의 인파를 뚫고 길을 만드는 데에서 서로를 밀쳐 댈 때 벌어지는 전술적인 능수능란함을 부정하지 않는다. 하지만 인파를 뚫고 통로를 나아가는 것과 미로를 빠져나가는 길을 찾는 것은 완전히 별개이다.[34]

반대로 미궁을 걷는 데에서 선택은 쟁점 사안이 아니다. 길이 이끌고 보행자는 그 길이 이끄는 곳으로 가기만 하면 된다. 그러나 길을 따라가는 것이 항상 쉬운 것은 아니다. 동물을 쫓는 사냥꾼이나 오솔길을 걷는 도보 여행객처럼 가야 할 길을 가리키는 미묘한 표시(족적, 돌무더기, 나무둥치에 난 작은 상처)를 잘 살피는 것이 중요하다. 이렇듯 표시는 당신을 길에 붙들어 놓는다. 즉 광고처럼 길에서 떨어지도록 당신을 유혹하지 않는다. 위험은 막다른 곳으로 다가갈 때가 아니라 궤적에서 벗어나 헤맬 때 찾아온다. 죽음은 탈선일 뿐 선의 끝이 아니다. 미궁 안 어떤 지점에서도 당신은 급정지하지 않는다. 어떤 완충 장치도 어떤 벽도 당신의 전진하는 운동을 가로막지 않는다. 도리어 당신은 그런데도 외길을 따라 계속해서 나아갈 운명에 처해 있다. 당신이 신중하지 않으면, 그 길은 당신을 산 자들로부터 머나먼 곳으로 데려갈 것이고 당신은 산 자들의 공동체로 다시는 돌아오지 못할 것이다. 미궁에서 당신이 실제로 길을 잘못 들어섰을 수도 있지만, 그것은 선택에 의한 것이 아니다. 왜냐하면 그때 당신은 길이 나뉘어 있다는 것을 알아차리지 못했기 때문이다. 당신은 몽유병 상태로 걷고 있었거나 꿈꾸고 있었을 것이다. 원주민 사냥꾼들이 종종 이야기하는 바로는 우리가 앞서 퍼스펙티브주의에 관한 쟁점과 연관해서 살펴봤듯이 자신들이 쫓는 사냥감에 현혹된 사냥꾼들은 사냥꾼 자신에게 동물들이 인간의 모습으로 나타나는 사냥감의 세계에 빠져 헤맨다. 사냥꾼은 그 세계에서 계속해서 살아가지만, 그 자신의 사람들에게는 길을 잃고 죽은 것으로 여겨진다.

미로는 여행자의 의도에 모든 초점을 맞춘다. 그의 머릿속에는 목표, 계획한 행선지, 기대 지평, 획득하려는 퍼스펙티브가 있고, 그는 그것에 도달하기로 마음먹는다. 이 포괄적인 목적은 당연히 다수의 부차적인 목표로 쪼개질 수 있다. 그리고 그것은 또한 그 외 모든 것, 즉 사방팔방에서 여행자를 괴롭히는 양립할 수 없는 목적들에 의해 복잡해질 수 있다. 선택은 절대 명확하지 않으며, 충분한 정보를 거의 얻지 못해 상당 부분 불확실한 채로 남겨져야 한다. 그럼에도 불구하고 미로에서 행동의 외적인 경향은 사고의 내적인 경향을 따른다. 우리가 행동이 의도적이라고 말할 때 우리는 정신이 작용하고 있다는 것, 즉 정신이 행동하는 자의 내면에서 작동하고 있으며 운동의 물리 법칙에만 따르는 것을 넘어서 그 이상의 목적과 방향을 여행자에게 제시한다는 것을 의미한다. 의도의 있고 없음은 여행자와 바가텔*의 볼을 구별한다. [의도가 없는] 이 게임의 볼은 우리 추측에 자신이 어디로 향하는지를 알지 못하고 이쪽으로 갈지 아니면 저쪽으로 갈지를 전혀 숙고할 수 없다. 이렇듯 정신은 의도하고 신체는 연장한다. 보행자는 어느 길로 갈지 정해야 하지만, 진로가 정해지고 나면 그가 어디로 가는지 더 이상 볼 필요는 없다. 미로에 있어서 의도는 원인이고 행동은 결과이다.

---

* 바가텔(bagatelle)은 기울어진 나무판 상단에서 전략적으로 공을 구멍에 굴려 넣을 때 점수를 얻는 실내 테이블 게임이다. 18~19세기 유럽에서 대중적인 인기를 끌었다.

그런데 미로의 보행자는 자신이 숙고하는 공간에 둘러싸여 있는 한 어쩔 수 없이 세계 그 자체에는 부재하게 된다. 미궁에서는 정반대다. 미궁에서 길을 따라가는 자는 계속 수행하는 것, 계속 나아가는 것 외에는 목표가 없다. 그러나 그렇게 하려면 그의 행동이 지각과 밀접하게 그리고 끊임없이 연결되어야 한다. 길을 잃지 않도록 그는 눈앞에 길이 펼쳐질 때 방심하지 말고 주의 깊게 살펴봐야 한다. 발걸음에 주의하고 귀를 기울여 잘 듣고 잘 느껴야 한다. 한마디로 그는 사물에 주의를 기울이고 그에 따라 자신의 발걸음을 조정해야 한다. 그러므로 길을 따라가는 것은 의도적이라기보다 **주의적이다**attentional. 그것은 길을 따라가는 자를 현실의 현전 속에 밀어 넣는다. 그리하여 의도가 주의에 대응되듯이 부재는 현전에 대응된다. 어느 한 사람이 산책을 가려고 한다면, 그는 산책을 숙고하고 경로를 고려하고 날씨에 대비해서 소지품을 챙길 것이다. 이러한 의미에서 걷기는 그가 하기 시작한 어떤 것이다. 그가 주어이고, 걷기는 술어이다. 그러나 다시 오솔길 위에 서면 그와 그의 걷기는 동일한 하나가 된다. 그리고 **산책 가기**의 의도성 안에 작동하는 정신이 있듯이 **걷기**의 주의성 안에 작동하는 정신이 당연히 존재하는데, 그때 정신은 운동 그 자체에 내재하는 정신이지 그러한 운동을 결과에 귀속시키는 기원적인 원인이 아니다. 혹은 간략히 말해 보행자의 의도가 기원으로 수렴된다면, 보행자의 주의는 그 기원으로부터 떨어져 나가는 것(위치를 옮기는 것)에서 나온다.

미로의 보행자는 조종사이며, 미궁 길을 따라가는 자는 행려way-farer라고 말할 수 있다.[35] 행려가 계속해서 나아갈 때 모든 목적지는 가는 길에 있고, 그의 길은 언제나 사이에서 뻗어 나간다. 반대로 조종사의 운동은 점에서 점으로 이동하며, 각 점은 가령 그 점을 향해 출발

252

하기도 전에 계산을 통해 이미 도착해 있다. 혹은 이것과 같은 구별을 앞선 장들에서 우리가 이미 다듬은 용어로 표현하면, 조종사는 하기의 틀 안에 그 자신이 겪거나 당할 수밖에 없는 고역을 놓는데, 이 하기는 미로에 의해 제공되는 가능성의 공간 안에서 A에서 B로 나아가려는 조종사의 결단에 있다. 그러나 미궁 속 행려가 길의 흔적을 따라가는 것은 삶 그 자체처럼 그에게 부과된 겪어야 할 과제이다. 그러므로 그의 하기(그의 운동이 계속되는 데에서 지각과 행동의 다양한 순간)는 이 겪기 안에 틀 잡힌다. 그런데 이것은 또한 악어 대형의 행진과 등교하는 꼬마 탐정의 변덕 사이의 차이이다. 교문에 도착하면 아이(아주 뛰어난 **인간화하는 동물**)는 성인의 규율이 부과됨에 따라 그 주체에 인간다움을 힘껏 주입하는 체제에 복종한다. 악어 대형으로 걷는 것은 더 이상 열린 결말의 탐구 행위가 아니라 답이 미리 주어진 테스트이다. 다음에서 나는 **교육**이라는 개념으로 방향을 돌려 이 차이를 내가 최초에 제기한 질문과 연결 짓고자 한다. 그 질문은 삶에 대해 삶이란 이끌어지는 것이라고 이야기한다는 것은 무엇을 의미하는가였다.

26. 교육과 주의

스코틀랜드의 시인 앤드루 그레이그*는 최근 저서 《초록 권곡의 호수에서At the Loch of the Green Corrie》에서 그의 친구이자 멘토인 노먼 매케이그**에 대해 다음과 같이 말한다. 매케이그의 눈과 마음이 동물들에게 끌렸지만 그렇다고 그가 동물들에 대해 특별히 박식한 것은 아니었다고.

"그는 가장 흔한 새의 이름을 말할 수 있었고 그게 다였다. 내 생각

---

* 앤드루 그레이그(Andrew Greig, 1951~   )는 스코틀랜드의 작가이다. 산과 자연을 다루는 시, 소설, 수필 등을 창작해 왔다. 본 장에서 언급한 논픽션 《초록 권곡의 호수에서》(2010)는 그의 대표작으로 손꼽힌다.
** 노먼 매케이그(Norman MacCaig, 1910~1996)는 스코틀랜드의 시인이다. 단순하고 고전적이며 위트 넘치는 시 세계로 잘 알려져 있다. 1986년 '시를 위한 영국 여왕의 금메달(Queen's Gold Medal for Poetry)'을 수상했다.

에 그는 더 많이 알기를 원치 않았고, 라틴어 학명, 생식지, 먹이와 짝짓기 패턴, 털갈이 시기에 대한 지식이 새의 현실을 알기 어렵게 만든다고 믿었다. 알면 알수록 보이지 않을 때가 있다. 당신이 마주하는 것은 당신의 지식이지 사물 그 자체가 아니다."[36]

여기서 그레이그는 우리가 교육이라고 부르는 것의 의미와 목적의 핵심에 가닿는 어떤 심오한 것을 언급했다고 나는 생각한다. 지식이 실제로 지혜로 이어질까? 지식은 그 속에 있는 진실을 향해 우리의 눈과 귀를 열어 줄까? 아니면 지식은 오히려 우리가 그 너머를 볼 수 없게 만드는 거울의 방처럼 우리를 우리 자신의 만들기에 대한 개요 안에 잡아 가두는 것일까? 우리가 덜 알수록 더 많이 보고 더 많이 경험하고 더 많이 이해하게 될까? 그리고 우리가 너무 많이 알기 때문에 우리 주변에 무슨 일이 일어나는지에 주의를 기울이지 못하고 배려, 판단, 감수성에 반응하지 못하는 것은 아닐까? 모든 종류의 새의 이름을 알지만 그것들을 머릿속에서 미리 분류해 놓은 조류학자, 그리고 새의 이름은 모르지만 눈에 보이는 모든 것에 경이로움, 놀라움, 당혹감을 표하는 시인. 이들 중 누가 더 현명할까?

나는 이 선택지들이 교육에 대한 완전히 다른 두 가지 의미에 대응한다는 것을 논하고자 한다.[37] 첫 번째 의미는 학생으로서 학교 교실에 앉아 있었거나 혹은 가르치기 위해 교실 앞에 서 본 적 있는 우리 모두에게 꽤 익숙하다. 이것은 라틴어 동사 'educare'가 뜻하는 것으로, 기르거나 키우기, 더 나은 행동 패턴과 그것을 뒷받침하는 지식을 불어넣는 것을 의미한다. 그러나 또 다른 어원 연구는 'educere'라는 말의 기원을 'ex(밖으로)'와 'ducere(이끌다)'가 합해진 것에서 찾는다. 이 의미에서 교육이란 신참자의 머릿속에 지식을 불어**넣는** 것(오늘날에 이르러 관습적으로 받아들여지듯이)이라기보다 오히려 신참자를 세계 속으로 끄집어내는 것이다. 앞 장에서 나는 미로의 조종과 미궁의 행로$_{wayfaring}$ 간의 대조를 제시했다. 이 대조 속에 교육에 대한 두 가지 의미의 모든 차이가 있다고 나는 제안한다. 한편에는 문화의 규칙과 표상, 즉 '의도적인 세계들' 안으로 학습자를 끌어들이는 유입$_{induction}$이 있고, 다른 한편에는 경험에 주어지는 것으로서 세계 그 자체로 학습자를 끌어내는 유출$_{ex-duction}$이 있다.

물론 지식이 그 문화적 환경과 관련된다는 주장은 새롭거나 급진적이지 않다. 모든 세계는 세계관일 뿐이며 이러한 시각이나 해석이 다양하고 상충할 수 있다는 것은 실질적으로 근대와 포스트모던까지 교육 철학의 기본적인 입장이 되어 왔다. 학생들은 지식이 표상으로 이루어진다는 관념에 너무나 익숙하고, 표상을 '현실의 것'과 혼동하지 말아야 한다는 것을 충분히 자각하고 있다. 교육 철학자 얀 마스켈라인*이 말한 대로 문제는 여기에 있지 않다. 오히려 문제는 그 표상 안에서만, 이미지의 과잉 안에서만 알 수 있는 세계를 우리 시야에 잡아두기 위해 우리가 시도하는 바로 그 움직임을 통해 세계가 우리에게서 떨어져 나간다는 데 있다. 우리가 사물을 파악한다는 것은 언제나 우리를 빈손으로 만들며 반성反省만을 움켜쥐게 한다는 것이다. 우리는 이제 세계에 열릴 수 없고 세계 역시 우리에게 열리지 않는다. 그래서 마스켈라인에게 문제는 어떻게 세계를 표상하는가가 아니다. 그보다는 "어떻게 세계를 '현실의' 것으로 바꿀 것인가? 어떻게 세계가 '현전

---

* 얀 마스켈라인(Jan Masschelein, 1956~)은 벨기에의 교육 철학자이다. 교육학과 정치 철학의 관점에서 교육 정책을 연구하고 있다. 국내에서는 교육 철학자 마틴 시몬스와 공저한 《학교를 변론하다》(윤선인 옮김, 이윤미 감수, 살림터, 2020)가 출간되었다.

하도록' 할 것인가? 그렇게 해서 현실을 되돌려 놓고, 점점 더 우리를 자기반성과 해석 속으로, '입장', '시각', '의견'으로의 끝없는 회귀 속으로 가두는 것 같은 방패와 거울을 폐기할 수 있을 것인가?"이다.[38] 요컨대 우리는 어떻게 미로를 빠져나갈 것인가?

마스켈라인의 답은 문자 그대로 "노출을 통해서"이다. 그리고 이것은 바로 유**출**이라는 의미에서의 교육을 통해, 즉 미궁 속을 걸어 다님으로써 성취되는 것이다. 이 의미에서 교육은 사물에 대해 '비판적 거리 두기'나 '시각 확보하기'와 같은 통상적인 목표와 아무 관련이 없다. 이것은 어느 한 관점에 도달하기에 대한 것이 아니다. 미궁에는 도착 지점이나 최종 목적지가 없는데, 모든 장소가 이미 다른 어딘가를 향한 도중이기 때문이다. 계속해서 걷는다는 것은 이런저런 위치에서 어느 한 입장이나 시각을 갖는 것이 전혀 아니고, 우리를 어떤 입장과도 (우리가 점할 수도 있는 어떤 위치와도) 멀어지게 하는 것이다. 마스켈라인이 설명하듯이 "걷기란 이 위치를 위태롭게 하기에 대한 것이다. 즉 걷기는 위치를 드러내는 것이며 위치에서 벗어나는 것이다".[39] 이것이 노출로서 그가 의미하는 것이다. 노출은 하나의 시각 혹은 일련의 시각을 제공하지 않는다. 예를 들어 노출을 통해 지면보다 더 높거나 공중에서 얻을 수 있는 것과 다른 지면 높이의 시각을 얻지 못한다. 정말로 그것은 어떤 시각에서의 세계도 밝혀내지 않는다. 보행자의 주의는 한 위치에 도착한 데에서 나오지 않고 위치로부터 떨어져 나가는 것(위치를 옮기는 것)에서 나온다.

언뜻 보기에 이 결론은 제임스 깁슨이 시각적 지각의 생태학에 관한 탐구에서 도달한 결론(우리는 이것을 이 책의 제2부에서 상세히 검토했다)에 상당히 근접한 것 같다. 깁슨 역시 지각은 사물에 대한 시각을 얻는 것이 결코 아니라고 제안하기 때문이다. 그의 주장을 간략히 요약해 보자. 우리는 우리의 주변 환경을 일련의 고정된 점으로 지각하지 않는다. 또 정신의 과제는 각 점에서 얻어진 부분적인 시각을 기억 안에서 전체의 포괄적인 상으로 조립하는 것이 아니다. 오히려 지각은 깁슨이 **관찰 경로**라고 부른 것을 따라 진행된다.[40] 관찰자가 길을 걸어갈 때 환경 내 표면으로부터 반사되어 눈에 닿는 빛 안의 패턴(곧 '광학적 배열')은 끊임없는 변조에 종속되며, 이 변조의 기저에 있는 불변자로부터 사물은 자기가 무엇인지를 스스로 드러낸다. 혹은 더 정확히 말하면, 계속해서 나아가는 관찰자를, 달리 말해 활동의 특정한 선을 따라 계속해서 수행하는 관찰자를 돕거나 방해하는 한에서 사물은 자신이 **행동을 유도한다**는 것을 드러낸다. 깁슨에 따르면, 우리가 이와 같은 관찰 경로를 걷는 것에 점점 숙달될수록 우리는 우리 환경의 두드러지는 측면에 대해 더 잘 의식하고 능숙하게 반응할 수 있게 된다. 즉 우리는 '주의의 교육'을 받는다.[41]

그러나 표면적인 유사성에도 불구하고, 마스켈라인이 걷기를 노출의 실천으로 묘사할 때, 보행자가 자신을 드러내는 교육 그리고 그에게 요구되는 주의 모두 깁슨이 지각 조정에 관한 이론에서 염두에 둔 것과 완전히 상반된다. 그것[노출을 통한 현전]은 이미 펼쳐진 세계의 행동 유도성을 포착해서 누군가에게 유리하도록 이용한다는 것이 아니다. 프랑스어에서 동사 'attendre'가 '기다리다'를 의미하고, 영어에서도 사물이나 사람에 대해 주의를 기울인다는 것이 그것들을 돌보고 그것들의 명령을 따르고 그것들이 행하는 것을 따른다는 함의가 있음을 상기하자. 이 점에서 주의는 기성의 세계가 아니라 부단한 창발의 선두에서 항상 초기 상태의 세계에 머물러 있다. 한마디로 깁슨에게는 세계가 관찰자를 기다리지만, 마스켈라인에게는 보행자가 세계를 기다린다. 걷기란 마스켈라인이 표현하듯이 아직 주어지지 않았지만 주어지고 있는 **도중의** 것에게 명령을 받는 것이다.[42] 따라서 보행자의 주의는 교육받는 것이 아니다. 오히려 그 반대다. 보행자의 교육은 주의를 기울임으로써 이뤄지고 다가올 '아직 아님'을 위한 준비에 열려 있다.

실제로 미궁의 보행자는 목표도 없고 끝도 보이지 않고 늘 기다리고 언제까지나 그 자리에 있으며, 그가 돌아다니는 세계에 노출되는데다가 그 세계에 놀라워하면서도 배우지도 가르치지도 않는다. 그의 여정은 삶을 사는 하나의 방식(선조의 자취를 다시 좇는다는 본래의 의미에서 전통이라고도 할 수 있는)이지만[43] 그것은 전달되는 내용이 없는 방식이다. 따라가야 할 발자취는 있지만, 전수되어야 할 지식의 독립된 축적 자료는 없다. 그리고 전수할 것이 없기에 전수할 방법이 없다. 지식을 주입한다는 교육에 관한 관습적인 정의와 우리가 여기서 탐구한 세계 속으로 끌어낸다는 교육의 의미에는 풍부한 방법론과 마스켈라인이 [빈약한 자의 페다고지pedagogy가 아니라] '빈약한 페다고지'라고 부르는 것[44]의 차이가 있다. [주입식 교육의] 전개에서 방법론의 개념은 수단을 목적으로 바꾸고, 내용으로서의 지식과 지식을 알게 하는 방법을 철저하게 분리하고, 이로써 빈약한 페다고지가 제공하는 현재에의 개방과 정반대되는 테제로서 일종의 폐쇄를 강요한다. 풍부한 방법론이 우리에게 기성의 지식을 제공한다면, 빈약한 페다고지는 경험의 지혜를 향해 마음을 연다. 한쪽은 미로에 속하고, 다른 한쪽은 미궁에 속한다.

미로의 논리야말로 등교하는 아이의 탐사하는 방랑을 이미 정해진 목적지를 향하는 악어 대형의 규율 잡힌 행진으로 바꾼다. 악어 대형의 끝에서 교사는 자기 아이들을 마주 볼 수 있도록 돌아서서 지나온 길을 돌이켜 보며 최종의 유리한 위치의 시각을 분명히 표현한다. 이 것은 확실히 풍부한 방법론이다. 하지만 움직임에 걸림돌을 놓는 방법론이다. 얼굴을 마주 대하면 앞으로 나아갈 길이 없다. 머리를 맞대면 지식이 날아오르지만, 머리 자체(그리고 그 머리가 속한 신체)는 장소에 고정되어 있다. 계속 나아간다는 것은 대면하는 것이나 정면에 서 있는 사람들에게 말을 거는 것이 아니라 당신에게 등을 보이는 사람들의 뒤를 쫓아가는 것이다. 미궁 속 행려, 즉 세계에 머물며 그 부름에 응답하고 다른 이들이 이전에 있던 곳을 따라가는 자는 시작도 끝도 없이 사물의 흐름 속으로 밀고 들어가며 계속 나아갈 수 있다. 마스켈라인이 말했듯이 그는 정말로 현재에 **현전해** 있다. 이러한 현전의 대가는 취약성이지만 그것의 보상은 즉각적 경험에 기반한 이해이며, 이 이해는 지식 이상이다. 이것은 진리로 가는 도중의 이해이다. 그레이그가 시인에 대해 이야기한 것처럼 그는 세계에 대한 지식이 거의 없기에 사물 그 자체를 본다.

27. 복종이 이끌고 숙련이 따른다

나 자신을 포함해서 많은 학자는 신참자가 자신이 하는 일의 '숙련자'로 점진적으로 변모해 가는 숙달의 과정을 기술하는 데에서 지각조정에 대한 깁슨의 생태학적 접근을 따라왔다. 보행자는 지표면의 울퉁불퉁함을 감지하고 그에 대응하는 데 숙달하면 까다로운 지형에서 균형을 유지할 수 있다. 사냥꾼은 동물의 궤적에서 그 행방과 최근 움직임을 읽어 내는 데 숙달하면 동물을 추적할 수 있다. 뱃사람은 항해술과 선박 조정술의 모든 측면에 숙달하면 어떤 상황에서도 자신의 배를 다룰 수 있다. 그렇지만 숙련에는 그 반대급부인 복종이 나타난다. 산책을 나가든 동물을 사냥하든 바다를 항해하든 어떤 모험에 나선다는 것은 무슨 일이 일어날지 모르면서도 계속해서 생성하는 세계의 흐름에 몸을 던지는 것이다. 이는 위험천만한 일이다. 어떤 경우에도 수행자는 자신이 곧 처하게 될 상황에 대해 적절한 주의를 기울여야 한다는 의미에서뿐만 아니라 상황이 유리해질 때까지 기다린다는 의미에서 긴장을 늦춰서는 안 된다. 따라서 지형의 숙련자인 보행자는 전방의 신호가 어디로 이끄는지 확신이 없어도 앞길을 밝히는 신호를 기다려야 한다. 추적의 숙련자인 사냥꾼은 동물을 뒤쫓는 와중에 자신이 위험에 처하게 될지라도 동물이 나타나기를 기다려야 한다. 자기 배의 숙련자인 뱃사람은 악천후에 복종할 뿐이며 순풍을 기다려야만 한다. 보행자는 실제로 사냥꾼이나 뱃사람과 마찬가지로 일단 길을 나서기 시작하면 무슨 일이든 속수무책으로 당할 수밖에 없다. 이러한 사례에서는 다른 무수한 사례에서처럼 숙련과 취약성, 즉 실천적 숙달과 실존적 위험이 동전의 양면을 이룬다. 이때 동전이란 주의이다.

그렇다면 이 양면의 관계는 어떠할까? 다시 말해 우리가 세계를 기다리는 것과 세계가 우리를 기다리는 것의 관계는 어떠하며, 노출에 있는 교육 양식과 조정에 있는 교육 양식의 관계는 어떠할까? 앞서 나는 자신의 삶을 살되 이끌지 않는 여타 생명체와 달리 인간의 삶은 '이미'와 '아직 아님' 사이에 시간적으로 걸쳐 있다고 주장했다. 온갖 모험에서 그리고 매 순간 우리는 다가올 사태에 완전히 준비된 동시에 전혀 준비되지 않은 것처럼 보인다. 그렇다면 무엇이 이끌고 무엇이 따를까? 통상적인 답변으로 이야기되는 것은 인간은 의도를 가진 존재로서(즉 행위자로서) 상상력에 이미 포섭된 것을 행한다는 위면의 의미에서 행동하기 전에 숙고한다는 것이다. 이것은 물론 겪기를 하기 안에 틀 짓는 것이다. 따라서 정신이 명령하고 신체는 어느 정도 기계적으로 그 지시에 복종한다. 이렇게 보면 숙련은 인지적이다. 만약 인간이 자신의 삶을 이끈다고 한다면, 그것은 전적으로 삶을 실행하기에 앞서서 디자인을 구상할 수 있는 능력 덕분인데, 동물은 그럴 능력이 없다고(적어도 데카르트적 원리로 구성된 정신의 과학에서는) 여겨진다. 예를 들어 체스 숙련자는 놀라울 정도로 복잡한 계산을 암산해서 머릿속으로 다음 수를 계획하지만, 체스판에서 그 후속으로 상연되는 것은 네모난 칸에서 다른 칸으로 기물을 잡고 들어 옮기는 매우 단순한 조치이다. 이것은 대단한 기술이 필요하지 않고, 정말로 어떤 기계라도 할 수 있는 일이다.

그러나 나는 하기에 대한 인지적이거나 의도에 기반한 논의를 뒷받침하는, 숙련과 복종 사이의 시간적 우선순위에 대해 가정되는 관계가 역전되어야 한다고 주장하고자 한다. 이것은 하기를 겪기 안에 틀짓는 것이며 그 반대가 아니다. 그리고 바로 이 역전에 대응하는 것이 정치적 행동 영역에서의 리더십에 관한 아렌트의 설명이다. 고대 그리스어와 라틴어에서 '행동하다$_{act}$'를 둘러싼 단어의 역사를 상기해 보자. '행동하다'는 우선 일을 착수하는 것(그리스어 'archein'과 라틴어 'agere')을 뜻했고, 다음으로 그 일을 따라가기(그리스어 'prattein'과 라틴어 'gerere')를 의미했듯이, 전자는 명령의 기능에, 후자는 기계적인 집행의 기능에 점차 한정되었다. 그렇지만 아렌트가 보여 주듯이 리더에 전제된 숙련(지도를 자처하는 그의 요구)은 동지들의 공동체에 관여한 덕분에 그에게 주어진 권력을 그 자신의 목적을 위해 탈취한 것에 의거한다.[45] 정신만이 명령할 힘이 있다는 관념은 이와 비슷한 착각에 빠져 있다. 사실은 어떤 정신도 저절로 기능할 수 없다. 정신은 타자들에 둘러싸여 있을 때만 스스로 기능할 수 있다. 왜냐하면 정신의 권능은 정신이 겨우 붙어 있으면서 군림하는 척하는 바로 그 신체와 세계로부터 그것들의 묵인 하에 나오기 때문이다.[46] 그러므로 미지속으로 박차고 나아가는 행동의 선두는 하기가 아니라 겪기의 순간이며, 숙련이 아닌 복종의 순간이고, 계속해서 나아갈 가능성을 유도할 수도 하지 않을 수도 있는 어느 한 세계에 대한 노출의 순간이다.

'행동하기 전에 생각하라!'라고 우리는 말한다. 실로 현명한 조언이다. 그런데 이때 생각이란 어디에 있는 것일까? 인지 이론가가 말하듯이 명령을 내리기 위해 머릿속에서 행해지는 정보 처리 과정에 있지 않은 것은 확실하다. 생각한다는 것은 오히려 깊이 호흡하는 것, 우리 주변 환경으로부터 힘과 영감을 끌어내는 것, 궁금해하는 것, 회상하는 것, 모으는 것, 결집하는 것이다. 즉 **주의를 기울이는 것이다**. 그것이 바로 생각하는 것이다. 그것은 마치 글쓰기에서 구두점과 함께 문장을 쓰는 것과 같은, 또 음악에서 쉼표와 함께 악보를 작성하는 것과 같은 들숨, 곧 잠시 멈춤이다. 우리가 18장에서 살펴본 것처럼, 이러한 순간[들숨의 잠시 멈춤]을 위장하거나 감추는 것, 다시 말해 영감이 전적으로 행위자의 내면에서 오는 것이지 그의 들이마시는 호흡에서 오는 것이 아니라고 가정하는 것은(마치 행위자가 한 번도 숨 쉬지 않고 말할 수 있다거나 한순간도 쉬지 않고 일할 수 있다는 듯이) 서양 전통에서 오랫동안 지배적인 생각이었다. 기계라면 최소한 연료가 떨어지기 전까지는 그렇게 할 수 있을 것이다. 그러나 살아 있는 사람은 그렇게 할 수 없다. 달팽이를 기억해 보라! 우리 모두와 마찬가지로 달팽이 역시 앞으로 나아가려면 몸을 움츠려야 한다. 미궁의 길을 따라가는 삶의 선은 선두에서 머뭇거린다. [어디로 갈지도 모르고 앞이 보이지 않으면서도] 휘휘 내저을 때만이 과거의 실천에서 탄생한 숙련이 박차고 들어온다. 따라서 삶에서처럼 미궁에서는 **복종이 이끌고 숙련이 따른다**. 노출로서의 교육은 조정으로서의 교육을 앞선다. 아직 미형성된 세계를 지나갈 통로를 급조하는 것은 종속적인 신체를 일깨우려는(최전선으로 끌어내려는) 자신의 의지를 이미 아는 명령하는 정신이 아니라 오히려 앞으로 나아갈 길을 감지하려는 열망의 상상력이다. 이에 반해 후미에 따라오는 것은 이미 세계의 여러 길에 익숙해 있으며 그 행동 유도성을 관찰하고 반응하는 데 숙달된 파악하려는 지각이다.

철학자 헨리 보르토프트*는 괴테주의적 과학의 원칙을 옹호하는 가운데 '그것이 나타나다it appears'라는 표현의 멋진 반전을 통해 거의 동일한 주장을 한다. 관습적이고 문법적으로 올바른 어순에서는 '그것it'이 '나타나다appears' 앞에 온다. 사물은 드러남에 앞서 존재하며, 사물이 행동을 유도하는 것에서 주의가 조정되는 움직이는 관찰자에 의해 지각되기를 준비하고 기다린다. 그러나 미궁 속 행려에게 주의는 흐름을 거스르며 '보이는 것의 나타남appearing of what appears'으로 움직여진다. 우리는 '그것'이 출현하는 것에 주의를 기울이고(기다리고) 있다. 보르토프트의 견해에서 "나타나다 그것이 appears it"라는 표현이 "틀린 문법일 수는 있으나 철학적으로는 더 좋다".[47] 그것은 또한 상상한다는 것이 무엇을 의미하는지에 대한 더 좋은 표현 방식을 제공한다. **사물이 나타난다**는 것은 그 사물을 상상하는 것과 한가지라고 나는 주장한다. 무언가를 상상한다는 것은 '나타나다 그것이'이며, 그 잉태에 조력하는 것이며, 그 탄생을 기다리는 것이다. 따라서 상상력의 힘은 심적인 표상에도 있지 않고 이미지를 그 물질적 상연에 앞서서 구성하는 능력에도 있지 않다. 상상하기

---

* 헨리 보르토프트(Henri Bortoft, 1938~2012)는 영국의 철학자이다. 과학 철학 분야에서 활동하며 괴테주의적 관점에 따라 과학과 자연 간의 총체성을 생태적 실천으로 다루는 연구에 집중했다.

란 열림의 운동이지 폐제*의 운동이 아니며, 그리고 그것이 일으키는 것은 끝남이 아니라 시작함이다. 인류학자 마이클 잭슨**은 "상상력이란 가장 기회주의적이며 난잡하고 이리저리 옮겨 다니는 양상의 의식이다"라고 말한다.[48] 우리가 일상적으로 이야기하듯이 상상력의 성향은 떠돌아다니기, 앞날을 모색하기, 길을 급조하기이다. 상상력은 이미 정해진 목표를 향해 가는 일련의 단계를 따르지 않는다. 이 의미에서 상상력은 삶의 지속에 대한 희망, 전망, 기대에 영원히 이끌리는 삶의 발생적 충동이다.

이로써 우리는 [22장에서 다룬] 오르테가 이 가세트에게 되돌아갈 수 있다. 상기해 보면 오르테가에게는 이것이 바로 **인간적** 삶의 독특한 점이다. 매 순간 인간은 자신이 무엇인지가 아니라 무엇이 되고 있는지를 해결해야 하므로 어떤 지점에서도 과정은 최종 결말에 도달할 수 없다. 달성은 언제나 연기되고 언제나 '아직 아니다'. 인간은 어디서 어떻게 살든 항상 인간이 되어 가고 있으며 그 진전과 함께 자신을 창조한다. 이 의미에서 그들은 자기 삶의 각본가 또는 소설가이다. 그리고 모든 소설가가 알고 있듯이, 등장인물은 보통 자신을 써 내려가는 작가의 능력을 능가한다. 등장인물을 놓치지 않는 것이 필수적이다.[49] 마찬가지로 우리는 자기 삶의 창조에서도 언제나 소실점에 놓인

---

* 폐제(foreclosure)는 프랑스 정신 분석학자 라캉의 정신 분석 용어이다. 주체를 둘러싼 세계를 구성하는 언어 기호 체계이자 기성의 규범 질서인 상징계로부터 특정 기호를 추방하거나 은폐하는 행위를 말한다. 라캉은 상징계를 붕괴 위험으로 몰아넣는 폐제가 정신병의 발현으로 이어진다고 간주하고 그 임상적 특징을 분석한 바 있다.
** 마이클 잭슨(Michael Jackson, 1940~)은 뉴질랜드의 인류학자이다. 아프리카 시에라리온 및 오스트레일리아 노던테리토리주 내 토착민 부족 집단 구역에서 빈곤 및 종교에 대한 조사를 수행했다. 현재는 하버드 대학 신학부 명예 교수로 재직 중이다.

희망과 꿈을 좇을 운명에 처해 있다. 그리고 모든 인간의 삶은 즉흥적으로 일어나므로 모든 창조는 간헐적이며 순간순간의 즉흥성이다. 신이 단 한 번의 행위로 세계를 창조하며 그 작업을 끝낸 반면, "인간은 정황에 따라서 자신을 만들어 낸다. …… 인간은 기회가 있으면, 신 곧 '헌 신'이 된다"라고 오르테가는 말한다. 그리고 바로 이 헌 창조라는 과업에서 상상력이 그 역할을 다하게 된다. 오르테가는 신은 상상력이 필요하지 않다고 주장한다. 왜냐하면 신의 창조는 행위가 시작되기 전에 이미 모든 것이 제자리에 있기 때문이다. 그러나 세속적이며 죽을 운명의 인간은 때마다 단편적으로 재창조할 수밖에 없다.[50] 오르테가를 좇아 우리는 상상력이란 부단히 자기를 앞서 나가는, 달리 말해 아직 아닌 존재의 열망을 위해 달려 나가는 삶의 발생적 충동이라고 말할 수 있다. 이처럼 삶은 뒤로부터 쫓기는 것이 아니라 앞으로부터 이끌린다. 그러나 행위가 시작되기 전에는 삶이 **어디로** 이끌릴지 아직 그 전모를 알 수 없다. 그리고 오르테가에게 상상력 없이 (우리 자신을 앞서 나가는 이러한 능력 없이) 인간의 삶은 불가능한 것이다.

그렇다면 여기에 이 책 제3부의 서두에서 제기한 질문에 관한 우리의 답이 있다. 삶에 대해 삶이란 이끌어지는 것이라고 이야기한다는 것은 무엇을 의미하는가? 우리는 이렇게 답한다. 이끌어지는 삶, 또는 교육을 겪는 삶은 복종과 숙련 사이, 상상력과 지각 사이, 열망과 파악 사이, 노출과 조정 사이의 긴장 속에서 견지된다. 이 모든 쌍에서 전자가 이끌고 후자가 따른다. 그러나 전자의 선도는 명령을 내리지 않고 머뭇거린다. 전자는 수동적인 순종이 아니라 능동적인 전달로서 따르기를 요구한다. 판을 벌이면서 나는 내 지각의 응답하는 힘을 불러들인다. 그러나 바로 그 응답 속에서 태고 이래 선조들이 그러한 것처럼 나는 나도 모르는 사이에 내가 예전에 거기 있었음을 발견한다. 그것을 생각한 적조차 없는데도 나는 요령을 아는 것 같다. 오솔길을 따라 '아직 아님' 속으로 향해 가며 나는 이미 그 길이 어떻게 될지를 알고 있다. 그러므로 **모든 상상하기는 기억하기다**. 현상학자 베른하르트 발덴펠스[*]는 "우리는 우리 자신보다 더 나이 들었다"라고 표현한다.[51] 우리 자신 뒤에서 우리는 막 생성하려 하지만 아직 아니며, 자신을 알지 못한 채 이미 우리인 자신이다. 우리일지도 모를 누군가로 생성하는, 우리가 생성하는 누군가로 되어 가는 진행 중의 반복적인 과정에는 마지노선이란 없다. 모든 것이 시작하기 전에 있었다는 어떤 기본적인 인간 본성을 드러내는 지점이란 존재하지 않는다. 오르테가가 말했듯이, 우리는 헌 신이며 한 번에 창조되지 않았고 필요에 따라 우리 자신을 창조하고 재창조한다. 따라서 률의 표현으로 **인간화하는 동물**로서 나는 나의 걷기이며 나의 걷기가 나를 걷는다. 그리하여 여기 수수께끼가 있다. 나는 옮기고 또 이번에는 옮겨진다. 나는 살고 또 살아진다. 나는 나 자신보다 더 젊음과 동시에 더 나이 들었다. 나는 무엇인가? 율리시스 S. 그랜트 대통령은 옳았다. 나라는 것은 동사라고 나는 생각한다.

---

[*] 베른하르트 발덴펠스(Bernhard Waldenfels, 1934~   )는 독일의 현상학자이다. 메를로퐁티와 리쾨르의 지도 아래 수학했으며 독일 현상학회 공동 창립자이다. 현재는 보훔 루르 대학 철학과 명예 교수로 재직 중이다.

28. 하나의 삶

인간화하는 동물, 즉 인간이 되어 가는 인간humaning human의 끊임없이 펼쳐지는 삶 속에서 사물은 결코 한 번에 주어지지 않으며 언제나 주어지는 도중에 있다. 질 들뢰즈가 말하듯이 이 삶에서 현실적인 것은 없고 오직 잠재적인 것만 있다. 이러한 삶은 성과 기록표에서 발견되는 것도, **이력서**처럼 이미 여행해 온 경로를 따라 이정표를 열거함으로써 재구성되는 것도 아니다. 그것은 오히려 강물이 강둑 사이를 지나가듯이 이정표 사이를 지나가고, 휘몰아치면서 이정표로부터 멀어져 간다. 이것은 들뢰즈가 **하나의 삶(살던** 삶이 아니라)*에서

---

* 잉골드는 본 장에서 각각 부정 관사(a)와 정관사(the)를 사용해 명사 삶(life)을 두 가지 뜻으로 나타내는데, 이러한 구분은 들뢰즈의 논의와 상통한다. 들뢰즈는 정해진 것, 한정된 것, 결정된 것을 가리키는 정사(un défini)와 부정 관사, 부정 대명사, 부정 형용사 등을 일컫는 부정어(l'indéfini)를 구별한다. 부정어는 인칭, 주체, 사물의 양태와 전

의미하는 것으로서 그가 '내재성의 평면'이라고 부르는 것 위에서 계속 이어진다. **살던** 삶은 우리의 행함으로 가득 차 있다. **하나의** 삶은 우리 각자가 반드시 겪어야만 하는 것이다. 지금까지 내가 이야기한 모든 것에 비춰 보면, 내재적인 삶의(잠재성의, 보이는 것의 나타남의) 평면 또한 미궁의 평면인 것은 분명하다. 요컨대 내재적 삶이란 미궁 같은 것이다.

들뢰즈는 자신이 의미한 것을 설명하기 위해 찰스 디킨스*의 소설 《우리 모두의 친구Our Mutual Friend》의 일화에서 예를 든다. 미스터 라이더후드라는 무례하고 평판이 좋지 않은 한 인물이 템스강에서 사고가 난 후 몰려든 구경꾼들에 의해 구출된다. 그가 타고 있던 나룻배가 증기선에 부딪힌 것이다. 물에 빠져 죽을 뻔한 라이더후드는 근처 여관으로 옮겨지고 의사가 호출되었다. 라이더후드의 생명이 경각에 달려 있는 동안 건장한 구조자들은 여주인과 함께 의사의 이리저리 살피는 모습에 경외심과 숨죽인 공경이 뒤섞인 반응을 보인다. 그러나 드디어 환자가 정신을 차리고 환자의 의식이 돌아옴과 동시에 마법이 풀려 버린다. 평상시의 퉁명스럽고 성질 고약한 모습으로 돌아온

혀 다른 개체화의 양태에 주목하게 만든다고 들뢰즈는 주장한다. 이 개체화는 언제나 중간에서 '이미 여기 도달한' 그리고 '아직 도달하지 않은', 또한 '너무 늦음'과 '너무 이름'이 동시적인 것으로서, '리좀'으로 펼쳐지며 순수 사건인 내재성의 평면과 상응한다. [《천 개의 고원》(김재인 옮김, 새물결, 2001), 10장 참조]. 원문의 'a life'는 **하나의 삶** 으로, 'the life'는 **살던 삶**'으로 옮겼다.

* 찰스 디킨스(Charles Dickens, 1812~1870)는 영국의 소설가이다. 빅토리아 시대의 한 사람으로서 자신이 목격한 초기 자본주의의 모순과 병폐를 신랄하게 묘사한 《올리버 트위스트》(1837~1839), 《크리스마스 캐럴》(1843), 《위대한 유산》(1861) 등의 작품으로 선풍적인 인기를 끌었다.

라이더후드는 모여 있던 사람들을, [심지어] 그 속에는 자기 딸이 있었는데도 똑같이 꾸짖고 질책한다. 이에 그를 구조한 사람들은 곧바로 뒷걸음친다. 삶에 대한 그들의 경외는 생명의 이 유별난 표본에 대한 경멸로 인해 무색해진다. 디킨스가 씁쓸하게 언급한 것처럼 이 세상의 라이더후드도 저세상의 라이더후드도 누구에게서든 어떤 측은지심을 끌어내지 못하겠지만, "그러나 생사의 갈림길에서 촌각을 다투는 인간의 영혼[생명]은 쉽게 그것을 할 수 있다".[53]

디킨스의 이야기가 보여 주듯이 내재성의 평면은 삶과 죽음 혹은 의식 있는 상태와 혼수상태의 생애사적 특수성 사이에 위태롭게 매달려 있다. 이 매달림 안에서 이 특수성(결정된 선택, 택한 과정, 성취된 목표, 저지른 범죄)이 사라지거나 일시적으로 중단된다. 이것은 우리가 앞서 살펴봤듯이 원주민 사냥꾼의 이야기에서와 완전히 똑같다. 그들 또한 사냥감을 뒤쫓는 와중에 삶과 죽음의 균형이 사냥꾼과 사냥감 사이처럼 어느 쪽으로든 기울어질 수 있는 실존적 불확실성의 지대에 와 있다는 것을 깨닫는다.[54] 그러므로 미궁을 걷는다는 것은 지면 자체가 베일과 같은 곳에서 거미줄을 누비듯 나아가는 것과 같다. 거미처럼 우리는 그 속에 매달려 있다. 이 의미에서 삶은 위기 상황에 갇혀 있지 않다. 들뢰즈가 힘주어 강조하듯이 "**하나의** 삶은 도처에, 그저 살아가는 주체가 거쳐 가는 모든 순간에 있다".[55] 그렇다면 미궁의 길을 따라 살아지는 내재적 삶의 잠재적 순간과 미로 속 결정 지점에 의해 표시되는 현실적 순간의 관계는 무엇인가? 우리는 모두 그리고 항상 그 양쪽에 동시에 발을 들여놓고 있지 않은가?

내가 보여 주었듯이 행동에 관한 의도주의적 설명은 행위자를 다른 무엇보다 최우선으로 미로에 놓는다. 여기서는 우리가 행하는 것들이 우리가 겪을 시험을 결정한다. 우리는 여기서 저기로 가길 원하고 그래서 우리는 여정에서 고초를 겪는다. 하지만 미궁을 우선으로 놓는다는 것은 이를 반대로 하는 것이다. 즉 우리가 행하는 것들을 우리가 겪는 삶의 흐름 속에 놓는 것이다. 이때 삶은 행위성에 종속적이지 않고, 행위성이 삶에 종속적이다. 우리가 겪는 하나의 삶의 의미를 철학자 장뤼크 낭시의 <지시The instructions>라는 시만큼 잘 표현한 것은 어디에도 없다. 이 시는 2013년 7월부터 9월까지 맨체스터 시립 미술관에서 개최한 전시회 '그것을 하라Do it'의 일부로서 대형 유리 패널에 눈에 띄게 전시되었다. 이 전시회는 방문객에게 활동적인 것부터 황당한 것까지 수십 가지의 지시를 내리는데, 방문객은 이것을 미술관 안에서든 집에 돌아가서든 스스로 시도해 볼 수 있었다. <지시>를 시로서 평가하자면, 시야말로 철학자가 아닌 시인에게 맡기는 것이 더 좋다는 증거가 아닐까 싶다. 그렇지만 이 시는 여하간 내가 앞 장에서 말하고자 한 것의 모든 것을 함축적으로 담고 있다. 이 시에서 낭시는 하기에 관해 우리에게 전혀 익숙지 않은 방식으로 생각해 보라고 권한다. 이 방식은 하기-안-겪기에 대립하는 것으로서 내가 겪기-안-하기라고 부르는 것에 거의 정확히 조응한다.

그것을 하라!

'그것', 즉 당신이 해야 하는 것,
해야 하는 것으로서 당신에게 달린 것,
당신에게 떨어진 것을

'그것', 즉 정해지지 않으며, 정해질 수 없는 것,
당신이 다 했을 때만 존재하는 것을
이것을 하라, 저것을 하라,
아무도 예상치 못한 저것을,
당신조차도 못 한,
있을 수 없는 저것을

당신의 하기로부터 생겨나는 일을 하라,
그리고 아직 당신이 하지 않은 것을
만들어 내지 않은 것을
그러나 당신의 하기 훨씬 전부터 생겨난 것을
당신 전에 생겨나 있는 것을

당신을 피하는 것을 하라
당신의 것이 아닌 것을
그리고 당신이 빚진 것을.

Do it!

'it': What you have to do,
What is up to you to do,
What falls to you

it': Undetermined, undeterminable,

Which will only exist when you have done it

Do it, do that,
That thing no-one expects,
Not even you,
That improbable thing

Do what stems from your doing,
And yet is not done by you
Nor produced
But stems from well before your doing
From well before you

Do what escapes you
What is not yours
And that you owe.[56]

낭시가 말하길 우선 당신이 '하는' '그것'은 당신이 시작하기 전에 물질적인 것이 아니라면 관념적인 것이라도 손 닿을 거리에 먼저 있지 않다는 것이다. 하기는 달리 말해 머릿속 이미지를 세계 속 사물로 번역하지 않는다. 오히려 사물과 그 관념 모두 하기 자체로부터 함께 나타난다. 정치 철학자 마이클 오크숏*의 적확한 표현을 빌리면, 이 관

---

* 마이클 오크숏(Michael Oakeshott, 1901~1990)은 영국의 정치 철학자이다. 본 장에서 언급한 《정치 내 합리주의 등에 관한 저작(Rationalism in Politics and Other

념은 "활동의 부모가 아니라 의붓자식이다".[57] 게다가 이 하기는 당신이 복종하는 행동이다. 당신은 그것을 명령하지 않는다. 오히려 그것이 당신에게 **떨어진다**. 그것은 당신이 가장 예상하지 못한 일이었고, 당신이 일어날 수도 있다고 예상한 일이 아니었고, 그 임무에 착수하면서 당신은 아마도 자신이 가지고 있으리라고는 생각지도 못한 지각 및 행위 능력을 발견하고 놀랐을 것이다. 그런데 당신이 한 일은 어디서 온 것일까? 낭시에게 그것의 기원 지점이란 없다. 즉 그것은 의도로 추적할 수 없다.

우리가 하는 것은 디자인을 염두에 둔 작가적 행위자에 의해 행해지는 것이 아니다. 오히려 주의와 응답의 끝없는 과정의 부분이며, 그 속에는 우리가 살펴본 대로 모든 인간적 삶이 붙들려 있다. '이미'가 항상 우리가 갈 수 있는 한 멀리 우리 뒤에 있는 것과 마찬가지로, '아직 아님'은 항상 우리를 앞서서 기대의 지평 너머로 탈출할 것이다. 그리고 우리가 우리의 존재 자체를 전에 지나간 것에 빚지고, 또 후에 오는 것들이 그 존재를 적어도 부분적으로 우리에게 빚지는 것과 마찬가지로, 우리의 행함은 어느 누구에게도 속하지 않는다. 우리 자신도, 타자도 아닌 역사, 혹은 더 낫게는 삶에 속한다.

낭시가 말하는 하기(당신에 의해 행해지지 않은 행함)는 일종의 **행위성 없는 행위**이며, 겪기-안-하기, 자기 제작, 인간 발생론이다. 이것을 말로 표현하기가 너무나 어려운 이유는 상당 부분 오늘날 우리에게 익숙한 문법 범주에서 동사의 능동태와 수동태의 대립이 강하다는 사실 때문이다. 언어학자 에밀 벵베니스트[*]가 자신의 한 저명한 연

_____

Essays)》(1962), 그리고 《인간의 수행에 관하여(On Human Conduct)》(1975)는 정치적 합리주의에 관한 그의 비판적 입장을 드러내는 대표 저서로 손꼽힌다.

구에서 관찰한 바와 같이 전자는 '행해진 행위'에 대한 것이고 후자는 '겪은 행위'에 대한 것이다. 그러므로 우리는 수동적이라기보다는 능동적인 겪기를 표현하는 데에서 가장 큰 어려움을 느낀다. 하지만 벵베니스트가 보여 주듯이 능동/수동 대립은 유구하지도 보편적이지도 않다. 상당수의 비-인도유럽어에는 그러한 대립이 없으며, 심지어 인도유럽어족 내에서도 그것은 역사적으로 고대 그리스의 문법학자들이 '중동태'라고 부르는 것이 분해되면서 발생한 것이다. 이 분해야말로 행위성을 전면에 내세울뿐더러 실행자를 행함으로부터 분리한다. 이와 대조적으로 중동태에서 실행자는 그 행함의 과정 **안에**, 즉 동사 안에 있다. 벵베니스트는 행위성이 이와 같이 종속되는 행함에 있어서 실행자는 "자기 안에서 성취되어 가는 어떤 것을 성취한다"고 쓴다.[58] 이러한 것은 곧 **하나의** 삶의 행함이다. 보이는 것의 나타남에서, 강물의 흐름 속에서 살아지는 **하나의** 삶은 그 모습을 강둑에 수준점으로서 남기는 **살던** 삶으로부터 영원히 벗어나는 중이다.

이제 둘의 격차(**하나의** 삶과 **살던** 삶의 격차, 잠재적인 것과 현실적인 것의 격차, 상상력이 항상 지각을 앞지르게 만드는 시간적인 펼쳐짐)는 자유시간이라는 본래의 의미에서, 즉 그리스어 **스콜레**scholè에서 유래한 **학교** 그 이상도 그 이하도 아니다. 중동태에서 바로 그러하듯이 고대 그리스어 사전에서 **스콜레**는 겪기가 하기의 규정으로부터

---

* 에밀 벵베니스트(Émile Benveniste, 1902~1976)는 프랑스의 언어학자이다. 콜레주드프랑스의 교수로 재직했다. 20세기 인도유럽어에 대한 역사 언어학과 비교 언어학 연구로 널리 알려졌으며, 사회적 사실로서의 언어와 소쉬르 이후의 기호학에 관해 탐구했다. 국내에서는 《인도유럽사회의 제도·문화 어휘 연구 1, 2》(김현권 옮김, 그린비, 2014, 2016)를 비롯한 몇몇 번역서가 출간되었다.

도주하는 것을 의미했다. 이로써 나는 또다시 교육에 대한 나의 앞선 테마로 그리고 마스켈라인의 철학으로 되돌아가려 한다. 마스켈라인이 주장하기로 용어의 본래 의미에서 교육은 "**스콜레**라는 의미에서의 '학교'를 만드는 것"이기 때문이다. **스콜레**의 설계자로서 교육자 또는 교사는 "미-완성하는 자이자 시간의 책정과 최종 목표를 무효로 만드는 자이다".[59] 교육자는 목적의 관리자라기보다 시작의 촉매제이며, 그의 임무는 상상력의 자물쇠를 풀고 상상력에 목표나 목적지 없이 돌아다닐 자유를 부여하는 것이다.

물론 우리는 이러한 의미의 학교를 같은 이름으로 통용되는 서구 사회에 익숙한 제도와 혼동해서는 안 된다. 왜냐하면 그 제도의 역사에서 학교는 상상력을 가둬 놓고, 그것을 성취에 앞서 목적을 표상하는 능력으로 전환하는 데 주로 헌신해 왔기 때문이다. 제도의 목적은 압도적으로 시간을 운명 짓는 것이지 운명으로부터 해방하는 것이 아니었다. 즉 학생들 정신에 지식의 주입을 완료하는 것이지 그것을 풀어내는 것이 아니었다.[60] 미궁에 대해 미로의, 탐정에 대해 악어 대형의, 복종에 대해 지도의 우위를 강조해 온 것이다. 따라서 학교라는 제도와 **스콜레**라는 자유 시간은 각각 'educare'와 'educere', 끌어들이는 것과 밖으로 이끄는 것, 주입과 노출, 의도와 주의의 대조되는 명령법에 충실하다. 전자가 전용하는 것을 후자는 일시 중단하게 만든다. **스콜레**는 목적을 향한 활동을 지연시킨다. 어떤 것도 더 이상 예전과 같지도 아직 무엇이 되지도 않은 내재성의 평면에서는 옛말에서도 그렇듯이 무엇이든 해 볼 만하다. 미완의, 목적 및 목표로부터 해방된, 모두에게 공통적인 세계는 또다시 현전을 회복한다. 세계는 우리를 접촉하여 우리가 더불어 그 접촉에 **노출됨**으로써 세계와 함께 그 곁에서 살 수 있도록 해 준다.[61] 혹은 한마디로 말해서 우리는 세계와 **조응**할 수 있다.

29. 사이-안

사이between**와 사이-안**in-between**에는 차이가 있다.** 최악의 현학적 표현으로 들릴지 모르겠다. 하지만 비록 이 차이가 언어적 표현에서는 거의 감지되지 않을 만큼 근소해 보일지라도 이는 거대한 존재론적 중요성을 지니며 이 책의 논의 전체를 떠안는다. '사이'는 이미 이음매가 새겨진 분할된 세계를 분절적으로 접합한다. 그것은 교량, 경첩, 연결, 대립하는 것 간의 인력, 사슬의 연결 고리, 이쪽과 저쪽을 동시에 가리키는 쌍촉 화살이다. 반대로 '사이-안'은 생성 세계, 즉 사물이 아직 주어지지 않았지만(주어져 있다면 그때 사물은 접합해 있을 것이다) 주어지는 도중의 세계 속 생성과 소멸의 운동이다. 그것은 간질적 분화, 분열/융합 반응, 휘감기와 풀어 헤치기, 들숨과 날숨, 사이의 양방향 화살에 직교해서 어떤 최종 목적지도 없이 한 방향으로 흘러가는 것이다. 사이에는 두 개의 종점이 있고, 사이-안에는 종점이 없다.

사이에서 운동은 모두 하기에 틀 지어진 겪기 혹은 만들기에 틀 지어진 성장하기처럼 여기서 저기로, 즉 초기 상태에서 최종 상태로의 이행일 뿐이다. 그러나 사이-안에서 운동은 가장 기본이며 진행 중인 상태이다. **사이가 임계를 넘어설 때, 사이-안은 동맥이 된다. 사이가 상호 매개할 때, 사이-안은 흐름의 한가운데에 있다.** 그리고 사이-안은 선으로서의 삶의 영역이다(<그림 29-1>).

〈그림 29-1〉 상호 매개성과 한가운데로 흐르기

앞선 장들에서 골라 가져온 몇 가지 예시는 이 구별을 설명하는 데 일조할 것이다. 우리는 마티스의 회화 <춤>(<그림 1-3> 참조)에 묘사된 인물들에서 탐구를 시작했다. 그리고 이제 그리로 되돌아갈 수 있다. 왜냐하면 그것들의 운동과 조화 속에서, 예를 들어 배경 중앙의 인물이 오른쪽과 왼쪽 각각의 인물을 매개하듯이 서 있다는 관찰을 통해 단순히 파악될 수 있는 것 이상의 무엇이 인물들 사이에서 분명히 생겨나고 있기 때문이다. 회전 운동 속에서 완강한 미래는 되살아나는 과거와 끊임없는 술래잡기를 한다. 여기서 댄서들은 다른 댄서들 사이에 서 있기만 하지 않는다. 그들은 조응하며 한가운데로 흐른다. 신학자들은 이것을 **상호내주**perichoresis라고 부르는데, 이는 [기독교의] 삼위일체를 이루는 각각의 위격이 다른 위격을 축으로 회전하고 그 순환 속에서 특정한 한 위격이 아닌 위격들 상호의 경배로부터 일어나는 일종의 갈망을 발생시키는 춤을 지칭한다.[62] 다음으로 5장에서 나는 매듭과 이음매를 비교하면서 **아예** 접합하기와 **함께** 잇대기는 완전히 별개임을 보여 주었다. 전자가 정지한 요소를 체인으로 연결하는 것 또는 분절적으로 접합하는 것이라면, 후자는 목공, 바구니 세공, 직물과 같이 운동 속에서 물질을 모으는 것이며 서로에 대한 느낌(곧 공감)을 내부에서 발전시키는 것이다. 이 논의가 함의하듯이 공감적 관계의 역동적인 사이-안-성은 분절적 접합의 정적인 사이-성과 근본적으로 구별된다.

그리고 그런 이유로 그것[사이-안-성]은 또한 지식을 동반한다. 10장에서 보았듯이 방랑자에게 지식은 땅과 하늘의 다양체 속에서 지면을 누비듯 걷는 길을 따라 자신의 인격이 성숙해 감과 동시에 성장한다. 일찍이 철학자 마이클 폴라니*가 관찰한 것처럼 그러한 지식은 문어, 도표, 수학 기호와 같은 명백한 명제 형식으로 아예 접합하거나 분절된 지식과는 전혀 다르다. 폴라니는 "그래프, 방정식, 계산법으로 뒤덮인 종이의 스크린을 찢어 버리면서 나는 순전한 인격적 성숙과 함께 사물을 알게 하는 지성의 비분절적 현현을 만천하에 드러내려 했

---

* 마이클 폴라니(Michael Polanyi, 1891~1976)는 헝가리 태생의 영국 화학자, 철학자이다. 자연 과학 연구자로 학술 활동을 시작했다가 철학으로 전향해 여러 권의 연구서를 남겼다. 그의 저서 《개인적 지식》(표재명·김봉미 옮김, 아카넷, 2001)에서 그가 주창한 개인적 지식과 암묵지(tacit knowledge) 개념은 철학, 사회 과학, 교육학 등의 다양한 학술 분야에서 여전히 활발하게 탐구되고 있다.

다"라고 썼다.[63] 그러나 그 차이는 분절적 지식과 개인적 지식이 의식의 상상적 기둥에서 각각 '보다 상위'와 '보다 하위'로 나뉘는 정신의 영역을 점한다는 데 있지 않다. 하물며 (몇몇 이론가가 진지하게 제안해 왔듯이) 개인적 지식의 적절한 영역이 정신이기는커녕 신체라는 것도 아니다.[64] 그보다 분절적 지식은 **사이**, 개인적 지식은 **사이-안**이다. 후자는 전자가 연결한 고정 점들 주변과 그 사이를 흐르듯이 움직이는 의식 속에 있다(<그림 29-2>).

그렇다면 폴라니의 선례를 따라 여러 세대에 걸친 학자들이 개인적 지식을 그 분절적 대응물과 대비해서 '암묵적인 것'으로 특징짓기로 선택했다는 것은 역설적이지 않은가? 역사학자 메리 카루더스*가 휘젓는 인간 정신을 특징짓고자 선택한 "쉴 새 없이 굴러가는 바퀴의 들썩이는 힘"을 위해 사용하기에는 이 얼마나 낯선 말인가![65] 개인적 지식은 잠잠하지도 부동적이지도 않기 때문이다. 반대로 격동적이고 때때로 시끌벅적하고 행동과 말 모두에서 분출할 수 있다. [태풍의 눈처럼] 휘젓는 한가운데에, 고도로 집중된 지점에 침묵이 군림한다. 그러나 분절되고 연결되고 또 고정된 기준 좌표에 꼼짝없이 잡혀 있는 지식 그리고 지식의 산물인 음성과 몸짓의 흐름과는 독립적으로 종이에 위탁된 지식은 완전히 다른 방식으로 침묵에 이른다. 이것은 정동의 모든 흔적이 적출된, 개별 사물들로 이뤄진 세계의 공허하고 형해화된 침묵이다. 농축된 검은 침묵이 단단한 매듭처럼 의식의 낱알 속에 만들어지는 한편으로 분절적 접합의 침묵은 스크린의 화이트월 위에

---

* 메리 카루더스(Mary Carruthers, 1941~)는 미국의 역사학자, 영문학자이다. 중세 수사학 내 심리 및 사회 문화적 양상에 관한 연구를 수행해 왔다. 현재 뉴욕 대학 명예 교수로 재직 중이다.

〈그림 29-2〉 분절적 지식과 개인적 지식
개인적 지식은 분절적 지식이 아예 접합한 고정 점들 주변과 그 사이를 선회한다.

상호 매개적 거리를 표시한다.

대기로 돌아가서 우리는 우리가 호흡하는 공기가 사이-안에 속하고 있음을 살펴보았다. 공기는 우리 사이에 있는 것이 아니라, 우리 삶이 혼합되고 뒤섞이는 매질이다. 그러나 우리는 근대성의 역사에서 세계가 뒤집혀 극장 내부에 가둬졌을 때 이 사이-안이 어떻게 사이로 전환되었는지를 또한 살펴보았다. 공간의 극장화에서 공기는 에테르가 되었고, 일찍이 바람과 함께 휘어지고 꼬인 빛과 소리는 투사의 매개물로 전환되어 관중의 눈과 정신을 무대 배경의 재구성된 파노라마와 이어 주었다. 빛줄기는 사이-안이지만, 광원과 수신자를 연결하는 광선은 사이이다. 음악에서도 마찬가지로 피치의 선은 사이-안이며, 그 전송의 선은 사이이다. 게르노트 뵈메는 그의 미학에서 분위기[대기]의 사이-안-성을 매우 중시한다. 그의 주장에 따르면, 그것은 "환경적 특질과 [인간의] 상태를 관계하게 만드는 '사이-안'"이다. 그리고 분위기[대기]는 "전형적인 상호 매개적 현상이며, 주체와 대상 사이의 어떤 것"이다.[66] 상호 매개적이라니? 그래, 극장 안에서라면 그럴 수 있다. 그런데 만약 우리가 상자에 갇힌 것들을 대지와 하늘의 충만함에 풀어 주며 전도를 원래대로 되돌린다면, 그때 대기[분위기]는 더 이상 주체를 향하는 길과 대상을 향하는 길 양쪽을 가리키는 사이가 아니다. 그것은 오히려 바람, 사이-안의 운동, 틈새의 운동, 대기가 촉각적으로 접촉하는 모든 표면을 흐트러뜨리는 한가운데의 흐름에 가깝다. 상호 매개이던 것은 야외로 되돌려져 사물의 한가운데에 다시 놓이고 그 속에서 사람들은 태양 빛 아래에서 자신의 그림자를 드리운다.

그렇다면 무엇보다 결정적으로 인간관계의 영역에서 사이에 있는 것은 무엇일까? 사회생활은 사람들 사이에서 영위되지 않는가. 그렇지 않다면 왜 우리는 상호 작용을 사회생활의 근본적인 역동성으로 말하겠는가. 한나 아렌트는 "행동과 발화는 인간들men[물론 여성도 여기에 포함된다] 사이에서 일어난다"라고 쓰고 있다. 이 진술은 또 다른 자명한 문장으로 이는 여러 문제를 은폐하고 있다. 여기서 사이란 무엇인가? 사람들이 처리하고 논하는 세계의 여러 문제는 우리가 '관심interest'이라고 익숙하게 칭하는 것이다. 이 말은 라틴어 'inter(사이)'

와 'esse(있음)'를 합친 것인데, 문자 그대로 (아렌트의 정의에서) "사람들 사이에 있는 것이며, 그러므로 사람들을 하나로 이어 주고 묶어 줄 수 있는 것이다".[67] 따라서 관심이란 상호 매개적이다. 그러나 사람들은 이 세속적 관심을 **향해** 행동하고 그에 **관해** 말하는 것 외에도 타인**에게** 직접 행동하거나 발화하며, 그렇게 함으로써 그들의 물질적 관심 사이의 물리적이고 세속적이며 만져지는 것은 완전히 다른 종류의 사이-안에 의해 덮어씌워진다.

이 두 번째의 주체적인 사이-안은 만질 수 없다. 거기에는 응고 가능한 만질 수 있는 객체가 존재하지 않기 때문이다. 행동하고 발화하는 과정은 그 결과물 및 최종 생산물을 뒤에 남길 수 없다. 그러나 만질 수 없긴 해도 이 사이-안은 가시적으로 우리가 공통적으로 가지고 있는 사물들의 세계 못지않게 실재적이다. 우리는 이 실재를 인간관계의 '망'이라고 칭한다.[68]

그런데 이 두 사이의 차이는 정확히 무엇일까? 두 사이는 아렌트가 생각했듯이 객체와 주체, 사물과 사람, 물질과 비물질 간의 분할에서 양 측면에 각각 속하는 것일까? '사이-성'은 그 술부述部로 인해, 즉 그것이 나누는 것과 동시에 묶는 **무언가**로 인해 달라지는 것일까? 나는 이와 반대로 차이는 '사이하기betweening' 그 자체에 있다고 제안하고자 한다. 한 사이는 객관적이고 다른 사이는 상호 주관적이라는 것이 아니라, 한 사이는 **상호 매개성**에서 주어지고 다른 사이는 **한가운데의 흐름**에서 생겨난다는 것이다.

나는 강둑 위에 서 있다. 맞은편 둑에는 배를 가진 사공이 있다. 강은 우리를 분단하고 내가 가려는 길의 가공할 만한 물리적 장애물로서 나타난다. 나는 건너가야 하므로 저 남자에게 여기까지 와서 나를 데려가 달라고 소리친다. 압력파가 공기 중에 잔물결을 일으키며 퍼져나가 뱃사공의 귀에 닿고, 뱃사공은 나의 함성을 듣는다. 내가 간격을 가로질러 소통의 선을 던진 바로 그 순간에서야 강은 나 자신과 뱃사공 **사이에** 있게 된다. 이 소통에서 강은 우리 둘 모두에 관련된 공통의 문제, 즉 **관심사**inter-est[**사이에-있음**]가 된다는 것이다. 그러나 이제 시간의 흐름에 따라 전개되는 장면을 상상해 보자. 뱃사공은 물결을 고려한 각도로 배를 강물에 띄워 물 위를 헤쳐 온다. 그가 거의 접근해 오자 그와 나는 대화를 시작한다. 아직 거리가 있고 노래하는 바람 소리, 철썩거리는 물소리에 대화가 묻히기에 목소리가 잘 들리도록 목청을 높여야 한다. 공기의 흐름에 던져진 우리 각각의 목소리는 뒤섞이고, 노걸이의 삐걱대는 소리 그리고 강물을 젓는 노의 율동적인 첨벙대는 소리와 함께 유유히 흘러가는 강물 소리에 실려 가는 듯하다. 대기에 잠기는 이런저런 피치[음높이]의 선은 횡단하는 것이 아닌 따라가는 운동 속에서, 서로와 문답을 주고받기보다 서로에게 응답하는 듯하다. 강물은 말하자면 둑의 **사이-안**을 흐른다. 그러나 강물은 한 둑에서 다른 둑으로 흐르지 않는다. 우리의 목소리도 마찬가지다.

그렇다면 여기에는 두 종류의 사이-성의 차이가 있다. 뱃사공에게 적어도 한 가지 의미에서(그리고 그 의미는 잠재적 승객으로서 내가 가장 관심 있는 의미일 것이다) 노를 저어 강을 건널 때 '사이'는 중간이다. 그것은 통행에서 과도기적인 순간이며 임계의 공간이다. 하지만 또 다른 의미에서 뱃사공은 그의 삶을 강과 잇대고, 강을 건널 때마다 그 흐름에 복종한다. 이를테면 그의 복종은 강의 흐름에 배를 밀어 넣고 물결에 배의 각도를 맞추고 노를 저어 가며 그에 응답하는 것이다. 따라서 뱃사공이 강을 건너는 것은 하기가 겪기 안에 틀 지어지듯이 강 위의 그의 삶 안에서 틀 지어진다. 유유히 흘러가는 강 그 자체에 대해서라면 사이-성은 어디로도 향하지 않는 도중의 끝나지 않는 운동이다. 정말로 강은 마침내 바다로 흘러가지만 그렇다고 강이 강물을 어느 한 곳으로 운반하는 것은 아니다. 강은 동맥이다. 강에는 기원도 없고 목적지도 없다. 사이-안은 매개적이지 않으며 목적지로 향하는 중간도 아니고, 계곡의 한쪽 면에도 있지 않고 절반만 채운 잔에도 있지 않다. 그것은 동시에 양방향으로 당겨지지 않는다. 오히려 그것은 한가운데에 있는 것, 운명이 정해지지 않은 것, 계곡의 바닥을 따라 나아가는 것, 넘치지 않은 적 없는 잔이다. 그리고 그것은 한 길로 나아간다.

그래서 나는 인간의 사회관계에 관해 말하는 방식으로서 상호 주관성 개념이 낯설고 힘들다. 마이클 잭슨은 실존적 인류학을 위한 선언문에서 아렌트에게 응당 감사함을 표하며 방법론에 대한 우리의 첫 번째 규칙은 관계 항이 아니라 **주관적인 사이-안**에, 즉 "인간의 관심사inter-est[사이에-있음]와 상호 작용inter-action[사이-행동]의 이 매개적 공간 내에 존재하기에 이르는 것에" 초점을 맞춰야 한다고 주장한다.[69] 하지만 접두사 'inter-'를 품은 장황한 용어(상호 주관적 intersubjective, 상호 매개적intermediate, 상호 이해interest, 상호 작용interaction)처럼 잭슨의 사이-안은 사실상 양방향 화살의 사이이다. 잭슨은 사회생활의 사이-안(위면이 말했듯이 "인격성이 겪지만 할 수 없는" 것의 사이-안)을 주체들 간의 호혜적인 왕래로 환원하고 말았다. 이 속에서 각 주체가 겪는 것은 타자가 하는 것에 틀 지어진다.

또는 달리 말하면, 잭슨은 한가운데로 흐르기를 상호 매개성으로 환원했다. 잭슨과 반대로 나는 우리의 초점이 상호 작용의 매개성이 아니라 조응의 한가운데로 흐르는 속에서 사람과 사물의 생성에 있어야 한다고 생각한다.[70] 이에 따라 선택해야 할 접두사는 **inter-**가 아니라 **mid-**이다. 앞 장에서 살펴봤듯이 선이 말하는 것은 능동태도 수동태도 아니고, 중동태이다. 들뢰즈와 과타리는 그 요점을 간결하게 요약한다. 생성의 선은 "항상 중간에 있다. 우리는 그것을 중간에서만 얻을 수 있다. 생성이란 하나도 둘도 아니고, 둘의 관계도 아니다. 생성은 사이-안이다".[71] 이것은 미궁의 사이-안이다.

결론적으로 23장에서 다룬 의인주의와 인간 발생론에 관한 논의로 돌아간다. 인간다움에 초월성을 부여하는 의인주의적 기획에서 청소년은 아동기와 성인기 사이에, 학생은 입학과 졸업 사이에, 사회 전체조차 전통과 근대성 사이에 서 있는 것으로 나타난다. 청소년, 학생, 발전 중인 사회는 모두 그 성장, 달성 혹은 번영의 수준에서 '상호 매개적'이라고 여겨진다. 이와 대조적으로 인간화의 인간 발생론적 과정은 초월의 그 어떤 수준도 인정하지 않는다. 이 과정에는 열망하는 존재만이 있다. 이 존재에게 하기는 겪기에 틀 지어지며 그의 행위성이 아직 행동에서 떨어져 나오지 않았다. 그리고 타자와 함께하는 그의 삶은 의도적이라기보다는 주의를 기울여서 미로보다는 미궁 속에서 살아지는 것이다. 이것은 주체도, 객체도, 주체-객체 잡종도 없이 오직 동사만 있는 사이-안에서 한가운데의 흐름으로 살아지는 하나의 내재적 삶이다. 우리가 인간을 찾은 곳이 어디든 인간은 인간하고 있다. 이 점을 강조하기 위해 우리는 에두아르두 비베이루스 지 카스트루가 우주론적 퍼스펙티브주의의 의인주의적 '교환-안-변신'을 도입할 때 언급한 것과 이 인간 발생론의 관점을 나란히 견줄 수 있다. 그는 "의식적 의도성 및 행위성의 능력은 주체의 위치를 규정한다"라고 말한다. 그러므로 의도성, 주체성, 행위성은 상호 함의의 분해 불가능한 트라이어드triad로 꾸려진다.[72] 하지만 나의 트라이어드에서 의도는 주의로, 주체는 동사로, 인간 행위성은 인간화의 겪기-안-하기로 대체된다. 한데 모인 이 세 구성 요소는 내가 **조응**이라고 부르는 것이 된다. 다음의 마지막 장에서 나는 이 개념의 잠재적 가능성에 대한 사변을 논한다.

30. 선들의 조응

상호 작용은 사이이고, 조응은 사이-안이다. 선으로서의 삶은 조응의 과정이다. 그에 따라 나는 아렌트가 정식화한 주체들의 사이-성을 **선들의 조응**으로, 인간관계의 망을 그물망으로 치환한다. 이 치환이 인류학이라는 분야와 실천에서 함의하는 것은 무엇일까? 지나치게 과장된 말로 들리지 않기를 바라지만, 나는 이 치환이 친족과 인척, 생태와 경제, 의례와 종교, 정치와 법 등 인류학의 모든 전통적인 하위 분야에서 사회생활 연구에 대한 우리의 접근을 전환할 잠재적 가능성을 가지고 있다고 생각한다. 그것은 또한 우리가 인간 생물학과 문화의 분단 그리고 인간 진화와 역사의 분단을 넘어설 수 있게 도울 수 있다. 이 분단은 지금까지 우리 사고의 진전을 방해하는 역할을 해 왔다. 마지막으로 이 치환은 우리 작업에 가치를 평가하고 목적을 부여하는 방식 그리고 그에 수반되는 책임을 바꿀 수 있다. 이 각각의 영역을 차례대로 다루며 이 책을 마무리하겠다.

우리는 친족의 '선[계보]'을 말하고 이 선을 가계도로 그리는 데 익숙하다. 또 이러한 도표에서 점에서 점으로 사람들을 이어 가며 가계를 묘사하는 것도 흔하다. 친족은 마치 그 구성원들이 연결된 것처럼 보이게 만들어진다. 그렇지만 조응의 사고는 우리가 함께 섞여서 작업한 사람들이 이미 알고 있는 것, 즉 선**이란** 사람이라는 것을 인정한다. 그렇다면 친족은 선들의 그물이지 연결의 망이 아니다. 그리고 친족 성원들은 무엇을 하는가? 이들은 서로 참아 주고 서로를 돌보고 서로의 말을 들어 준다는 의미에서 서로에게 **주의를 기울인다**. 이러한 공통의 주의(혹은 마이어 포르테스가 "우호"[73]라고 부른 것)는 자명한 것이다. 즉 타자와 **함께** 겪는 하나의 삶의 조건 없는 헌신으로서 친족은 타자와 자기 **사이에** 있는 개별적인 관심을 잠시 보류해 둔다. 친족의 명령법은 달리 말해서 삶 그 자체(하지만 하나의 이야기로서, 인간화로서, '조에'보다는 '비오스'로서 살아지는 삶)의 명령법이다. 정말로 우리는 친족을 인격이 성장하면서 만들어진다는 인간 발생론의 조응적 과정으로까지 **정의**할 수 있다. 이 과정의 구성 선은 끝과 끝을 분절적으로 접합하는 것이 전혀 아니고 중간에서, 즉 사물의 한가운데로 합류한다. 바로 이 점에서 친족은 인척과 다르다. 친족의 길은 조건 없이 그 길이 이끄는 어디로든 따라가게 되지만, 인척은 전략과 선택지를 제공한다. 친족은 미궁이고, 인척은 미로이다. 친족의 선은 내재성의 평면에 새겨지는 것이며, 인척 관계가 연결한 점이나 마디 사이를 나아간다. 인척은 사이이고, 친족은 사이-안이다.

생태계와 경제로 넘어가면, 이 두 용어는 그리스어의 '집_oikos'이라는 말에 공통의 기원을 갖는다. 경제는 가계이다. 생태계(생물학자 에

른스트 헤켈이 1866년에 고안한 용어)의 정의에서 자연 그 자체는 각각의 모든 유기체가 자기 역할을 맡아 연속성을 담보하는 가운데 한 가정을 이룬다. 그런데 객체 없는 세계에서 한 가정은 무엇일 수 있을까? 물론 그것은 소위 '가내 생산 양식'에 의해 조직되는 부족 및 소작농 사회 연구에서 아주 흔하게 언급되는 감자 한 포대는 아닐 것이다. [74] 그것은 오히려 땅속 감자와 유사하다. 즉 성장을 더욱 북돋우는 실 같은 덩굴손이 뻗어 가면서 다른 것들과 묶이는 저장고이다. 우리가 가정을 이와 마찬가지로 생각해 본다면 어떨까? 가정이 대지와 공기라는 환경 속으로 펼쳐지는 생명선이 나오는 물질과 잠재적 에너지의 집결이라면? 이 환경 속에서 생명선이 지구에 거주하며 자신의 자취를 땅속줄기나 기는줄기, 오솔길이나 궤적의 형태로 남기는 다른 살아 있는 모든 것의 선들과 뒤얽힌다면? 생계를 유지하기 위해 농부와 벌목꾼은 식물의 길과 이어져야 하고, 사냥꾼과 목동은 동물의 길과 이어져야 하며, 장인은 자신이 사용하는 물질의 길과 이어져야 한다. 이와 같은 조응의 생태계에서 생산이란 이러한 비인간의 삶의 궤적에 주의를 기울이는 것과 관련된다. 여기서 우리는 8장에서 제기했으나 답해지지 않은 앞선 질문으로 돌아갈 수 있다. 사람들은 대지 위에서 생산이라는 것을 하는가? 아니면 사람들은 대지가 스스로 생산한 것의 수확을 돕는가? 선의 경제에서 생산은 인간 쪽에 있는 것도 대지 쪽에 있는 것도 아니다. 오히려 그것은 대지적 겪기와 인간적 행함의 조응이다. 친족이 사람들에게 주의를 기울이는 것과 관련되는 만큼 경제는 활동적인 물질에 주의를 기울이는 것과 관련되기 때문이다. 여기서 인간은 단순히 소비해야 할 대상의 생산자가 아니다. 인간은 또한 과정에서 변환된다. 인간이 성취한 것은 인간 속에서 성취된 것이다. 요컨대 생산하기란 능동적으로 겪기이며, 중동태를 띤다. 그리고 겪기가 항상 하기를 넘어서듯이, 삶의 생산 또한 항상 소비의 최종 결과를 초과한다.

친족과 경제처럼 종교 역시 근본적으로 선의 매듭 엮기다. 어원에 관해서는 의견이 분분하지만, 적어도 한 해석에 따르면 종교라는 말의 기원은 [라틴어의] 're(다시)'와 'ligare(묶다 또는 고정시키다)'의 복합어에 있다. 이에 따라 종교는 다시-묶기re-binding인데, 선과 매듭 엮기가 그것의 핵심에 있는 것 같다. 하지만 전통적으로 종교에 관한 논의는 믿음과 초자연의 문제에 의해 소환되어 왔다. 이는 종교적 상상력을 표상의 힘, 나타나는 것에 형태를 부여하거나 이미 제자리에 있는 세계를 성스러움의 이미지로 치장하는 힘으로 간주하는 것이다. 반대로 나는 상상력이란 사물을 나타나게 하는 힘이지 사물을 표상하는 힘이 아니라고 주장해 왔다. 그것은 삶 그 자체를 계속해서 앞질러 가는, 복종에 이끌리는 삶의 충동이다. 그리고 이를 통해 우리는 신념이 아니라 **신앙**의 문제로서 종교적 감수성을 이해하는 더 좋은 방법을 얻을 수 있다. 신학자 피터 캔들러*가 말하듯이 종교적 신앙은 표상이 아닌 참여의 문법에 기반한다.[75] 그것은 세계**에 관한** 믿음의 고수와 아무 관계가 없으며 오직 세계**와 함께** 조응하는 것과 관련된다. 그것은 헌신과 헌신을 북돋우는 열정에 관한 것이며, 우리가 자신의 존재와 행동 능력을 대가로 세계에 무엇을 빚지고 있는지의 인식에 관한 것이다. 이 빚은 모든 힘이 자신에게 있다고 주장하는 독재

---

* 피터 캔들러(Peter Candler)는 미국의 신학자이다. 텍사스의 베일러 대학 종교학과 부교수로 재직 중이다.

자 그리고 정신이 그 장악력에 있어 세계에 그 어떤 것도 빚지지 않았다고 하는 인지 과학자에 의해 거부된 바로 그 빚이다. 주의를 기울이기, 복종에 이끌리기, 그리고 지금까지 보여 주었듯이 조응의 본질에 속하는 겪기-안-하기, 이 셋의 조합은 종교적 '계율' 개념에서 완벽하게 포착된다. 계율을 파한다는 것은 무엇일까? 태만이다. 미셸 세르가 날카롭게 지적하듯이 "종교가 없는 자는 무신론자나 회의론자가 아니라 태만한 자로 불려야 한다".[76]

조응이 정치적인 차원을 가진다는 점은 우리가 이미 상세히 논의한 오르테가 이 가세트 그리고 아렌트의 저작에서부터 명백하다. 아렌트로부터 우리는 행동하는 힘은 타자가 우리에게 빌려준 것(즉 공동체로의 참여)에서만 나올 수 있다는 관념을 얻는다. 그래서 하기는 필연적으로 겪기 안에 틀 지어지며 그 반대로는 되지 않는다. 오르테가로부터 우리는 인간이란 자기 제작자라는 것을, 인간이 무엇인가는 인간이 스스로 무엇을 만들었는가이지 역사가 시작되기 전에 있던 어떤 본성이 아니라는 것을 배운다. 우리 인간이 그런 존재이기에 우리에게는 역사적 책임이 있다. 법은 이러한 책임과 그에 따른 권리와 의무의 성문화이다. 그렇지만 응답성 없는 책임이란 있을 수 없다.[77] 책임을 지기 위해 우리는 답할 수 있어야 한다.* 답하면서 책임지는 것, 그것이 바로 조응이다. 우리는 뒤르켐이 대표적으로 그러했듯이 법의 영역이 소란스러운 계약 협상을 넘어서는, 건드릴 수 없는 불가침한 것이라고 가정할지 모른다. 이때 개별 계약자는 그 자신을 위하면서도 사회 전

---

* 원문의 동사 'answer'는 잉골드가 강조하는 인간 존재의 응답성을 살려서 '답하다', '책임지다'로 번역했다.

체에 대한 책임이 있다. 그러나 이것은 응답성이 빠진 책임일 것이다. 단지 한편에는 상호 작용이라는 다수의 '사이들'이 있고 다른 한편에는 사회라는 단일한 총체성이 있을 뿐이다. 하지만 답하고 책임질 수 있는 감응적 존재로서 우리의 실존 자체는 우리의 사이-안에의 몰입에 좌우된다. 모스를 기억하는가? 우리는 바닷속 문어와 말미잘과 같다! 그 속에 매달리기 위해서는 선을 내고 그것이 다른 선들과 조응하도록 해야 한다. 이 조응의 서로에 대한 내적 느낌 혹은 공감은 어떤 규제 시스템도 그것 없이 기능할 수 없는 정동을 만들어 낸다. 정동을 잃은 판단은 아무리 냉철한 논리의 관점에서 정당화된다 해도 실천적인 힘 혹은 동기를 부여하는 힘을 지닐 수 없다. 그렇다면 궁극적으로 책임이 응답성에 달려 있듯이 모든 법과 윤리 체계는 사이-안의 조응에 기초해야 한다.

알다시피 오르테가는 자신의 말에 힘주어 "**인간은 자연을 가지고 있지 않다. 그가 가진 것은 …… 역사이다**"라고 선언했다.[78] 이제 우리는 한 걸음 더 나아갈 수 있다. **역사란 조응이다.** 이것은 인간 삶이 그 이행과 자기 제작, 그 열망과 그 파악, 그 상상력과 그 지각, 노출과 조정, 복종과 숙련에 있어서 끊임없이 서로에게 답하는 과정이다. 20세기 중반에 저술 활동을 전개한 인류학자 세대에게 오르테가의 선언은 인간 경험이 생물학적 결정론이 아닌 문화의 역사에 의해 형성된다는 그들의 신념을 대변한다. 다른 인류학자들은 이러한 대안이 왜 상호 배타적이어야 하는지 의문을 품었다. 인간은 생물학**과** 문화 둘 다를 가질 수 없는가? 인간은 자연**과** 역사 둘 다에 의해서 동시에 형성될 수는 없는가?[79] 그러나 이것은 오르테가가 말하려던 것이 전혀 아니다. 그에게 역사란 인간의 문화가 아니라 인간의 **삶**이었다. 삶은 어떤 패키지의 보완적 부분이 아니다. 그것은 인간이 가진 전부이다. 하지만 만약 그렇다면, 인간 진화는 어떻게 되는가? 우리는 우리인 존재의 종으로서 수백만 년에 걸쳐 진화해 오지 않았는가. 이와 비교하면, 역사의 전 구간(역사가 언제 시작되었는지의 추정과는 별개로)은 그저 눈 깜짝할 사이에 불과하지 않은가. 그리고 이 진화는 오랜 세월 역사의 질곡에 어느 정도 면역된 내구성 있는 일련의 능력과 기질을 우리에게 남겨 주지 않았는가. 인간이 진화해 왔다는 것은 의심의 여지가 없다. 하지만 이 진화가 역사의 유희를 위해 고정 무대를 설치해 왔다는 것은 이 책의 한 줄 한 줄과 모순된다. 진화는 생명체가 자신이 행하는 것들 중에서 타자가 차례대로 겪어야 하는 것을 확립하는 생명의 과정이며, 인간 발생론으로서, 인간화로서 역사는 그것의 한 국지적인 버전에 불과하다. 그러나 이것은 상상력과 기억의 협력 작업 속에서 시간이라는 바로 그 직물을 펼쳐 온 버전이다. 그렇다면 인간의 역사를 하나의 특수한 예로서 포괄할 수 있는 진화의 일반 이론이란 무엇일까? 당연하게도 조응의 이론일 것이다.

끝으로 인류학이라는 분야 자체는 어떠한가? 나는 인간 과학의 다른 어떤 분야보다 인류학에는 지식이 어떻게 타자와 함께, 사이-안에서 사는 삶의 도가니로부터 자라나는지를 보여 줄 수단과 결의가 있다고 생각한다. 이 지식은 세계에 대한 명제에 있는 게 아니라, 우리가 함께 삶을 공유하는 존재와 사물과의 직접적이고 실천적이며 감각적인 관여의 과정에서 발전하는 지각 기술과 판단 능력에 있다. 모든 곳, 모든 시간의 사람들과 마찬가지로 우리는 관찰자인 동시에 참여자이기 때문이다. 참여하지 않고 관찰할 수 없고, 관찰하지 않고 참여할 수 없기에 여기에 모순은 전혀 없다. 관찰이 우리의 주의를 요구하는 존재와 사물을 객관화하고 그들을 우리의 동지들과의 감응적 개입의 영역으로부터 제거하는 데 전적으로 헌신한다는 흔한 오류를 마지막으로 한 번 더 반박하는 것은 중요하다. 전술한 내용에서 명확히 나타나듯이, 관찰하는 것은 객관화하는 것이 아니다. 그것은 사람들과 사물들에 주의를 기울이고, 그들에게서 배우고, 교훈과 실천을 따르는 것이다. 요컨대 참여 관찰이란 조응의 실천이다. 우리가 함께 일하는 이들에게 주의를 기울이며 살아가는 방법이다. 바로 여기에 인류학의 목적, 역동성, 잠재성이 있다고 나는 주장한다. 그것은 특정 장소와 시간의 사람들에게 삶이 무엇과 같은지에 관한 회고적인 설명에 다다른다는 것이 아니다. 즉 이 의미에서 그것은 민족지적이지 않다. 오히려 인류학은 **교육적**이다.[80] 이러한 교육을 겪는다는 것은 삶의 가능성과 잠재성이 무엇일지에 관한 지속적인 탐구에 타자들**과 함께** 결합하는 것이다. 그러므로 우리의 책임은 미래를 향해 있다. 우리가 찾는 것은 계속할 방법이다. 무슨 일이 있어도 선으로서의 삶은 계속되어야 한다!

미주

22

1. 기호학자인 토머스 A. 세벽(Thomas A. Sebeok, 1920~2001)은 그의 저서 《나는 나를 동사라고 생각한다(I Think I Am a Verb)》의 도입부에서 이 일화를 이야기한다(Sebeok 1986: 1-2).
2. 률의 생애와 업적에 대한 세부 사항은 앤서니 보너(Anthony Bonner (1985~)와 찰스 로어(Charles Lohr1992~)의 저명한 연구를 참조했다. 최근 한 예외를 제외하고(Boss 2013 참조) 이제까지 률은 인류학계 내에서 거의 관심을 받지 못했다.
3. Lohr(1992: 29-30).
4. 여기서 나는 보너(Bonner)의 번역을 따른다. "인간은 인간화하는 동물이다 (man is a manifying animal)"(Llull 1985: 609).
5. Lohr(1992: 34). 로어는 [라틴어] 동사 'homificare'를 '인간화하기'보다는 '인류 진화에 맞게 적응하기(hominize)'라고 밝힌다. 나는 전자를 선호하는데, 이후 그 이유를 설명할 것이다.
6. Ortega y Gasset(1961: 200).
7. Ortega y Gasset(1961: 200, 213, 강조는 원저자).
8. Ortega y Gasset(1961: 115).
9. Ortega y Gasset(1961: 112-13, 201).

23

10. Turner(1967: 101-2). [역주] 《상징의 숲 1》(장용규 옮김, 지식을만드는지식, 2020), 226쪽. 강조는 인용자. 인용된 본문은 역자가 부분 수정한 것임.
11. 트로브리안드 군도의 카누 만들기에 대한 말리노프스키의 서술은 5장 '서태

평양의 항해자들'의 대부분을 차지한다(Malinowski 1922: 124-45). 이상의 연설은 132쪽 전체에 "리고구 주문(Ligogu spell)"으로 기록되어 있다. [역주] 《서태평양의 항해자들》(최협 옮김, 전남대학교출판부, 2013), 194쪽. 인용된 본문은 역자가 부분 수정한 것임.

12. Scoditti(1983: 268).
13. Alberti(2014) 참조.
14. 〈시편〉 139장 13절. 이 책 4장 참조.
15. Smith(2014) 참조.
16. Viveiros de Castro(2012: 58, 101).
17. 아마존의 생의학적 교육에 관한 인류학자 세실리아 매캘럼(Cecilia Mc-Callum)의 최근 연구에서 알 수 있듯이 존재론은 특수한 사회, 역사, 일대기적 조건 하에서 끊임없이 형성된다. "따라서 개체 발생은 존재론적 과정에 대해 일관적인 접근을 제공한다"(McCallum 2014: 507). 그러나 나라면 그 반대의 경우는 통용되지 않는다고 덧붙일 것이다.
18. Viveiros de Castro(2012: 97).

24

19. Wieman(1961: 63-6). 이 구별에 관한 추가적 설명은 Ingold(1986: 202-5) 및 Ingold and Hallam(2007: 8) 참조.
20. Wieman(1961: 65-6).
21. Whitehead(1929: 410).
22. Bergson(1911: 7). [역주] 《창조적 진화》(황수영 옮김, 아카넷, 2015), 29쪽.
23. Bergson(1911: 4-5). [역주] 위의 책, 24쪽.
24. 1846년 저술한 《독일 이데올로기(German Ideology)》에서 마르크스와 엥겔스는 인간 존재인 무엇은 인간의 생산과 일치한다는 개념을 처음으로 선보인다(Marx and Engels 1977: 42).
25. Arendt(1958: 97). [역주] 《인간의 조건》(이진우 옮김, 한길사, 2019),

186쪽.

26. Arendt(1958: 189). [역주] 위의 책, 289쪽.

27. Arendt(1958: 190). [역주] 위의 책, 290쪽.

28. 《축소판 옥스퍼드 영어 사전(Shorter Oxford English Dictionary)》, 제6판(6th edition), 'carry' 참조.

29. Arendt(1958: 144). [역주] 《인간의 조건》(이진우 옮김, 한길사, 2019), 238쪽. 인용된 본문은 역자가 부분 수정한 것임.

25

30. Ingold and Lee Vergunst(2008: 4).

31. Benjamin(2006: 54). [역주] 《1900년경 베를린의 유년시절/베를린 연대기》(윤미애 옮김, 길, 2007), 35쪽.

32. Benjamin(2006: 53-4). [역주] 위의 책, 35쪽.

33. Kern(1982: 13) 참조.

34. 전술적 책략과 전략적 조종의 구분은 11장의 결론에서 언급했다. Certeau (1984: xviii-xix) 참조.

35. Ingold(2007a: 15-16) 참조.

26

36. Greig(2010: 88).

37. 이와 같은 구분은 Craft(1984) 참조.

38. Masschelein(2010a: 276).

39. Masschelein(2010a: 278).

40. Gibson(1979: 197), Ingold(2000: 226-8, 238-40) 참조.

41. Gibson(1979: 254), Ingold(2001a) 참조.

42. Masschelein(2010b: 46).

43. 라틴어 'tradere(넘겨주다)'에서 기원한 단어인 '전통(tradition)'은 본래는 오늘날 일반적으로 받아들여지는 것과는 매우 다른 것을 의미했다. 그것

은 세대에서 세대로 전달되는 지식체가 아니라 전달의 양식으로 **존속할** 수 있는 연행(performance)이었다. 예를 들어, 전례 문헌을 펜과 잉크로 복사하거나 손가락으로 글자 줄을 따라 짚으면서 읽고 음독하는 중세 유럽 수도원 학자들의 수행(practice)이 그런 것이었다. 수도사들은 습관적으로 그들의 수행을 풍경 안에서 행로와 비교했다. 풍경의 모든 오솔길처럼 경전의 모든 이야기는 그들의 움직임이 진행될 수 있는 길을 놓을 것이고, 각 오솔길(각 이야기)은 필경사 또는 독자를 데려와 다음으로 넘길 것이다(Ingold 2013c: 741).

44. Masschelein(2010b: 49).

27

45. Arendt(1958: 189-90).

46. 이는 앤디 클라크의 '확장된 정신' 이론의 전제인데, 이 이론에서 정신은 신체 기관뿐만 아니라 자연적인 혹은 인공적인 신체-외 물체 및 구조로 이루어진 호스트의 작동을 조작하기 위해 협력한다. 이것[신체-외 물체 및 구조]은 클라크가 정신의 '와이드웨어'라고 부르는, 신체와 두뇌 너머의 사고를 보조한다. 10장에서 우리는 와이드웨어가 장비뿐만 아니라 우리가 걷는 바로 그 지면 또한 포함한다는 사실을 보았다(Clark 1997, 1998).

47. Bortoft(2012: 95-6).

48. Jackson(2013: 163). 이러한 연관에 따라 19장에서 다룬, 에밀 베르나르에게 보내는 빈센트 반 고흐의 편지에서 그가 언급한 상상력에 관해 상기해 본다면 유의미할 것이다. 그는 상상력은 "현실에 대한 단 한 번의 짧은 시선[이] …… 우리에게 지각하도록 하는" 것 이상의 자연을 낳을 수 있다고 말했다(Soth 1986: 301 참조). 고흐는 미술가는 정신 내 이미지로서 혹은 세계의 대상으로서 그 앞에 나타난 것을 재현하기보다는 그가 그리는 것을 **나타나게 한다**는 말에 진심으로 동의했을 것이라고 생각한다. 이는 1920년 파울 클레가 펴낸 《창조적 신조(Creative Credo)》의 핵심이기도 하다. 즉 "예술은 보이는 것을 재생산하는 것이 아니라 보이게 만든다"(Klee 1961: 269).

49. 이 점에 관해 나는 다른 곳에서 상세히 논한 바 있다(Ingold 2013a: 70-3).

50. Ortega y Gasset(1961: 206).

51. Waldenfels(2004: 242).

28

52. Deleuze(2001: 28, 31).

53. Dickens(1963: 444). 이 소설은 1865년 처음 출간되었다.

54. 예를 들어, Willerslev(2007) 참조.

55. Deleuze(2001: 29, 강조는 원저자). [역주]《들뢰즈가 만든 철학사》(박정태 옮김, 이학사, 2007), 514쪽. 인용된 본문은 역자가 부분 수정한 것임.

56. 이 시를 내게 일깨워 준 토마스 슈바르츠 벤처(Thomas Schwarz Wentzer)에게 진심으로 감사의 인사를 전한다. 이 시는 저자 및 ICI 뉴욕(Independent Curators International New York)의 동의를 얻어 게재했다.

57. Oakeshott(1991: 52).

58. Benveniste(1971: 149).

59. Masschelein(2011: 530).

60. Masschelein(2011: 531).

61. Masschelein(2011: 533).

29

62. 이 개념을 내게 소개해 준 마르쿠스 뮬링(Markus Mühling)에게 감사의 인사를 전한다.

63. Polanyi(1958: 64). [역주]《개인적 지식》(표재명·김봉미 옮김, 아카넷, 2001), 109쪽.

64. 여기서 나는 '지식' 앞에 '체화된'이라는 단어만 넣는다면 어떤 저자든지 데카르트적 이원론으로부터 빠져나가게 만드는 데 충분하다고 여기는 나태한

관습에 관해 언급한다. 이러한 유감스러운 사태에 대한 대부분의 책임은 사회학자 피에르 부르디외(Pierre Bourdieu)의 영향으로부터 기인할 텐데, 부르디외는 삶의 기술에 대한 원칙은 몸에서 몸으로, 조용하게 또한 알아차릴 새도 없이 의식적 지각을 불러일으키지 않고 전해진다고 반복적으로 주장했다. 예를 들어, Bourdieu(1990: 166) 참조.

65. Carruthers(1998: 258)와 Polanyi(1966) 참조.

66. 인용한 문장의 출처는 Böhme(1993: 114, 2013: 3) 참조.

67. Arendt(1958: 182). [역주] 《인간의 조건》(이진우 옮김, 한길사, 2019), 281쪽. 인용된 본문은 역자가 부분 수정한 것임.

68. Arendt(1958: 183). [역주] 위의 책, 282쪽. 아렌트의 글에서 'in-between' 은 '주관적 중간 영역'으로 번역되었는데, 잉골드의 논의에 따라 이를 '사이-안'으로 바꿨다.

69. Jackson(2013: 24).

70. 내 생각에 과학 연구자 캐런 배러드(Karen Barad)(2003: 814-18)는 '행위적(agential) 내부-작용'이라는 그녀의 개념에서 거의 동일한 논의에 도달한다. 그렇지만 내게는 '내부-작용(intra-action)'도 '행위성'도 잘 받아들여지지 않는다. '내부-작용'에 대한 문제는 그것이 바깥이 안쪽이 되도록 뒤집어서 '상호-작용'의 사이를 정확히 전도했다는 것인데, 반면 나는 〈그림 29-1〉이 보여 주는 바와 같이 '가운데 하기'에서 횡적(橫的)인 것을 종적(縱的)인 것으로, 사이를 따르기로 바꾸는 90도 회전을 목표로 했다. 조응은 사물의 [한] 편을 드는 것이 아니라 사물을 열망하기에 관한 것이다. 더 나아가 이 열망에서 가장 중요한 것은 함께 발생시키는 행위로부터 분리되는 행위자가 없다는 것이다. 실제로 배러드는 "행위성은 …… 실행(enactment)이지 누군가 혹은 무언가가 가진 어떤 것이 아니다(2003: 826-7)"라고 쓰며 이를 인정한다. 그러나 그녀의 주장대로 행위성이 내부-활동이라면, 나는 왜 우리에게 행위성 개념이 필요한지 그 이유를 알 수 없다. 행위를 고수하면 되는 것 아닌가?

71. Deleuze and Guattari(2004: 323). [역주] 《천 개의 고원》(김재인 옮김,

새물결, 2001), 555쪽. 인용된 본문은 역자가 부분 수정한 것임. 들뢰즈와 과타리의 책에서 'in-between'은 '둘-사이'로 번역되었는데, 잉골드의 논의에 따라 이를 '사이-안'으로 바꿨다.

72. Viveiros de Castro(2012: 99).

30

73. Fortes(1969: 219-49)

74. Sahlins(1972: 95).

75. Candler(2006: 30-40)와 Ingold(2013c: 746) 참조.

76. Serres(1995a: 48).

77. 철학적 인류학자 토마스 슈바르츠 벤처(Thomas Schwarz Wentzer)가 주장하듯이 인간은 **응답하는 존재**(2014: 30)이다. "일인칭 관점에서 ……
응답성은 책임성을 초과한다. 응답성은 나라는 답에 대한 실존적 조건이다"(2014: 42).

78. Ortega y Gasset(1961: 217).

79. 예를 들어, Bidney(1953: 154-5) 참조. 다른 곳에서 나는 이를 '상보적 테제(complementarity thesis)'라고 칭한 바 있다(Ingold 2001b).

80. Ingold(2014: 388-9).

기후 위기 시대의 우주적 상상력
: 지구 주민의 인류학

선의 인류학

이 책은 《The Life of Lines》(Routledge, 2015)를 번역한 것이다. 이 책의 저자 팀 잉골드는 1948년생으로 케임브리지 대학에서 사회 인류학을 전공한 후 핀란드 북동부에 사는 사미족을 현지 조사해 그에 기반한 수렵 채집민의 생태 적응과 사회 진화에 관한 논문으로 1976년 박사 학위를 취득했다. 이후 환경과 기술, 언어와 사회, 예술과 건축, 환경 인식과 진화 등 다방면으로 관심 영역을 넓히는 한편, 여러 연구회를 조직해서 영국의 사회 인류학을 비롯한 근대 사회 과학이 부딪히는 근본적인 한계를 지적하고 그 대안을 모색해 왔다.

잉골드가 이러한 활동을 바탕으로 그의 나이 환갑을 한 해 앞두고 마침내 30여 년간 축적한 자신의 연구를 집대성한 것이 바로 '선$_{lines}$'

의 인류학이다. 그는 2007년에 출간한 《라인스Lines: a brief history》
에서 처음으로 '선'을 자신의 인류학 전면에 내세운다.

잉골드는 《라인스》 서문에서 걷고 엮고 관찰하고 노래하고 이야
기하는 인간의 모든 활동이 선을 따라 진행되며, 이처럼 선이 어디에
나 있다는 사실을 깨닫는 데는 잠깐의 성찰만으로도 충분하다고 말
한다. 그런데도 선의 존재 및 생성과 그 중요성에 대해서는 그 누구
도 주목하지 않았다는 것이다. 그래서 자신이 그 선을 탐구하고자 한
다고 선언한다.

선의 관점에서 유럽뿐만 아니라 아시아와 아메리카 등지의 문화사
를 비교 인류학적으로 재기술하는 《라인스》는 사회 과학적 논술과는
전혀 다른 접근법과 전개 방식을 보여 준다. 특히 책 곳곳에 배치된
도판은 인류사를 인간의 언어 너머에서 고찰하는 그의 시야를 드러내
준다. 언어학자 소쉬르가 관념과 음성 이미지 경계면에 존재하는 언
어를 묘사한 그림, 중세 성가의 기보법, 아마존의 원주민 샤먼이 묘사
한 성스러운 디자인, 영국의 조각가 리처드 롱의 작품 <걸음으로 생긴
선> 사진, 저자 자신이 핀란드 라플란드 지역을 현지 조사할 때 수집
한 순록의 귀표 도안, 크레타섬 남부의 고타이너 동굴에 그려진 미궁
스케치, 시베리아 북동부 지역의 축치족에 전해 내려오는 저승 지도,
프랑스 왕가의 혈통을 나타내는 계보도 등 문자 기록에서 배제된 문
화사를 되살리면서 그 속에 담긴 선으로서의 삶의 세계로 우리를 인
도한다. 이를 통해 그가 말하고자 한 것은 인간은 언제나 손과 발, 목
소리를 사용해서 선을 만들어 왔으며 그러한 인간의 삶 자체가 선 만
들기라는 것이다.

잉골드는 《라인스》를 저술한 후 그 후속 작업으로 인간뿐만 아니

라 지구상의 모든 생명체와 사물까지 아우르는 선의 인류학을 구상한다. 이 작업은 한편으로는 인간과 비인간, 유기체와 비유기체, 인공물과 자연물의 경계를 허물고, 다른 한편으로는 인류학, 생태학, 사회학, 고고학, 건축학, 미학, 기상학 등의 학문 분야를 넘나든다. 물론 경계를 횡단하는 그의 이러한 시도가 새롭거나 독보적인 것은 아니다. 근대 학문의 특징이 인간 사회의 관점에서 분과를 세분화하고 구획하는 것이었다면, 21세기 들어 학계는 연구 대상을 인간 사회에 한정하지 않으며 기존의 구획된 분과 학문을 융합해서 새로운 방법론과 분야를 개발하는 추세에 있기 때문이다. 그보다 그의 독창성은 선의 인류학이 세계 인식과 존재에 대한 근대 학문의 개념적 범주를 완전히 전복한다는 데 있다.

그렇게 해서 그는 《라인스》의 속편이라고 할 수 있는 두 권의 책을 2013년과 2015년에 출간한다. 한 권은 인류학, 고고학, 건축학, 예술 등을 아울러서 선의 제작과 그 행위를 기술하는 《만들기》이고, 다른 한 권은 생태학, 건축학, 기상학, 미학, 사회학, 인류학 등의 방법론적 융합을 통해 지구 주민의 존재론을 논하는 바로 이 책이다. 선 3부작이라고 명명할 만한 이 세 권의 책은 각각 독자적인 논리를 구축하면서도 서로 유기적으로 연결되어 있다. 출간 연도에 상관없이 무엇을 먼저 읽든 무방하지만 잉골드의 선 사상을 깊이 이해하는 데는 어느 것도 부족하지 않다. 연도순으로 첫 권인 《라인스》가 곧 한국어 번역본 출간을 앞두고 있고, 마지막 권인 이 책 《모든 것은 선을 만든다》의 번역 출간을 계기로 《만들기》 또한 번역본 출간을 바라 본다.

이제 이 책의 내용과 그 인류학적 의의를 간략하게 살펴보도록 하겠다.

생태학과 사회학의 생명선, 그리고 매듭의 건축학

먼저 이 책에서 시도하는 잉골드의 학제적 융합에서 유념해야 하는 것은 그가 분과 학문의 정의와 범주부터 재검토한다는 점이다. 가령 지금까지 생태학은 보통 유기체와 그 환경의 관계에 관한 연구라고 정의되어 왔고 그 속에서 유기체는 껍질이나 피부에 에워싸인 덩이라는 것이 전제돼 있다. 그러나 그는 덩이만으로는 무엇도 살아갈 수 없다고 단언한다. 실제로 생명-형태는 덩이와 선의 조합이며, 선이 있어야 그리고 그 선이 다른 선과 만나야 비로소 생명이 시작된다. 그렇다면 생태학은 선의 활동이라고 할 수 있고 생태학의 과제는 선을 따라 모두가 서로 관계하고 있음을 해명하는 것이어야 하지 않을까?

나아가 그는 기존의 생태학적 개념에 기반한 사회학을 정조준한다. 그는 군집과 같은 초유기체를 모델로 하는 사회 개념을 비판한다. 그가 보기에 사회적 초유기체는 상호 이익에 따라 맞물리는 개체들의 연합이든 그러한 개체들을 초월하는 집합 의식이든 상호 침투 interpenetration의 사회관계를 설명할 수 없다. 왜냐하면 초유기체로서 사회는 자기 구성원에게 너도 나도 아닌 외계의 관념적 구성물로 위치해서 실생활의 관계적 삶을 담아낼 수 없기 때문이다. 덩이의 원리에 기초하는 한 생태학과 마찬가지로 사회학은 살아가는 존재들 간의 관계라는 진정한 의미에서의 사회적 삶과 유리될 수밖에 없다. 선의 관점에서 사회적 삶이란 서로 활기를 불어넣는 생명 활동과 다르지 않다. 이에 따라 생태학과 사회학은 융합된다. 당연히 이 살아 있는 사회관계는 인간뿐만 아니라 모든 생명체를 포괄한다. 달리 말해 생태학과 융합한 사회학은 더 이상 인간 사회의 학문이 아니다.

다음으로 잉골드는 모든 존재의 사회 활동 그 자체인 선들의 관계로서 매듭 엮기를 논한다. 덩이들이 만난다는 것은 예를 들어 구리와 주석을 함께 녹이면 청동이 되듯이 서로에게 녹아들어 완전히 다른 덩이가 된다는 것이지만, 선들은 그 자체로 존재하면서도 매듭으로 엮이며 그물망을 직조한다. 잉골드에 따르면, 근대인인 우리 눈에 선들이 엮어 가는 그물망의 세계가 보이지 않는 이유는 블록, 체인, 컨테이너 등 분절된 덩이의 메타포가 근대 세계를 압도해 왔기 때문이다. 그렇지만 근대의 메타포는 포스트모더니즘의 말로에서 알 수 있듯이 단절과 파편으로 귀결될 뿐으로 연결과 관계를 밝힐 수 없다. 근대의 메타포에 '기억'이 없는 탓이다. 낱개의 체인 고리는 체인에서 풀리자마자 체인의 어디에 어떻게 걸려 있었는지를 기억하지 못한다. 반면 선은 매듭에서 풀려 나와도 매듭의 형상을 기억한다. 선들은 과거의 연결 기억을 형상으로 남겨 두며 그 상태에서 더욱 새롭게 다음을 기약한다.

잉골드가 앙리 르페브르에게서 가져온 '그물망meshwork'이라는 용어는 바로 이 선들이 교차점에 합류하는 것에서 끝나지 않고 또 다른 선들과 엮이고 풀리기를 반복하며 계속해서 나아간다는 것을 함의한다. 덩이뿐만 아니라 선이 있는 존재로서 우리 생명체는 그렇게 서로와 연결되고 사회관계를 맺는다. 그리고 이 사회관계는 고정되거나 불변한 것이 아니라 엮였다가 풀리기를 반복하며 삶의 자취를 남긴다. 여기에 선의 또 다른 함의가 숨어 있다.

모든 것을 기억하며 흔적을 남기는 선의 행적은 눈에 보이는 물질적인 것뿐만 아니라 눈에 보이지 않는 비물질적인 것을 포괄한다. 예를 들어 숲속 사냥꾼은 사냥감의 냄새를 사냥감이라는 실감개에서 풀려 나온 실로 인식한다. 실을 따라 사냥감을 뒤쫓아 가며 사냥꾼은 자신의 발자국을 흔적으로 남긴다. 이 발자국은 또 다른 사냥꾼에게 사냥의 단서를 제공한다. 실과 흔적, 곧 보이다가 보이지 않고 물질적이다가 비물질적인 이 선은 출발점과 도착점이 정해져 있는 운송의 직선이 아니다. 감각을 동원해서 실과 흔적을 만들며 또 찾아가는 삶은 그래서 목적지가 정해지지 않은 방랑자의 걷기와 같다. 이 책의 서술 방식이 이리저리 방랑하는 듯한 구성을 가지는 것도 잉골드의 글쓰기 자체가 선을 따라가는 방랑자의 걷기를 구현하기 때문이다. 방랑자가 머무는 것은 정착이 아니며 영원한 행려의 삶 속에서 생명선의 매듭을 엮는 것이다. 그리고 그 선은 또다시 매듭에서 풀려 나와 자기 길을 떠난다. 잉골드는 이 길을 좇아 선의 매듭 엮기를 벽, 산, 지면, 지식으로 옮겨 온다.

우리는 통상적으로 직물이나 편물의 뜨기와 건축의 석공이나 목공이 각기 다른 기술적 차원에 있다고 생각한다. 우리의 상식에서 건축물은 땅 위에 쌓아 올려지고 직물이나 편물은 매듭으로 엮인다. 그렇지만 잉골드는 매듭 엮기로 건축을 논할 수 없으리라는 우리의 상식을 뒤엎는다. 먼저 그는 건축학자 고트프리트 젬퍼의 글을 빌려 목공이야말로 바구니 세공에서 비롯되었다고 주장한다. 최초의 건축물은 가축을 가두거나 야생 동물의 침입을 막는 울타리이며 이 울타리는 직조 기술로 만들어졌다는 것이다. 이렇듯 벽 건축의 본질은 골조의 선형적 요소를 매듭으로 엮어 내는 것이다. 그렇다면 벽은 이제 쌓아 올려진 벽돌 블록이 아니라 연속적으로 접착된 모르타르의 직물이라 말할 수 있지 않을까?

여전히 이음의 메타포로서 매듭의 논리가 낯설 수 있다. 그래서 잉골드는 이번에는 산으로 간다. 벽을 쌓아진 블록이라고 보는 관점에서 산은 마천루와 다를 바 없다. 실제로 근대 세계에서 산은 정상의 해발 높이로 그 명성을 얻고 지면에 세워진 고층 빌딩에 견주어진다. 그렇지만 산은 지질학적 힘으로 솟아오른 지면으로서 언제 어떻게 일어날지 모르는 지각 변동의 끝없는 '건설 현장'이다. 끊임없이 건설 중인 산의 이 압출 모델로서 이번에는 마천루를 사고해 본다면, 마천루는 산을 이루는 흙과 암석처럼 고정불변하지 않다는 것을 알 수 있다. 이 책에서 지면과 마천루가 나누는 가상의 대화에서처럼 '건축물을 구성하는 콘크리트, 철강, 유리는 대지에서 왔으며 대지로 돌아갈 것이고 여전히 지면의 살'이다.

그리하여 지면이란 무엇인가라는 질문에 당도하게 되는데, 잉골드는 근대적인 지식에서 지면이 인간적인 지식 및 생산 활동의 무대로 설계되어 왔음을 먼저 언급한다. 이마누엘 칸트에게 지면은 물질의 영역과 비물질적인 관념의 영역 사이에 설치된 경계면이었고, 카를 마르크스에게는 인간의 활동을 통해 변형된 생산의 플랫폼이었다. 이 관념적인 이성과 감각적인 경험 사이의 경계로서 지면은 마치 베이스 보드 위에 올려진 미니어처처럼 그 위의 '집기'를 탈착 가능한 객체로 만든다. 그러나 실상은 이 지면은 지형이라는 집기를 다 치우고 다시 설치하는 추상과 재구성의 과정을 거쳐야만 도달할 수 있는 표면이다. 그것은 황량함과 파편이라는 덩이의 사고로 되돌아가는 것인데, 덩이의 사고만큼이나 이상적으로 완벽한 수평면은 우리의 감각적 경험에서 얻어지는 것이 아니다. 숲속에서 우거진 나무와 풀을 아무리 헤쳐도 이상적인 지면은 나오지 않고 바다는 언제나 파도가 넘실대서 평평한 해수면을 찾을 수 없으며 도시의 평지는 지질학적 변동에 따라 완벽한 수평을 유지할 수 없다. 게다가 우리는 미니어처가 아니지 않은가.

우리는 실제로 지면을 걷기의 운동을 통해 감각적으로 지각한다. 그렇다면 지면은 저 근대인의 정의에서와 달리 고정된 수평의 무대가 아니라 운동 감각적으로 무한히 다양하며 프랙털의 합성적 특성을 갖는다고 말할 수 있다. 오히려 지면은 식물이 땅속에서 뿌리를 내리고 햇빛을 받아 광합성을 통해 자라나 지표면과 뒤엉키듯이 땅과 하늘의 생명 작용 그 과정이자 결과이다. 지구 생물은 이 속에서 각자의 개체성을 잃지 않으면서 선과 선을 연결하며 생성의 삶을 영위할 뿐이다. 그리고 이때 땅만큼이나 하늘은 그것의 삶과 뒤엉킨다.

기상학과 미학의 전도된 세계, 그리고 선학의 날씨-세계

앞서 유기체와 그 환경의 관계로서 생태학은 유기체를 덩이로 규정함에 따라 그 생명의 활동성을 해명할 수 없게 되었음을 논했다. 그런데 이 생태학은 유기체뿐만 아니라 환경에 대해서도 '베이스 보드 위에 고형물이 어수선하게 널려 있는 것'으로 간주함에 따라 그 역동성을 잃게 했다. 하지만 현실 세계는 공기, 빛, 소리, 색 등의 다양한 매질로 넘쳐 나며 그것들의 끊임없는 흐름이 날씨로서 나타난다. 우리 주민은 그러한 날씨의 영향을 받고 있다. 아니, 날씨 없이는 한순간도 살아갈 수 없을 정도로 날씨-세계에 잠겨 있다. 게다가 우리는 매질 속 선을 따라 상호 침투하고 있다. 호기呼氣, expiration와 흡기吸氣, inspiration는 말 그대로 공기를 내쉬고 들이마시는 호흡을 통해 우리가 생명을 이어 가고 있음을 말해 준다. 나의 날숨은 누군가에게 들숨이고 나의 들숨은 누군가에게 날숨이다. 사냥꾼이 사냥감의 냄새를 쫓을 수 있는 것도 공기라는 매질이 있기 때문이다. 근대의 도시 건축이 날씨라는 천적을 문전에서 물리치는 것을 지상 과제로 삼았으나 최근의 이상 기후 현상이 가장 극적으로 나타나는 곳은 다름 아닌 도시의 건축물이다. 우리는 언제 어떻게 세계 인식에서 날씨를 제거한 것일까?

잉골드에 따르면, '날씨 없는 세계'는 근대 유럽에서 일어난 어떤 전도inversion의 결과이다. '기온'과 '온화'와 '기질' 각각의 영어 'temperature', 'temperate', 'temper'가 '섞다'를 뜻하는 라틴어 'temperare'에서 유래한 것에서 알 수 있듯이, 근대 이전 유럽에서 날씨의 경험은 공기라는 매질과 그 속에서 생활하는 우리의 정서를 통합해 왔다. 그런데 근대 과학으로서 기상학이 성립된 이래 대기atmosphere는 날씨의 정동을 배제하고 오직 압력, 기온, 풍속, 습도 등 계기 측정치로 나타나는 기후의 지구 공간을 가리키게 되었다. 반면에 미학에서 분위기atmosphere는 공기가 아닌 에테르의 감각적인 경험만을 다룬다. 기상학의 대기가 정서를 완전히 배제한 산소와 질소의 가스로 가득 차 있다면, 미학의 분위기는 진공 상태에 놓인 감수성을 보여 준다.

잉골드는 둘 다 근대의 산물로서 선의 움직임을 세계의 경계선으로 고착해 현실 세계의 공간을 동공에 투사된 한낱 이미지로 만들어 내는 전도의 조작에 불과하다고 말한다. 가령 17세기 경관을 건물의 내부로 들여온 '극장의 혁명' 이후 실내 극장에서 펼쳐진 연극 <햄릿>에서 등장인물 햄릿은 무대 미술로 연출된 이미지의 공간에서 사느냐 죽느냐를 관객들에게 호소하지만, 정작 그 자신은 공기가 아닌 환상의 에테르를 호흡한다. 게다가 경관이 실내로 들어온 '극장의 혁명'과

거의 같은 시기에 그와 같은 무대 연출이 실외에서 실현되는 것으로서 계획 도시가 등장한다. 말하자면 도시인들은 각자의 햄릿을 연기해야 했다. 이 이중의 전도는 지구 주민inhabitant을 내쫓아 행성의 외주민 exhabitant으로 만들었다고 잉골드는 말한다. 지구 주민의 날씨-세계는 외주민의 관점에서 지구라는 실험실의 특정한 독해 방식으로 관측되는 기후로 '과학화'되었다.

결과적으로 공기라는 매질은 지구 생명체의 호흡 없이 기체 상태로 존재할 수 없고 그 반대 역시 마찬가지임에도 불구하고 마치 그 자체로 떠다니는 분자식으로 환원되었다. 기상 과학에서도 미학에서도 다루지 않은 공기는 그렇다면 무엇일까? 매질로서 공기는 어떻게 말할 수 있을까? 공기는 우주적이면서 정동적인 것이라고 잉골드는 말한다. 예를 들어 열기구는 지구 주민에게 공기 매질의 난류와 휩싸이는 비행의 경험을 제공한다. 우리는 이 경험에서 바닷속을 헤엄치는 물고기처럼 공기를 느낄 수 있다. 물고기의 움직임이 바닷속에 있음을 가리키듯이 우리의 움직임은 공기 속에 있음을 가리킨다. 그리고 그 움직임의 호흡은 공기가 생성하고 유동한다는 것을 드러낸다. 이 날씨-세계는 신체의 정신적인 참여를 유도하고 감각의 경로를 따라 선을 만들어 낸다.

무엇보다 이 선이 엮는 매듭과 그물망은 공감을 만들어 낸다. 공감이란 예를 들어 고고학자가 석조 기념물을 쓰다듬을 때 자기 손에 닿는 돌의 손길을 느끼는 것이다. 북서 태평양 연안의 틀링깃족이 빙하가 들을 수 있다고 생각하는 것은 빙하에 귀가 있어서가 아니라 우레같이 갈라지는 얼음 소리와 눈뜰 수 없을 정도의 하얀빛으로 꽉 찬 대기 속에 자신의 소리 선이 공감을 일으킨다고 보기 때문이다. 공기와 빛과 소리에 완전히 에워싸이는 공감의 경험이야말로 근대가 지운 대기일 것이다.

매질로서 빛과 소리는 각각 무엇인가? 먼저 빛에 관해 심리학자 제임스 깁슨이 말한 것처럼 빛이 볼 수 있는 사물이 아니라고 한다면 어떠할까? 공기가 특정한 분자의 가스 상태에 지나지 않고 우리가 서로 호흡을 주고받는 것과는 상관없다고 하는 것과 마찬가지로 우리는 빛에 의해 특정된 사물을 보는 것일 뿐 빛 자체를 보는 것이 아니라고 한다면 빛은 무엇일까? 깁슨은 빛이 우리가 보는 전부라는 심리학의 전통적 견해를 반박하기 위해, 다시 말해 전통 심리학에서 분리한 광수용체의 자극에서 발생하는 감각과 그것에 형태를 부여하는 정신 작용을 다시 통합하기 위해 사물의 표면에 특정된 빛의 구조화된 패턴을 지각의 '불변자'로서 상수화한다.

그렇지만 구조화되지 않는 빛에 관해, 이를테면 우리가 하늘을 볼때 하늘을 보는지 빛을 보는지에 관해 깁슨은 말할 수 없다. 우리가 하늘을 지각할 때 하늘은 우주의 물리적 대상도 아니고 우리 지각자의 정신에 있는 개념도 아니기 때문이다. 정말로 하늘은 지각의 대상이 빛이라는 매질 없이는 불가능하다는 것을 말해 준다. 화가 빈센트 반 고흐가 밤하늘을 별빛과 함께 그릴 때 하늘은 천체 투영관에서 상영되는 별자리 파노라마가 아니었다. 그는 눈길이 가는 곳마다 점화하는 별의 불꽃을 매 순간 탄생하는 시각의 선과 색으로 묘사했다. 고흐의 그림에서 빛은 우주의 복사 에너지도 의식의 동요도 아니었다. 고흐는 밤하늘의 별빛 속에서 나를 떠난 내가 우주와 통합하는 시각적 의식을 포착하고자 했다.

모리스 메를로퐁티가 빛을 신체와 천체의 두 극이 융합하면서 점화하는 시각의 불꽃이라고 했듯이, 소리 또한 그와 마찬가지의 방식으로 방출원과 수용체를 연결한다. 소리는 소리의 수용체로서 귀라는 감각 기관에 물리적 자극을 주는 것만으로 지각의 대상이 되지 않는다. 그렇다고 한다면 소음과 무음이 무엇이 다르겠는가. 청각적 지각은 음원에서 수용체로 전송되는 소리를 접수하는 것이 아니라 그 사이에서 회오리치는 대기의 한 현상으로서 소리의 선율을 감지하는 것이다. 요컨대 우주적인 것과 정동적인 것의 융합/분열로서 대기의 날씨-세계는 시각적·청각적·촉각적 지각을 통해 선이 생성되는 삶의 현장이다. 잉골드는 깁슨의 지각 심리학과 메를로퐁티의 현상학을 거쳐 날씨-세계를 우리 지각의 영역으로 가져온다.

인간화하는 동물, 동사로서의 인간

이 책의 마지막 제3부에서는 선의 관점에서 인간이란 무엇인지를 논한다. 아마도 독자들은 잉골드가 인간 사회 너머에서 다시 인간 사회로 돌아오는 것은 아닌지 의아해할지도 모른다. 그러나 그가 다시금 인간을 논하는 것은 세계에 대한 인간의 독점성이나 특권성을 부각하려는 것이 아니라 오히려 그렇게 된 데에서 근대 유럽의 세속화된 인간 사회의 사고법을 진단하고 그것을 넘어서는 생성의 철학을 제안하려는 것이다.

그는 스페인 철학자 호세 오르테가 이 가세트의 인간론을 가져와 인간적 삶의 문법적 형태는 동명사라고 말한다. 이것은 인간의 실존이 선험적으로 주어지지 않고 생산적으로 성취된다는 것을 의미한다. 그렇다면 인간의 정신에 인간성을 호소하는 것은 도달할 수 없는 결말을 기원에 놓는 것과 같다. 인간의 발화가 인간을 인간으로 만들어 왔듯이 인간으로서의 생성이 인간의 존재를 언제나 앞질러 왔다. 그래서 인간론은 인간 발생론이며, 얼마나 그리고 어떻게 성장할지 알 수 없는 것처럼 인간 발생론은 의도에 이끌리는 것이 아니다. 잉골드는 인간 발생론의 동명사는 '주어'도 '목적어'도 아닌 선으로서 존재한다고 말한다. 즉 선의 문법적 형태는 동사이다.

이 관점에서 인간은 능동의 의지적 주어로서가 아니라 수동의 경험적 행위에서 성장한다. 잉골드가 한나 아렌트의 지도자론을 언급하며 말했다시피 통상 앞에서 행동을 이끈다는 지도자는 실상 공동체 성원의 뜻을 따를 뿐이다. 아렌트는 '행동하다$_{act}$'를 가리키는 라틴어와 그리스어 모두에 '일을 실행에 옮기다'와 '그 일을 견디다'의 두 가지 용법이 있었고, 전자가 지도자$_{leader}$로 후자가 신민$_{subject}$으로 뜻이 나뉘게 되었으며, 오히려 지도자의 지위는 타자들에게서 비롯한 것이고 행동하는 자와 견디는 자가 따로 있지 않다고 말한다. 잉골드는 여기서 수동에 대한 능동의 우위를 강조하는 근대 유럽의 인간관을 뒤집고 복종의 인간화를 주창한다. 이는 '하기'에 '겪기'가 포함되는 것이 아니라 '겪기'가 '하기'를 포함하는 것으로 논리화된다. 이것은 동아시아의 불교 사상이나 하늘 신앙에서 자력과 타력의 관계에 견줄 수 있다. '하기-안-겪기'를 넘어서 '겪기-안-하기'로 나아가는 잉골드의 사상은 자력이 타력을 만드는 것이 아니라 타력 속에 자력이 양성된다는 불교적 사고와 궤를 같이한다. 사실 어떤 존재든 홀로 살아갈 수 없고 관계 속에서 살아갈 힘을 얻는다는 것은 자명한 사실이다.

우리는 타자의 세계를 모두 알 수 없고 다만 관계 속에서 생성되는 서로의 세계로 나아갈 뿐이다. 다양한 존재의 선들이 부지불식간에 엮이는 세계에서 삶은 의도한 대로 진행되지 않는다는 것을 우리는 알고 있다. 그런데도 근대인의 주체 신화는 다양한 존재의 세계를 정복하듯이 타자화하고 그 대가로 인간 자신을 고립시켜 왔다. 잉골드는 실행과 제작의 의지적 주체를 전복하고 그저 다른 이들이 시도한 선을 계속 이어받는 것, 자취를 찾아내고 그 선을 연장해서 이용하는 것이 삶이라고 말한다.

이에 따라 잉골드는 주어와 목적어의 관계가 아니라 선들의 동사적 조응으로서 실천을 말한다. 이것은 의도와 주의, 미로와 미궁, 하기와 겪기, 만들기와 성장하기, 사이와 사이-안 등 다양한 이항의 비교 대조 속에서 검토되며 마침내 교육으로 모인다. 즉 실천적 겪기로서 교육은 근대적 주체가 재현한 세계에 대한 지식을 주입하는 것이 아니다. 반대로 그것은 재현의 세계 밖으로 존재를 끌어내고 대기의 공감 세계에 그 선을 풀어내는 것이다. '방랑' 속에서 찾아가는 것, 선들의 끊임없는 엮임과 풀림의 도정에서 다른 선들에 조응하는 것, 삶의 궤적이 그물망으로 짜이듯이 길 위를 서성이는 것, 교육이란 이 모든 방랑에 뛰어드는 용기를 북돋는 것이다. '방랑'은 인간이든 비인간이든 유기물이든 무기물이든 인공물이든 자연물이든 호흡이 불어넣어진 살아 있는 것 모두가 지구에 거주하는 가장 근본적인 생활 양식이라고 잉골드가 말한 것처럼, 이 책 자체가 독자들에게 어떤 삶이라도 자신의 선을 잊지 않는다면 엮여도 풀려도 끝내는 자신의 선으로 되돌아와 앞으로 나아갈 수 있다고 용기를 북돋는 '교육'이라고 말할 수 있다.

보다시피 이 책은 많은 논쟁점을 안고 있다. 잉골드는 선의 인류학을 확립하면서 그와 동시에 여러 이론을 정면에서 다루고 있다. 칸트의 지식 철학, 마르크스의 대지론, 깁슨의 생태 심리학, 에밀 뒤르켐의 사회 개념을 비판하는 것은 물론이고, 그레이엄 하먼의 객체 지향 존재론을 생명 없는 사물의 화석화된 세계의 덩이적 존재론일 뿐이라고 가차 없이 논하거나 에두아르두 비베이루스 지 카스트루의 퍼스펙티브주의를 여전히 인간 주체에 의도와 행위성의 힘을 부여하는 의인주의에 불과하다고 말한다. 비베이루스 지 카스트루는 고전 철학을 인간 중심주의라고 비판하지만 잉골드가 보기에 관점을 교환하는 주어와 그에 상응하는 목적어를 상정해서는 행위 그 자체로 살아가는 생명선의 존재론에 가닿을 수 없다.

그 외에도 이 책은 새로운 관점과 접근, 방법과 구성을 취한다는 점에서 논란의 여지가 많다. 역자의 한 사람으로서 오히려 이 책이 우리 학계와 지식계에 논란거리를 만들어 주길 기대한다. 왜냐하면 우리 학계의 한쪽에서는 관성에 젖어 기성의 학문을 고수할 뿐이고 다른 한쪽에서는 새로운 논의에 열려 있으나 일부 이론에 치우치는 양상을 보이기 때문이다. 21세기 인류가 당면한 시대 전환기에 지구 생태계 위기와 끝없는 인간 사회의 갈등과 분쟁이 심화하는 만큼 다양한 이론과 방법론을 둘러싼 열띤 논쟁이 필요하지 않을까?

더욱이 이 책은 사회 과학과 자연 과학 간의 융합을 지향하는 연구자들에게 시사하는 바가 크다. 최근 우리 학계의 일부에서는 자연과 사회의 이원론을 지양하고 분과 학문의 통합적 방법론을 모색하고 있지만, 여전히 그 사이에는 골이 깊다. 잉골드는 인류학과 그 인접 학문뿐만 아니라 자연 과학과 사회 과학의 여러 분야를 자유로이 횡단하는데, 그렇게 해서 제안하는 융합적 방법론이 피상적인 수준에 머물지 않는다. 그의 학제적 융합이 실질적인 방도를 제시할 수 있는 것은 그 자신이 30여 년의 연구 생활 내내 자기 분야에 함몰되지 않고 여러 분과 학문의 연구자들과 이런저런 연구회를 조직해서 새로운 학문과 그 방법론을 함께 모색해 왔기 때문으로 생각된다. 이 책에서 언급되는 정말로 수많은 이론은 다만 잉골드가 책이나 논문에서 접한 것이 아니라 실제로 함께 연구한 학자들의 연구 성과물이다. 동료들과 함께 연구하는 길을 찾고 서로의 연구를 익히며 긴 호흡으로 자신의 연구로 나아가는 그의 학자적 행로는 후학들의 귀감이 아닐 수 없다.

서울대 인류학과 대학원생을 주축으로 2019년 2월 '존재론의 자루'가 만들어진 이래 지금까지 인류학의 주요 이론서를 번역하고 강독하고 있으며, 이 책도 그 성과물 중 하나이다. 제1부는 차은정, 제2부는 권혜윤, 제3부는 김성인이 번역했고 차은정이 전체 감수를 진행했다.

김재인 선생님은 번역본을 꼼꼼히 검토해 주었고 중대한 오번역을 바로잡는 데에서 많은 도움을 주었다. 서울대 인류학과 석사 김세연, 경희대 한의학과 석사 설승민이 원문과 대조하며 오번역을 잡아 주었다. 이 지면을 빌려 역자들을 대표해 이들에게 감사의 마음을 전한다. 또 함께 번역본을 읽고 번역어를 상의하며 더 나은 번역을 위해 힘써 준, 이 시대에 낯설지 모를 학문의 뜻 하나만으로 제 길을 묵묵히 걸어가는 '존재론의 자루' 동료들이 고맙다. 마지막으로 이 책의 출판을 맡아 준 이비출판사의 박세원 편집자에게 감사 인사를 표하고 싶다. 학술서 번역이 그렇듯 박세원 편집자의 열의와 헌신이 없었다면 이 책의 출간은 쉽지 않았을 것이다.

아마도 잉골드는 이 책을 통해 독자들이 자신의 선을 발견하고 그 선이 전혀 모르는 누군가의 선과 연결된다는 것을 대기 속에서 지각하기를, 그렇게 해서 독자들이 삶의 선을 이어 가며 우주의 그물망으로 뻗어 가기를 바랐을 것이다. 이 바람이 독자들에게 충실히 전달되었기를 소망한다.

2023년 11월 차은정

참고문헌

Adey, P., L. Brayer, D. Masson, P. Murphy, P. Simpson and N. Tixier 2013. '"Pour votre tranquilité": ambiance, atmosphere and surveillance'. *Geoforum* 49: 299–309.

Alberti, B. 2014. 'Designing body-pots in the formative La Candelaria culture, northwest Argentina'. *In Making and Growing: Anthropological Studies of Organisms and Artefacts*, eds E. Hallam and T. Ingold. Aldershot: Ashgate, pp. 107–25.

Anderson, B. 2009. 'Affective atmospheres'. *Emotion, Space and Society* 2(2): 77–81.

Anusas, M. and T. Ingold 2013. 'Designing environmental relations: from opacity to textility'. *Design Issues* 29(4): 58–69.

Arendt, H. 1958. *The Human Condition*. Chicago, IL: University of Chicago Press.

Ash, J. 2013. 'Rethinking affective atmospheres: technology, perturbation and spacetimes of the non-human'. *Geoforum* 49: 20–8.

Augoyard, J. F. 1995. 'L'environnement sensible et les ambiances architecturales'. *L'éspace géographique* 4: 302–18.

Bachelard, G. 1964. *The Poetics of Space*, trans. M. Jolas. Boston, MA: Beacon Press.

——1983. *Water and Dreams: An Essay on the Imagination of Matter*, trans. E. R. Farrell. Dallas, TX: Pegasus Foundation.

Barad, K. 2003. 'Posthumanist performativity: toward an understanding of how matter comes to matter'. *Signs: Journal of Women in Culture and Society* 28(3):801–31.

Barber, K. 2007. 'Improvisation and the art of making things stick'. In *Creativity and Cultural Improvisation*, eds E. Hallam and T. Ingold. Oxford: Berg, pp. 25–41.

Baxandall, M. 1995. *Shadows and Enlightenment*. New Haven, CT: Yale University Press.

Benjamin, W. 2006. *Berlin Childhood around 1900*, trans. H. Eiland. Cambridge, MA: Belknap Press of Harvard University Press.

——2008. *The Work of Art in the Age of Its Technological Reproducibility and Other Writing on Media*, eds M. W. Jennings, B. Doherty and T. Y. Levin, trans. E. F. N. Jephcott. Cambridge, MA: Harvard University Press.

Benveniste, É. 1971. 'Active and middle voice in the verb' (1950). In *Problems in General Linguistics*, trans. M. E. Meek. Coral Gables, FL: University of Miami Press, pp. 145–51.

Bergson, H. 1911. *Creative Evolution*, trans. A. Mitchell. London: Macmillan.

Bidney, D. 1953. *Theoretical Anthropology*. New York: Columbia University Press.

Bille, M. and T. F. Sørensen 2007. 'An anthropology of luminosity: the agency of light'. *Journal of Material Culture* 12(3): 263–84.

Binswanger, L. 1933. *Das Raumproblem in der Psychopathologie*. Berlin: Springer.

Bloch, M. 2012. *Anthropology and the Cognitive Challenge*. Cambridge, UK: Cambridge University Press.

Bogost, I. 2012. *Alien Phenomenology, or What It's Like to Be a Thing*. Minneapolis: University of Minnesota Press.

Böhme, G. 1993. 'Atmosphere as the fundamental concept of a new aesthetics'. *Thesis Eleven* 36: 113–26.

——1998. 'The atmosphere of a city'. *Issues in Contemporary Culture and Aesthetics* 7:5–13.

——2013. 'The art of the stage set as a paradigm for an aesthetics of atmospheres'. *Ambiances: International Journal of Sensory Environment, Architecture and Urban Space*. http://ambiances. revues.org/315. Accessed 1 January 2015.

Bollnow, O. F. 2011. *Human Space*, ed. J. Kohlmaier, trans. C. Shuttleworth. London: Hyphen Press.

Bonner, A. 1985. 'Historical background and life of Ramon Llull'. In

Selected Works of Ramon Llull (1232–1316), Volume I, ed. and trans. A. Bonner. Princeton, NJ: Princeton University Press, pp. 5–52.

Bortoft, H. 2012. *Taking Appearance Seriously.* Edinburgh: Floris Books.

Boss, S. J. 2013. 'The nature of nature in Ramon Llull'. In *Living Beings: Perspectives on Interspecies Engagements*, ed. P. Dransart. London: Bloomsbury Academic, pp. 33–52.

Bourdieu, P. 1990. *In Other Words: Essays Towards a Reflexive Sociology*, trans. M. Adamson. Stanford, CA: Stanford University Press.

Brown, T. 1978. *The Tracker: The Story of Tom Brown, Jr. as Told by William Jon Watkins.* New York: Prentice Hall.

Calvino, I. 2013. *Collection of Sand: Essays*, trans. M. McLaughlin. London: Penguin Books.

Candler, P. J., Jr 2006 *Theology, Rhetoric, Manuduction, or Reading Scripture Together on the Path to God.* Grand Rapids, MI: William B. Eerdmans.

Careri, F. 2002. *Walkscapes: Walking as an Aesthetic Practice*, trans. S. Piccolo and P. Hammond. Barcelona: Editorial Gustavo Gili.

Carruthers, M. 1998. *The Craft of Thought: Meditation, Rhetoric and the Making of Images*, 400–1200. Cambridge, UK: Cambridge University Press.

Cavell, S. 1969. *Must We Mean What We Say? A Book of Essays.* Cambridge, UK: Cambridge University Press.

Certeau, M. de 1984. *The Practice of Everyday Life*, trans. S. Rendall. Berkeley: University of California Press.

Charbonnier, G. 1959. *Le monologue du peintre.* Paris: René Julliard.

Clark, A. 1997. *Being There: Putting Brain, Body and World Together Again.* Cambridge, MA: MIT Press.

——1998. 'Where brain, body and world collide'. *Daedalus: Journal of the American Academy of Arts and Sciences* (special issue on The Brain) 127(2): 257–80.

Clarke, E. F. 2005. *Ways of Listening: An Ecological Approach to the Perception of Musical Meaning.* Oxford: Oxford University Press.

Connor, S. 2010. *The Matter of Air: Science and the Art of the Ethereal.* London: Reaktion.

Craft,M. 1984. 'Education for diversity'. In Education and Cultural Pluralism, ed.M. Craft. Philadelphia, PA: Falmer Press, pp. 5–26.

Cruikshank, J. 2005. *Do Glaciers Listen? Local Knowledge, Colonial Encounters and Social Imagination.* Vancouver: UBC Press; Seattle: University of Washington Press.

DeLanda, M. 2006. *A New Philosophy of Society: Assemblage Theory and Social Complexity.* London: Continuum.

Deleuze, G. 1994. *Difference and Repetition*, trans. P. Paton. New York: Columbia University Press.

——2001. *Pure Immanence: Essays on a Life*, trans. A. Boyman. New York: Urzone.

Deleuze, G. and F. Guattari 2004. *A Thousand Plateaus: Capitalism and Schizophrenia,* trans. B. Massumi. London: Continuum.

Derrida, J. 1993. *Memoirs of the Blind: The Self–Portrait and Other Ruins,* trans. P.–A. Brault and M. Nass. Chicago, IL: University of Chicago Press.

Dickens, C. 1963. *Our Mutual Friend.* London: Oxford University Press.

Doyle, Sir A. C. 1959. *The Memoirs of Sherlock Holmes.* London: Penguin.

Durkheim, É. 1982. *The Rules of Sociological Method*, trans. W. D. Halls, ed. S. Lukes. London: Macmillan.

Eddington, A. S. 1935. *New Pathways in Science.* Cambridge, UK: Cambridge University Press.

Edensor, T. 2012. 'Illuminated atmospheres: anticipating and reproducing the flow of affective experience in Blackpool'. *Environment and Planning D: Society and Space* 30 (6): 1103–22.

Elkins, J. 1996. *The Object Stares Back: On the Nature of Seeing.* New York: Simon and Schuster.

Engels, F. 1934. *Dialectics of Nature*, trans. C. Dutton. Moscow: Progress.

Flusser, V. 1999. *The Shape of Things: A Philosophy of Design.* London: Reaktion.

Fortes, M. 1969. *Kinship and the Social Order*. London: Routledge & Kegan Paul.

Frampton, K. 1995. *Studies in Tectonic Culture: The Poetics of Construction in Nineteenth and Twentieth Century Architecture*. Cambridge, MA: MIT Press.

Gell, A. 1998. *Art and Agency: An Anthropological Theory*. Oxford: Clarendon.

Giannisi, P. 2012. 'Weather phenomena and immortality: the well-adjusted construction in ancient Greek poetics'. In *From the Things Themselves: Architecture and Phenomenology*, eds B. Jacquet and V. Giraud. Kyoto: Kyoto University Press, pp. 177–94.

Gibson, J. J. 1966. *The Senses Considered as Perceptual Systems*. Boston, MA: Houghton Mifflin.

——1979. *The Ecological Approach to Visual Perception*. Boston, MA: Houghton Mifflin.

Goethe, J. W. von 1840. *Theory of Colours*, trans. C. L. Eastlake. London: John Murray.

Gosden, C. 1999. *Anthropology and Archaeology: A Changing Relationship*. London: Routledge.

Greig, A. 2010. *At the Loch of the Green Corrie*. London: Quercus.

Gudeman, S. and A. Rivera 1990. *Conversations in Colombia: The Domestic Economy in Life and Text*. Cambridge, UK: Cambridge University Press.

Harman, G. 2011. 'The road to objects'. *Continent* 3(1): 171–9.

——2012. 'On interface: Nancy's weights and masses'. In *Jean-Luc Nancy and Plural Thinking: Expositions of World, Politics, Art and Sense*, eds P. Gratton and M. Morin. New York: State University of New York Press, pp. 95–107.

Heidegger, M. 1971. *Poetry, Language, Thought*, trans. A. Hofstadter. New York: Harper and Row.

Herzfeld, C. and Lestel, D. 2005. 'Knot tying in great apes: etho-ethnology of an unusual tool behaviour'. *Social Science Information*

44(4): 621–53.

Hill, J. 2012. *Weather Architecture*. Abingdon: Routledge.

Hirata, A. 2011. *Tangling*. Tokyo: INAX Publishing.

Hopkins, G. M. 1972. *Look up at the Skies!* ed. R. Warner. London: Bodley Head.

Hull, J. 1997. *On Sight and Insight: A Journey into the World of Blindness*. Oxford: Oneworld Publications.

Ingold, T. 1986. *Evolution and Social Life*. Cambridge, UK: Cambridge University Press.

——2000. *The Perception of the Environment: Essays on Livelihood, Dwelling and Skill*. London: Routledge.

——2001a. 'From the transmission of representations to the education of attention'. In *The Debated Mind: Evolutionary Psychology versus Ethnography*, ed. H. Whitehouse. Oxford: Berg, pp. 113–53.

——2001b. 'From complementarity to obviation: on dissolving the boundaries between social and biological anthropology, archaeology and psychology'. In *Cycles of Contingency: Developmental Systems and Evolution*, eds S. Oyama, P. E. Griffiths and R. D. Gray. Cambridge, MA: MIT Press, pp. 255–79.

——2007a. *Lines: A Brief History*. Abingdon: Routledge.

——2007b. 'Earth, sky, wind and weather'. *Journal of the Royal Anthropological Institute* (N.S.) (special issue on *Wind, Life, Health: Anthropological and Historical Perspectives*, eds C. Low and E. Hsu): S19–38.

——2011. *Being Alive: Essays on Movement, Knowledge and Description*. Abingdon: Routledge.

——2013a. *Making: Anthropology, Archaeology, Art and Architecture*. Abingdon: Routledge.

——2013b. 'The conical lodge at the centre of an earth–sky world'. In *About the Hearth: Perspectives on the Home, Hearth and Household in the Circumpolar North*, eds D. G. Anderson, R. P. Wishart and V. Vaté. New York: Berghahn, pp. 11–28.

——2013c. 'Dreaming of dragons: on the imagination of real life'. *Journal of the Royal Anthropological Institute* (N.S.) 19(4): 734–52

——2014. 'That's enough about ethnography!' *HAU: Journal of Ethnographic Theory* 4 (1): 383–95.

Ingold, T. and E. Hallam 2007. 'Creativity and cultural improvisation: an introduction'. In *Creativity and Cultural Improvisation*, eds E. Hallam and T. Ingold. Oxford: Berg, pp. 1–24.

Ingold, T. and J. Lee Vergunst 2008. 'Introduction'. In *Ways of Walking: Ethnography and Practice on Foot*, eds T. Ingold and J. Lee Vergunst. Aldershot: Ashgate, pp. 1–19.

Irigaray, L. 1999. *The Forgetting of Air in Martin Heidegger*, trans. M. B. Mader. London: Athlone.

Jackson, M. 2013. *Lifeworlds: Essays in Existential Anthropology*. Chicago, IL: University of Chicago Press.

Jankovic. V. 2000. *Reading the Skies: A Cultural History of English Weather, 1650–1820*. Chicago, IL: University of Chicago Press.

Kant, I. 1933. *Immanuel Kant's Critique of Pure Reason*, trans. N. K. Smith. London: Macmillan.

——1970. 'A translation of the introduction to Kant's *Physische Geographie*'. In *Kant's Concept of Geography and Its Relation to Recent Geographical Thought*, by J. A. May. Toronto: University of Toronto Press, pp. 255–64.

Kern, H. 1982. *Labyrinthe*. Munich: Prestel.

Klee, P. 1961. *Notebooks, Volume 1: The Thinking Eye*, ed. J. Spiller, trans. R. Manheim. London: Lund Humphries.

——1973. *Notebooks, Volume 2* : The Nature of Nature, ed. J. Spiller, trans. H. Norden. London: Lund Humphries.

Lévi-Strauss, C. 1969. *The Elementary Structures of Kinship* (revised edition), trans. J. H. Bell, J. R. von Sturmer and R. Needham. Boston, MA: Beacon Press.

Lingis, A. 1998. *The Imperative*. Bloomington: Indiana University Press.

Llull, R. 1985. Selected Works of Ramon Llull (1232–1316), Volume I, ed.

and trans. A. Bonner. Princeton, NJ: Princeton University Press.

Lohr, C. 1992. 'The new logic of Ramon Llull'. *Enrahonar* 18: 23–35.

Low, C. 2007. 'Khoisan wind: hunting and healing'. *Journal of the Royal Anthropological Institute* (N.S.) (special issue on *Wind, Life, Health: Anthropological and Historical Perspectives*, eds C. Low and E. Hsu): S71–90.

Luke, D. 1964. *Goethe*, ed. and trans. D. Luke. London: Penguin.

Macauley, D. 2005. 'The flowering of environmental roots and the four elements in Presocratic philosophy: from Empedocles to Deleuze and Guattari'. *Worldviews: Environment, Culture, Religion* 9: 281–314.

McCallum, C. 2014. 'Cashinahua perspectives on functional anatomy: ontology, ontogenesis, and biomedical education in Amazonia'. *American Ethnologist* 41: 504–17.

McCormack, D. 2008. 'Engineering affective atmospheres on the moving geographies of the 1897 Andrée expedition'. *Cultural Geographies* 15: 413–30.

Macfarlane, R. 2009. 'Walk the line'. *Guardian*, Features and Reviews, Saturday, 23 May, p. 16. http://www.guardian.co.uk/artanddesign/2009/may/23/richard-long-photographytate-britain. Accessed 1 January 2015.

McGrail, S. 1987. *Ancient Boats in North-West Europe: The Archaeology of Water Transport to AD 1500*. London: Longman.

Malinowski, B. 1922. *Argonauts of the Western Pacific*. London: Routledge & Kegan Paul.

Marx, K. 1930. *Capital*, Vol. 1, trans. E. and C. Paul from 4th German edition of *Das Kapital* (1890). London: Dent.

Marx, K and F. Engels 1977. *The German Ideology*, ed. C. J. Arthur. London: Lawrence & Wishart.

——1978. 'Manifesto of the Communist Party'. In *The Marx–Engels Reader* (second edition), ed. R. C. Tucker. New York: W. W. Norton, pp. 469–500.

Masschelein, J. 2010a. 'The idea of critical e-ducational research –

e-ducating the gaze and inviting to go walking'. In *The Possibility/ Impossibility of a New Critical Language of Education*, ed. I. Gur-Ze'ev. Rotterdam: Sense Publishers, pp. 275–91.

——2010b. 'E-ducating the gaze: the idea of a poor pedagogy'. *Ethics and Education* 5(1): 43–53.

——2011. 'Experimentum scholae: the world once more ⋯ but not (yet) finished'. *Studies in Philosophy and Education* 30: 529–35.

Mauss, M. 1923–4. 'Essai sur le don: forme et raison de l'échange dans les sociétés archaïques'. *L'Année sociologique* (Nouvelle série) Vol. 1, pp. 30–186. Paris: Alcan.

——1954. The Gift, trans. I. Cunnison. London: Routledge & Kegan Paul.

Merleau-Ponty, M. 1962. *Phenomenology of Perception*, trans. C. Smith. London: Routledge & Kegan Paul.

——1964. 'Eye and mind', trans. C. Dallery. In *The Primacy of Perception, and Other Essays on Phenomenological Psychology, the Philosophy of Art, History and Politics*, ed. J. M. Edie. Evanston, IL: Northwestern University Press, pp. 159–90.

——1968. *The Visible and the Invisible*, ed. C. Lefort, trans. A. Lingis. Evanston, IL: Northwestern University Press.

Mostafavi, M. and D. Leatherbarrow 1993. *On Weathering: The Life of Buildings in Time*. Cambridge, MA: MIT Press.

Nagy, G. 1996. *Poetry as Performance: Homer and Beyond*. Cambridge, UK: Cambridge University Press.

Nancy, J.-L. 2007. *Listening*, trans. C. Mandell. New York: Fordham University Press.

——2008. *Corpus*, trans. R. A. Rand. New York: Fordham University Press.

Nasim, O. W. 2013. *Observing by Hand: Sketching the Nebulae in the Nineteenth Century*. Chicago, IL: University of Chicago Press.

Nicholson, N. 1981. *Sea to the West*. London: Faber & Faber.

Oakeshott, M. 1991. *Rationalism in Politics and Other Essays*. Indianapolis, IN: Liberty Press.

Olsen, B. 2003. 'Material culture after text: re-membering things'. *Norwegian Archaeological Review* 36: 87–104.

Olwig, K. 2011a. 'All that is landscape is melted into air: the "aerography" of ethereal space'. *Environment and Planning D: Society and Space* 29(3): 519–32.

——2011b. 'Performance, aetherial space and the practice of landscape/architecture: the case of the missing mask'. *Social and Cultural Geography* 12(3): 305–18.

Ortega y Gasset, J. 1961. *History as a System and Other Essays Toward a Philosophy of History.* New York: W. W. Norton.

Parkes, M. B. 1992. *Pause and Effect: An Introduction to the History of Punctuation in the West.* Aldershot: Scolar Press.

Polanyi, M. 1958. *Personal Knowledge: Towards a Post-critical Philosophy* London: Routledge & Kegan Paul.

——1966. *The Tacit Dimension.* London: Routledge & Kegan Paul.

Rendell, J. 2006. *Art and Architecture: A Place Between.* London: I. B. Tauris.

Roque, G. 1994. 'Writing/drawing/color' (trans. C. Weber). *Yale French Studies* 84:43–62.

Rose, D. B. 2000. *Dingo Makes Us Human: Life and Land in an Australian Aboriginal Culture.* Cambridge, UK: Cambridge University Press.

Ruskin, J. 2004. *John Ruskin: Selected Writings*, ed. D. Birch. Oxford: Oxford University Press.

Sahlins, M. 1972. *Stone Age Economics.* London: Tavistock.

Scoditti, G. 1983. 'Kula on Kitava'. In *The Kula: New Perspectives on Massim Exchange,* eds J. W. Leach and E. Leach. Cambridge: Cambridge University Press, pp. 249–73.

Sebeok, T. A. 1986. *I Think I Am a Verb: More Contributions to the Doctrine of Signs.* New York: Plenum Press.

Semper, G. 1989. 'Style in the technical and tectonic arts, or practical aesthetics'. In *The Four Elements of Architecture and Other Writings,* trans. H. F. Mallgrave and W. Herman. Cambridge, UK: Cambridge

University Press, pp. 181–263.

Serres, M. 1995a. *The Natural Contract*, trans. E. MacArthur and W. Paulson. Ann Arbor: University of Michigan Press.

——1995b. 'Gnomon: the beginnings of geometry in Greece.' In *A History of Scientific Thought: Elements of a History of Science*, ed. M. Serres. Oxford: Blackwell, pp. 73–123.

Sheets-Johnstone, M. 1999. *The Primacy of Movement*. Amsterdam: John Benjamins.

Sloterdijk, P. 2011. *Spheres, Volume I: Microspherology*, trans. W. Hoban. Los Angeles, CA: Semiotext(e).

Smith, P. H. 2014. 'Between nature and art: casting from life in sixteenth-century Europe'. In *Making and Growing: Anthropological Studies of Organisms and Artefacts*, eds E. Hallam and T. Ingold. Aldershot: Ashgate, pp. 45–63.

Soth, L. 1986. 'Van Gogh's agony'. *Art Bulletin* 68(2): 301–13.

Spuybroek, L. 2011. *The Sympathy of Things: Ruskin and the Ecology of Design*. Rotterdam: V2_ Publishing.

Stewart, K. 2011. 'Atmospheric attunements'. *Environment and Planning D: Society and Space* 29: 445–53.

Szerszynski, B. 2010. 'Reading and writing the weather: climate technics and the moment of responsibility'. *Theory, Culture & Society* 27(2–3): 9–30.

Taussig, M. 2009. *What Color Is the Sacred?* Chicago, IL: University of Chicago Press.

Thibaud, J.–P. 2002. 'L'horizon des ambiences urbaines'. *Communications* 73: 185–201.

Tilley, C. 2004. *The Materiality of Stone*. Oxford: Berg.

Turner, V. W. 1967. *The Forest of Symbols: Aspects of Ndembu Ritual*. Ithaca, NY: Cornell University Press.

Uexküll, J. von 1982. 'The theory of meaning' (ed. T. von Uexküll, trans. B. Stone and H. Weiner). *Semiotica* 42(1): 25–82.

Viveiros de Castro, E. 2012. *Cosmological Perspectivism in Amazonia and Elsewhere* (four lectures given in the Department of Social Anthropology, Cambridge University, February–March 1998, introduced by R. Wagner). HAU Masterclass Series, Volume 1.

Vosniadou, S. and W. F. Brewer 1992. 'Mental models of the earth: a study of conceptual change in childhood'. *Cognitive Psychology* 24: 535–85.

Waldenfels, B. 2004. 'Bodily experience between selfhood and otherness'. *Phenomenology and the Cognitive Sciences* 3: 235–48.

Wentzer, T. S. 2014. '"I have seen Königsberg burning"': philosophical anthropology and the responsiveness of historical experience'. *Anthropological Theory* 14: 27–48.

Whitehead, A. N. 1929. *Process and Reality: An Essay in Cosmology.* Cambridge, UK: Cambridge University Press.

Widlok, T. 2008. 'The dilemmas of walking: a comparative view'. In *Ways of Walking: Ethnography and Practice on Foot*, eds T. Ingold and J. Lee Vergunst. Aldershot: Ashgate, pp. 51–66.

Wieman, H. N. 1961. *Intellectual Foundations of Faith.* London: Vision Press.

Willerslev, R. 2007. *Soul Hunters: Hunting, Animism, and Personhood among the Siberian Yukaghirs.* Berkeley: University of California Press.

Zuckerkandl, V. 1956. *Sound and Symbol: Music and the External World*, trans. W. R. Trask. Bollingen Series XLIV. Princeton, NJ: Princeton University Press.

찾아보기

모든 것은 선을 만든다

팀 잉골드 지음 | 차은정 권혜윤 김성인 옮김

초판 1쇄 발행 2024년 2월 21일
초판 2쇄 발행 2024년 4월 25일
교정·교열 신윤덕 / 디자인 김미연 / 제작 세걸음
펴낸이 박세원 / 펴낸곳 ㅇㅣㅂㅣ
출판 등록 2020-000159(2020년 6월 17일)
주소 서울시 종로구 창덕궁4길 4-1. 401호
전화 070-8847-2047 / 팩스 0504-227-2047
전자우편 2b-books@naver.com
블로그 https://blog.naver.com/2b-books
인스타그램 @ether2bbooks

ISBN 979-11-971644-6-0